角川選書ビギナーズ

民俗学で考える

新谷尚紀
岸澤美希

角川選書
1206

はじめに

この本を手に取ってくれた人は、きっと一度は「民俗学とは何か？」と思ったことのある人でしょう。民俗学とは、私たちはどう暮らしてきたかという歴史を研究する学問です。私たち——つまり、市井に生きる一般の人々——の歴史は書き残されることが少なく、教科書を読んでもほとんど見えてきません。ですが、たくさんの人々が生き、世代を重ねてきたことで今の私たちがいます。私たちの暮らしはむかしからひと続きでありながら、少しずつ移り変わってきましたし、さらに変化を重ねながら未来へと続いていくことでしょう。むかしの情報と歴史とを知ることは、現在の暮らしを深く理解するためのひとつの手段です。ときには、現在の社会問題の原因を過去のどこかの時点に見つけることもできます。その意味で、民俗学は誰しもに関係する学問なのです。

では、「民俗学で考える」とはどういうことでしょう。それは、民俗学の視点と方法とを以て、私たちの身の回りを分析してみるということです。どの学問にもそれぞれに視点と方法があります。どのように対象を見てデータを集め、それをどのような方法で分析するかによって、独自の研究成果がもたらされるのです。だから、同じ対象を研究したとしても学問が異なれば、違う分析結果が導き出されることがあります。学問として考えるとは、印象論や好き勝手にデータを繫ぎ合わせるのではなく、事実のデータを集めて客観的に分析するという行為なのです。

もちろん、読者の皆さん全員が研究を志すわけではないでしょう。しかし、民俗学を知ってみたい、もしくは暮らしの歴史を調べてみたいと思った時に、データや分析の確かさを確認できる力を備えていることは、とても大切です。その鑑識眼をみがいていくことで、ものの見方や見えてくる世界がきっと変わっていくはずです。

この本では、民俗学を研究している新谷尚紀と岸澤美希という世代差のある二人が、民俗学の世界にご案内します。まず1章では民俗学で考えるための基本的な情報を対談形式で説明し、2章以降は民俗学の研究対象を分類して、それぞれ分担して執筆を担当しました。

この本はいわば、民俗学で考えるための準備運動、基礎トレーニングのようなものです。民俗学で考えるコツが摑めてきたら、ぜひ皆さんも興味のあることを身の回りから調べて分析してみてください。実践をしてみることで、民俗学で考える力が少しずつ身に付いていくはずです。そして皆さんが、民俗学という学問の世界を自身の足腰で自由に歩き回れるようになったら、それは何よりもうれしいことです。それでは、広くて奥深い民俗学の世界をのぞいてみましょう。

岸澤美希

目次

第1章　「民俗学で考える」ということ

この本の案内人

新谷尚紀……1948年広島県の出身。早稲田大学に入るも、やりたい学問がみつからない中で、柳田國男の著作と出会い衝撃を受ける。大学での卒業論文の研究テーマは「犬神憑《いぬがみつ》き」、大学院では「両墓制」。国立歴史民俗博物館や国立総合研究大学院大学、國學院大學文学部及び大学院で教授を歴任。著書は多数。ユーモアのある語り口で講演やコメンテーターとしても人気。若い人たちにも民俗学を理解してもらえること、そしてその中から次世代の研究者が育つことを期待している。

岸澤美希……1994年埼玉県の出身。普通の人々はどう暮らしてきたのかに興味を持って、民俗学の道へ。國學院大學で学んだのち、編集者・ライターとして働きながら研究を継続中。ポッドキャスト『やさしい民俗学』の配信や、トークイベントなど、民俗学を身近な学問として伝えるべく、さまざまな活動を続けている。

民俗学はどんな学問？

――おふたりは民俗学とどのようにして出会われたのでしょう？

新谷　大学の図書館での出会いでしたね。進学を期に田舎から大都会に出てきて、マンモス大学では図書館が唯一の心の休まる場所でした。古い本の独特のにおいのする広い閲覧室で、いろいろな本を借り出して読む中で、表紙がボール紙で数冊ずつ束ねられた、『民間伝承』という雑誌に出会いました。日本各地の村や町の行事や祭りや民間信仰のたぐいが投稿されたものです。

自分の住んでいたような田舎で暮らすふつうの人たちの生活の中にも、歴史や意味がある、そして、それを研究する学問もあるのだ、ということを知りました。それが民俗学だったのです。

岸澤　私は子どもの頃から身の回りのもの、たとえばなぜ田畑があるのか、なぜ家族がいるのかなどに漠然とした疑問を持っていました。小学校に入学した頃から『まんが日本史』を図書館で読んだりして、昔の上に今が成り立っているということはなんとなくは理解していたので、歴史の授業が始まった頃は、歴史を知れば自分の身の回りの謎にも迫れるのではないかと思っていました。でも、私たちのような普通の人の生活は歴史の授業ではほとんど出てきません。一時期は和歌や詩の中に普通の人の生活や感情を見出《みいだ》そうとしていましたが、高校3年生の時に柳田國男《やなぎたくにお》と『遠野物語』に出会って、自分の疑問と興味に応《こた》えてくれるのは民俗学ではないかと思いました。それで、大学では民俗学を学びたいと思い、地元の図書館で民俗学関連の本を漁《あさ》ったところ、新谷先生の『民俗学がわかる事典』がとても興味深く、國學院大學に入学しました。新谷先生には民俗学の研究史を教えていただいたり、卒業論文の指導をしていただいたりしました。

――おふたりとも学校の歴史の授業では触れられにくい部分に興味があったんですね。一般的に「民俗学」というと、たとえば民話や民間の伝承を扱うものもあれば、妖怪や都市伝説、年中行事や祭りを扱うものもあるなど、他の学問と違って研究対象がとても多いような印象があります。ですが、そもそも「民俗」とはいったい何を指すのでしょう。「民俗学」はどんな学問なのでしょう？

新谷　はい、民俗学を一言でいうと、「私たちの生活の中のしきたりやならわしや言い伝えなどを研究する学問」です。むかしからみんながやってきていることを、なんでこんなことをしてきているのだろう？　と考えてみる学問です。

「民俗」というのは、民間の風俗や習俗、ということになりますね。

たとえば、お正月にはなぜお雑煮を食べるのか、お盆にはなぜお墓参りをするのか。そんな暮らしの中にある身近な習慣について、なぜなのか、いつからなのか、どうしてそんなことがいまも伝えられているのか、むかしといまと違いはないのか、というようなことを考えてみます。そこから自分たちの行動や信仰や思考の特徴、その歴史的な理由や背景がよく見えてきます。

岸澤　私は「文献に残りにくかった普通の人たちの暮らしを知る歴史科学」とお伝えしています。

新谷　はい、そうですね、それは正しいです。ただちょっとかたい言い方かもしれませんけどね（笑）。

岸澤　そうかもしれません。学校で習う歴史の授業では文献史料、つまり文字で残されているものを証拠にしますが、長い歴史を確認するとすべての物事が文字で記録されたわけではありません。口伝えされていたり、行事や習慣の中に昔からの暮らしの情報が伝えられたりしています。そうした文献に残りにくかった歴史の移り変わりを明らかにしていくのが民俗学の目的です。

――私たちの暮らしのほとんどが含まれるといってもよさそうですね。

新谷　はい。民俗学では人々の暮らしの実際をよく観察し、「変わりにくい部分」と「移り変わってきている部分」、その両方があることに注目します。衣食住のような目に見えるものはわかりやすいですね。でも、目に見えにくい行動パターンや考え方にも、やはり変化があります。それらも含めた私たちの生活の歴史が民俗学の対象です。

よく〝日本人は○○○だ〟などと日本人の特徴を固定して説明しようとする表現がありますが、歴史の中で変わらないものは何もないのです。この日本列島での人々の暮らしも、日本人の行動パターンや考え方も、みんな変わり続けています。そしてその一方では、変わりにくい部分もあります。

その移り変わりが歴史の記録としては残りにくいのですね。だから、変わりにくい部分と変わってしまう部分とその両方を含めて人々の暮らしの移り変わりを知ろうとして、民俗学が生まれたのです。

日本の民俗学を創った柳田國男

――民俗学の成り立ちを、もう少しくわしく教えてください。

新谷　日本の民俗学を創り上げたのは柳田國男（1875〜1962）です。少し紹介しておきましょう。

柳田國男は明治8年（1875）に現在の兵庫県神崎郡福崎町辻川で、松岡家の六男として生まれました。晩年の著作『故郷七十年』のなかで「日本一小さい家」と書いていますが、質素な家庭で、たくさんの家族が生活する状態だったようです。11歳で小学校高等科を卒業して、近所の三木家という蔵書家の家に預けられるのですが、そこでたくさんの蔵書を読みあさった毎日が、少年時代の楽しい思い出だと回顧しています。

上京は13歳の時でした。はじめは利根川べりの茨城県布川で医師として開業していた長男の鼎のもとに身を寄せ、のちに東京にいる次兄の井上通泰に世話になりました。東京帝国大学法科大学政治科を卒業したあとは農商務省に勤務し、28歳で内閣法制局参事官に任官します。前年の明治34年（1901）に柳田家の養嗣子《ようしし》となり、松岡國男から柳田國男になりました。柳田家の養父は大審院の判事でした。30歳のときに柳田家の四女、19歳の孝と結婚しています。

――エリート官僚だったんですね。

新谷　柳田は明治40年（1907）に、新渡戸稲造の講演「地方《ぢかた》の研究」を報徳会で聞いて感銘を受けたのですが、それは「地方を重視する」という考え方でした。

34歳で兼任宮内書記官になり、三カ月ほど九州地方の視察旅行に出かけてその旅の途中で宮崎県の椎葉村《しいばそん》に足をのばしました。そこで、村長の中瀬淳《すなお》の家に宿泊し、その地の古老の猟師たちから、村に伝わる猪狩りの話を聞くのです。その話をまとめて自費出版したのが『後狩詞 記《のちのかりことばのき》』（1909）という本でした。

九州旅行と同じ年に、東京で、岩手県の遠野出身の佐々木喜善《きぜん》という学生に出会います。佐々木の語る遠野の話に柳田はたいへん興味をもち、以後、何度もやってきては語ってくれた話を書いたのが『遠野物語』（1910）です。執筆にあたっては柳田も遠野を訪れています。

九州の山村の猟師の狩りの話を書いた『後狩詞記』、そして東北の農村の伝承を聞いて書いた『遠野物語』。この二冊の本をまとめる体験が、彼の民俗学の出発点になりました。

岸澤　柳田が自身の学問を創り上げ得た背景には、少なくとも次のような二つの要因があったと私は思います。

第一に、子どもの頃からたくさんの本を読み、本に書いてあることだけがすべてではないと気づいていたこと。これは文献への批判ではなく、昔は記録される人はごくわずかだったからです。貴族などの歴史史料はあっても、一般の人々の暮らしが記録されることは少なく、文献からだけでは知ることが難しいと柳田は早いうちからわかっていたのです。

第二に、日本列島の中にもさまざまな暮らしがあると気づいたこと。柳田は官僚時代に農業政策振興のために各地を視察しました。その経験から日本列島には寒暖差や地形の違いがあり、地域によって環境や暮らしが大きく異なることを体感していきました。これは現在でも同じですよね。新潟や岐阜の山間部のような豪雪地帯もあれば九州や沖縄のように温暖な地域もあります。稲作に適した平地もあれば、山地もあり、漁業を営む海浜部もある。だから、当時行なわれていた改良政策のように、都市部の知識人が自分たちの見聞きしているものだけをもとにして政治を行なうことは、はたして日本の各地の人々の暮らしを反映したものとなるのだろうか、という疑問を柳田は抱いていくことになります。

この二つの気づきから、文献に残りにくかった普通の人々の暮らしの歴史を知り、学問として科学的に分析することが大切だと考えていったのだと思います。

新谷　そうですね。社会を良くすること、そのために、まず普通の人々の暮らしの実態を知ることがだいじ。そう考えた柳田は、普通の人々がどうやって暮らしてきたかを知ろうとしていきます。大正末から昭和初期——今から約百年ほど前のことですから、日本列島に生きる人々の約8割が農山漁村で働いて生きていた時代です。自《おの》ずと関心は農民へと向くことになります。

官僚時代に柳田が日本各地の農村で見たのは、小作人の苦しい暮らしでした。小作人に生まれれば収穫物の大部分は小作料（地主に支払う土地の借り賃）として地主に納めなければばならず、税金の地租も高く、いくら働いても自分の手元には収穫量の半分も残らない状況だったのです。

柳田は戦前に刊行した『明治大正史　世相篇』（1931）で、明治から大正の世相、つまり世の中の移り変わりを観察した上で、「我々の考えてみたいくつかの世相は、人を不幸にする原因の（が）社会にあることを教えた。すなわち我々は公民として病みかつ貧しいのであった」と締めくくっています。「公民として病みかつ貧しい」というのは、人々が公民、つまり社会の構成員として政治や経済のしくみをよく観察して、公民としての判断、つまり選挙権を正しく行使するまでに成育していない、という意味でした。多くの農民が貧しく苦しく暮らしている問題の根幹は、そのような当時の社会と政治の構造にあるのだと述べていたのです。

——その指摘は、現代にも当てはまるように思えます。

新谷　そうですね。2020年代の日本でも、税金の負担など政治と社会のしくみに不公平があるという点に気づかない、あるいは、しかたがないという考え方があります。国家の主権者であるという自覚をもっているはずの公民としては、いまだに「病みかつ貧しい」ままというのが残念ながら現実かもしれませんね。

ただし、民俗学は社会をよく観察して分析するのがその役目であり、その研究成果を社会や人々に向けて発信して理解してもらおうとするのであって、特定の運動をうながすとか、政治運動を行なうものではありません。事実をよく知っている、詭弁《きべん》にはだまされない、扇動にのらない、冷静な自立した賢い一人ひとり、そのような個人が少しでも多くなるように、国や社会を健全によくしていけるように、という姿勢を基本としている学問です。

民俗学とフォークロア

――民俗学は「フォークロア」ともよくいわれますね。

新谷　はい、でも柳田國男が創生したのは「民間伝承」の学であり、フォークロアとは違います。たしかに英語の「フォークロア Folklore」を翻訳した語が民俗学です。その Folklore とは、庶民をあらわすフォーク folk と、知恵や技能をあらわすロア lore という、ふたつの語を合成した語です。それと同じ意味で、ドイツ語にも「フォルクスクンデ Volkskunde」という語ができています。その英語の Folklore とドイツ語の Volkskunde の翻訳語として、「民俗学」という語が、日露戦争後の１９１０年代初めに日本に輸入されました。そして、明治45年（1912）には「日本民俗学会」が設立されています。

しかしその「日本民俗学」というのは、私たちがいま学んでいる、柳田國男が提唱した民俗学ではありません。柳田が彼の民俗学を創ったのはそのあと、昭和9～10年（1934～35）にかけての『民間伝承論』や『国史と民俗学』『郷土生活の研究法』などの著書を通してです。彼は自分の提唱しているのは「民間伝承」の学だと説明しています。

まず、歴史の上からみれば、柳田の民俗学は「フォークロア」の翻訳学問ではないということが第一です。柳田の指導した学会は「民間伝承の会」と名乗っていました。ただ、日本では「フォークロア」の訳語である「民俗学」が先によく知られていたために、それと混同されてしまっていたのでした。そして、戦後の昭和24年（1949）には人類学や社会学、考古学などとの連携協力や、文部省の科学研究費を得るためなど、学会としての活動を円滑にするために「民間伝承の会」から「日本民俗学会」へと名称変更がなされたのです。それについては、私が國學院大學に赴任したとき大学生のための教科書として書いた『民俗学とは何か』（吉川弘文館）という本に詳しく書いてありますので、一度読んでみてください。

この名称と内実との矛盾という問題は、当初から柳田本人と、彼の理解者であった国文学者の折口信夫《おりくちしのぶ》（1887～1953）を悩ませていました。それが今日においても、民俗学という名前と内容とを正しく理解する上で問題を複雑化させている原因です。民俗学と隣接しているのが文化人類学や社会学ですが、それら他の学問との違いと日本民俗学の独自性とをはっきりさせるためにも、柳田の「民間伝承の学」をもとに、民俗の伝承を分析する学問として、私は「民俗伝承学」と名乗るのがふさわしいと考えています。

民俗学が見つめるもの

――民俗学が私たちの生活や社会を観察し分析する学問だと考えてみると、さまざまなものを「民俗学で考える」ことが出来そうです。

新谷　はい、民俗学の対象は、大きく分けて四つの分野があります。現実生活の中の経済的な面の伝承、社会的な面の伝承、儀礼や信仰の面の伝承、言語や芸能の面の伝承です。「経済的な伝承」は、主に生業に関する伝承。農業や漁業や商業や手工業などですね。「社会的な伝承」は、農業では農村、漁業では漁村、商業や手工業では町場、それぞれの生業にもとづく集落とそれぞれの場での社会的なつきあいのあり方についての伝承です。「儀礼や信仰の伝承」は文字通り、年中行事や人生儀礼、民俗信仰の伝承です。「言語や芸能の伝承」は、ことわざや昔話や伝説などの伝承と、歌や舞いや踊りなどの伝承です。

そして、それらがみんな関係しあっているというのが、民俗の伝承の特徴です（図1）。

農村は農作業が共同作業なので、村落の運営も家々の寄り合いや話し合いで決めごとをして、水利の溝浚《みぞさら》えや村祭りなど、共同参加で行ないます。年中行事や冠婚葬祭などの儀礼も同じようにみんなが参加して行なわれます。

民俗芸能も氏神の祭りで奉納される神楽《かぐら》や獅子舞《ししまい》など、集落の若者たちの共同参加というかたちが共通しています。演技や音曲の巧拙《こうせつ》はもちろんありますが、みんなで盛り立てながら支えあっています。一方、漁村では個人ごとに漁業の技能の違いや運不運という側面がありますが、禁漁区や禁漁期間を設けるなどして乱獲を防ぎ、漁業資源の保全と産業としての漁業の持続可能化とその維持への知恵が蓄積されています。信仰の上では豊漁祈願と海上安全祈願が中心となっています。また、山村には自然の恵みと山の神や精霊への信仰、町場には商売繁盛、疫病退散など、それぞれの生活の場で伝承されている古くからの興味深い技能や信仰などがたくさんあります。

——民俗学では地方ごとの違いにも注目しますね。

新谷　はい、そうです。経済的な生業の上から同じ農山漁村や町場などでも、東西南北それぞれの地方の民俗を調べてその関連性を考えていくのもおもしろいと思います。

たしかに、民俗学のもう一つの視点は、東西南北にひろく伸びた日本列島の各地の民俗

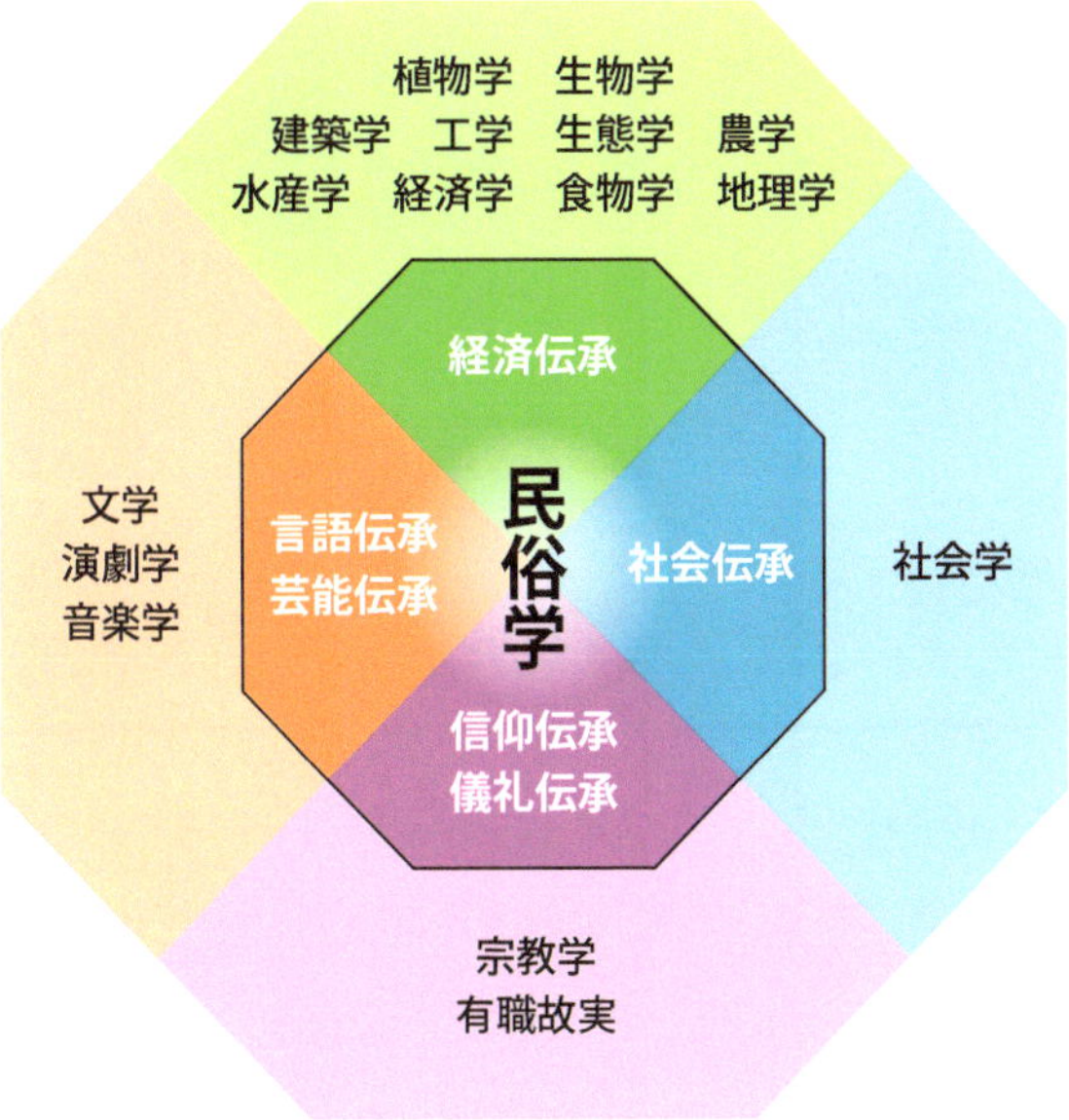

経済伝承：生業や衣食住（農林水産業・職人仕事・交通・運輸などの技術や技能）
社会伝承：人のつきあい（家族・親族・村落・町場・都市などの生活の場で）
信仰伝承：不安と祈願（神仏信仰・祭礼・民俗信仰・俗信・まじない・民間医療など）
儀礼伝承：安心と安定（春夏秋冬の歳時習俗や儀礼・産育や結婚や葬送などの人生儀礼）
言語伝承：娯楽と知恵（昔話・伝説・世間話・ことわざ・方言など）
芸能伝承：娯楽と陶酔（神楽・能楽・舞踊・歌謡・民謡・競技など）

図1　民俗学が対象とする四つの分野（中心部分）と、それぞれの隣接学問（周辺部分）

とその地域的な違いやそれぞれの特徴に注目してみるという視点です。日本各地の民俗の情報を集め、比較研究という方法で考えてみると、同じ農村でも漁村でも町場でも、東北から九州まで、また太平洋側と日本海側とで実にさまざまです。そうして各地の民俗の伝承を現場ごとに精密で詳細な、いわゆる「蟻の眼」という視点で調べます。

それと同時にそのような事例と同類の事例が少しずつ違いをもちながら他の地域にも広がっているかどうかということも調べてみます。全国的に俯瞰《ふかん》してみる、いわゆる「鳥の目」という視点です。その両方の視点をもって調べてみると、そこから日本の生活文化の歴史、過去から現在への変化の跡が見えてきます。なぜなら、各地域はそれぞれの特徴を備えたうえで、時間差をもちながら過去から未来への変化を続けているからです。そのため、全国的に俯瞰して見ると、これまでの変化の段階差として観察できるのです。そのような民俗の伝承のもっている地理的な広がりと歴史的な深まりが見えてくると、民俗という伝承文化への関心と興味は尽きなくなるにちがいありません。

——最初に、民俗学は「変わりにくい部分と変わってしまう部分の両方を含めて、人々の暮らしの移り変わりを見つめる」とおっしゃっていましたが、時間軸における変化と、地理的な広がりにおける変化と、両方に注目するということですね。

新谷　そうなのです。それについて、この本で具体的に紹介していきます。また、民俗学が考える過去・現在・未来ということからすると、未来へ向けてどう考えるか、というのもおもしろいテーマの一つだと思います。

高度経済成長という画期

新谷　民俗学がさかんに調査を重ねてきたかつての農村的な生活では、近所づきあいや親《しん》戚《せき》づきあいが大切でした。しかし現代ではずいぶんと変わってきています。生活の集団的な傾向が緩み「個人化」が進んできているという変化です。

昭和30年（1955）の神武景気から昭和48年（1973）の第一次オイルショックまで、経済成長率が年平均で10％前後だった十八年間を、経済史学では「高度経済成長期」と呼んでいます。その時期を画期として、日本の主要な産業が農林水産業から重化学工業へと大きく転換し、経済と社会と文化とにいわば構造的な変換をもたらしました。人々の生活の個人化という動きは、おそらくそのことと関係しているでしょう。民俗学が注目していた生活文化の変化は、高度経済成長期はまだその始まりでその後も地滑り式につづき、平成12年（2000）頃をさかいに現在のような状態になってきています。それは、葬儀の変化、農業の変化など、民俗学の現地調査によっても指摘できることです。

昭和30年代	衣	**アンネナプキン**（36年発売） **パンティー**（32年鴨居羊子大阪スバル座で下着ショー）
	食	**冷蔵庫**（28年発売／40年、50％超える） **プロパンガス**（29年発売／37年都市ガス500万戸突破） **自動式電気釜**（30年発売／39年50％の家庭に） **インスタント食品** （29年粉末ジュースブーム／33年チキンラーメン／35年インスタントラーメンブーム） **スーパーマーケット**（28年東京青山に初のスーパーマーケット／34年スーパーマーケットが各地に／37年スーパーマーケットが急増、全国に2700店）
	住 その他	**洗濯機**（28年発売）　**テレビ**（28年ＮＨＫ放送開始／37年普及率48.5％） **電気こたつ**（32年発売／35年赤外線ランプ式発売） **団地［水洗トイレ・風呂・シリンダー錠］** （30年日本住宅公団発足／34年ひばりが丘団地／37年千里ニュータウン入居開始）
昭和40年代	衣	**ミニスカート**（40年発売／42年ツイッギー来日） **パンティーストッキング**（43年発売） Ｔシャツ、Ｇパン
	食	**冷凍食品** （43年レトルト食品のボンカレー発売／54年電子レンジ普及率30％） **生鮮食品の冷温輸送化** （41年キュウリ、キャベツ、人参、リンゴなど）
	住 その他	**エアコン**（29年発売／42年会社などセントラルヒーティングに） **電話**（28年東京駅に初の赤電話／43年加入電話1000万台突破／54年コードレス電話、自動車電話／57年テレフォンカード） **自動車［高速道路］** （32年ダイハツミゼット、トヨタコロナ発売／33年ホンダスーパーカブ発売／40年名神高速全通／44年東名高速開通）

表１　昭和30～40年代における衣食住の変化

　高度経済成長期を画期とする生活の変化について、衣食住を例にちょっと整理してみると、**表１**のような点が注目されます。なかでも、女性の衣装と身だしなみの変化は決定的でした。服飾の上でのユニセックス化とともに、一方では逆に下着の変化は女性美を強調するファッション化を進めました。およそ二十年のあいだに、生活環境の上での電化と快適化、物資輸送の大量化と迅速化、便利な物資に恵まれていく中での生活の個人化、などの変化が急速に起こっていました。

　ただし、日本社会の伝統でもあった集団的な行動傾向から「個人化」へという変化も、民俗学の動態観察からみれば、それは表面にみえるだけの現象であり、個人主義、つまり自立した個人の確立という肝心の変化ではなかったことがわかります。家族や村落のしがらみからは解放されたものの、あいかわらず集団的な流行に乗るという、行動や思考の上での特徴は変わっていません。

「民俗学で考える」あるいは「民俗から考える」ということは、いわば、表面の変化と深層の変化とその両方を読み取る視点をみがくということです。そうすることで、現代の超情報化社会にまん延している正誤、正邪の情報、フェイクニュースなどに対しても鑑識眼をもち、一人ひとりが「目利き」になっていく。それが大切だと思います。

――人と人との関係性の変化も、民俗学では重要になってくるんですね。

新谷　そうです。人と人とのつきあいのあり方を対象とするのが、社会的な伝承についての研究です。その基本には何があるかというと「贈与交換」です。目に見えるものでは、手土産やお中元やお歳暮などの贈り物、野菜や料理のおすそ分けなど、それらをしあうことが人間関係を円滑にしています。目に見えないものでも、日々の生活の中での親切な心づかいや気配りや譲り合いも贈与交換の一種です。

人間は人と人との関係をだいじにして生きています。仕事の関係と仕事以外の関係という二つの面が、人間の社会関係にはあります。そして、その基点には親と子、兄弟姉妹、という家族の関係があり、さらに親戚という親族関係の広がりがあります。それだけでなく農村の場合には、毎日の生活の場である隣近所や、地域の自治会などでの活動が大切にされてきました。新しい都市化の中ではそれは希薄になってきて、むかしは「隣りは何をする人ぞ」というようなフレーズが流行《はや》ったこともありましたが、いまではそれがふつうになってきています。しかし一方では、学校の人間関係、役所や会社、工場など勤め先での人間関係はだいじにせざるをえない、というのが現代の社会関係となっています。

民俗学の視点と方法

――民俗学の視点や考え方が見えてきたように思います。では実際に「民俗学で考える」ときの、コツのようなものはありますか？

新谷　「民俗学で考える」コツは、第一に、現在の私たちの生活がすべてではない、むかしからいままで変化している、そしてゆっくりとでも未来へ向かって少しずつ変化している、ということを考えてみる、ということです。生活や人々の考え方や感情も過去から現在へ、日本の各地で時間差をもちながら進んできている、だから、そのうねりのような時代の流れを知る上で、むかしの歴史の記録も参考になるし、各地の地理的な差異も参考になるのです。

第二に、さまざまな情報に対して、変わりにくい基本の部分と変化していく動きという二つに注意してみることです。よく似た情報を集めてそれらを比較してみると、情報の真《しん》贋《がん》、つまり、ほんとうかうそか、またその変化の動きを読み取る鑑識眼がみがかれます。

岸澤　具体的に、民俗学の研究の流れは大まかに四つの工程があると思います。

(一)　調べたいテーマ・対象を決める。
(二)　フィールドワークと先行の調査資料の確認をするとともに、広い地域から民俗資料のデータを集める。
(三)　集めたデータを整理して比較する。
(四)　文献史料を参照し、民俗資料とともに確認・比較して新旧の分析をする。

というやり方です。

新谷　はい、そうですね。柳田はそのようないわば「比較研究法」という方法で研究を行なうことをすすめました。これは、日本各地の民俗事例を忠実に採録・収集し比較分析することで、新旧の変遷を見出すという方法です。フィールドワークで集める民俗資料だけでなく、記録として残された歴史上の文献史料も活用します。

岸澤　柳田は使える資料はすべて使えば良いというスタンスで研究をしていましたね。柳田が比較研究法を提唱するに至ったのは、暮らしの変化には地域によって遅速があることを知ったからです。全国の比較をすることで比較的新しく始まったタイプと古くから行なわれているタイプ、そしてその過渡期のタイプなどの変遷を見出せると考えたわけです。

そして、もう一つ大切なのは、「重出《じゅうしゅつ》立証《りっしょう》法《ほう》」といって、同類の民俗資料をできるだけたくさん集めて比較検証することです。

新谷　はい、その重出立証法は、1970年代後半から広がった（柳田をよく読まないままの）柳田批判の風潮とその影響によって、いまでも多くの人が誤解していたり理解されないままだったりしています。ですが、民俗学をほんとうに理解しようとする上では、それは実に残念なことなのです。ここで少し説明しておきましょう。

岸澤　民俗資料は文字で残されていない分、信憑《しんぴょう》性に欠けると思われるかもしれません。ですが、全国各地のデータを集めて重ね撮り写真のように見ると共通する事例をいくつも見つけることができます。それが私たちの生活の歴史情報なのです。たった一つの事例では信憑性に欠けるとしても、たくさんの事例を集めることで、データとして使えるのです。柳田は、記録の真贋とその信憑性を吟味する歴史学の「史料批判」に対比できるものとして、「重出立証法」を提案したのです。

――つまり、いわゆる歴史史料とされる文献だけでなく、各地に残る民間の伝承も含め分析することが大切だということでしょうか。

新谷　そうです。柳田が早くから指摘していることですが、文献史料は偶然記録に過ぎないと言っています。文献記録は「いつ」「どこ」「何」がわかる情報ではありますが、数の上ではわずかしか残っていません。例えば、三が日にお雑煮を食べる習慣も、人が亡くなったらお葬式をして埋葬する習慣も日本各地で行なわれていたにもかかわらず、文献に残されたものはひじょうに少なく、限られたものだけです。しかし、その一方で、民俗資料は調べれば日本各地に豊富にあります。そして、民俗資料が伝えているのは、現在の情報や流行だけではありません。暮らしは過去から繋《つな》がってきているもので、古くからのしきたりや習わしも含んでいます。

ですから民俗情報を整理し分類してみると、これが古いかな、これはちょっと変化したものだな、これは新しいかな、と変化のグラデーションを追いかけることができるのです。ただ、民俗資料は時期の新旧の見当はついても具体的な年代はわかりません。その点で、文献史料という偶然記録が残っていれば、一つの重要な目印になります。民俗資料を整理する中で文献史料も併せて確認すると、この事例はこの時代に近い、といったことがわかりますし、民俗の変遷論を補強してくれるのです。日本各地の事例と歴史記録にある事例を探して集め、比較していけば、民俗学が明らかにできる生活の変遷という世界がより広く深く見えてくるでしょう。

——民俗学の本や文章を読むとさまざまな地域の事例が紹介されているのは、まずはデータをたくさん集めることが大切だからなのですね。では、そのたくさんのデータをどのように整理すればよいのでしょうか。

新谷　はい、たしかにたくさんの事例が羅列されているだけ、という本も中にはあるでしょう。ですが、それらから何がわかるのか、という点が要《かなめ》です。民俗学という名前の本はたくさんありますから、本の名前だけにひかれて迷子にならないようにしましょう。主語と述語がはっきりしているかどうか、根拠となる事実、それらをつなぐ論理、そして結論が明らかになっているかどうかに気をつけて読めばいいと思います。

読者のみなさんが民俗学の世界に興味をもったら、まず一つの方法として、興味をもった民俗について、それに関する情報を収拾して、地域ごと、内容ごとに整理し、比較してみるといいでしょう。いわゆる「比較研究法」ですが、二つの事例を挙げてみます。

一つは子どもの遊びにある「花いちもんめ」と、「子を取ろ子取ろ」という鬼ごっこの一種との関係にまつわる比較。もう一つが、正月の三が日に食べる「お雑煮」についての比較です。

子どもの遊びにも深い意味がある

新谷　まず、「花いちもんめ」と「子を取ろ子取ろ」の比較です。

（一）どんな遊びかを確認する

A「花いちもんめ」

まず子どもたちが二手に分かれ、お互いに向きあって横一線に手をつないで並びます。片方から「ふるさともとめて花いちもんめ」とか、「となりのおばさんちょっときておくれ」、「鬼がこわくていかれません」、「おふとんかぶってちょっときておくれ」、「おふとんびりびりいかれません」、「お釜《かま》かぶってちょっときておくれ」、「お釜底抜けいかれません」、などと前に進み出ていったん足をあげてはまた戻ってきて掛け合いをしながら、「あの子がほしい」、「あの子じゃわからん」、「相談しましょ」、「そうしましょ」といい、一方から「○○ちゃんがほしい」、もう一方からも「○○ちゃんがほしい」といって、指名された二人の子が出てきてじゃんけんをしたり、引っぱりっこしたりして、負けた方の子が取られていきます。それをくりかえし、取ったり取られたりします。そして、「勝ってうれしい花いちもんめ」、「負けてくやしい花いちもんめ」と掛け合いながら遊びを続けます。

B「子を取ろ子取ろ」

親と鬼を一人ずつ決めて、鬼が子どもたちを取ろうとして追いかけます。しかし、親が鬼の前に両手を広げて立ちはだかり、親の後ろに縦につながっている子どもたちを守ります。子どもたちは鬼につかまらないように右へ左へと逃げまわります。

この「花いちもんめ」と「子を取ろ子取ろ」の遊びは、ただ並べてみただけでは、とくに関係のない別々の遊びに見えます。しかし、その中間的なかたちの遊びがあることに注意してみます。その一つが、京都などに伝えられていた「子をぶろ子ぶろ」という遊びと、もう一つが、名古屋などに伝えられていた「子を買う子買う」という遊びです。

（二）よく似た遊びをさがす

C「子をぶろ子ぶろ」

子どもたちが横一列に並び、親が一人それに向かいあい、子どもたちから「子をぶろ子ぶろ　どの子がかわいい？」とうたいかけます。すると、親が「この子がかわいい」といって、その子を取りにきます。子どもたちは逃げて親につかまらないようにします。「子をぶろ」とは子どもをもらおうという意味です。

D「子を買う子買う」

子どもたちが二手に分かれ、お互いに向きあって横一列に並び、一方から「子を買う子買う　どの子がほしい？」というと、もう一方から「何を食わしておきゃーる？」と応える。「砂糖　饅頭　こ饅頭」、「それは虫の毒よ」、などの難くせをつける掛け合いののち、

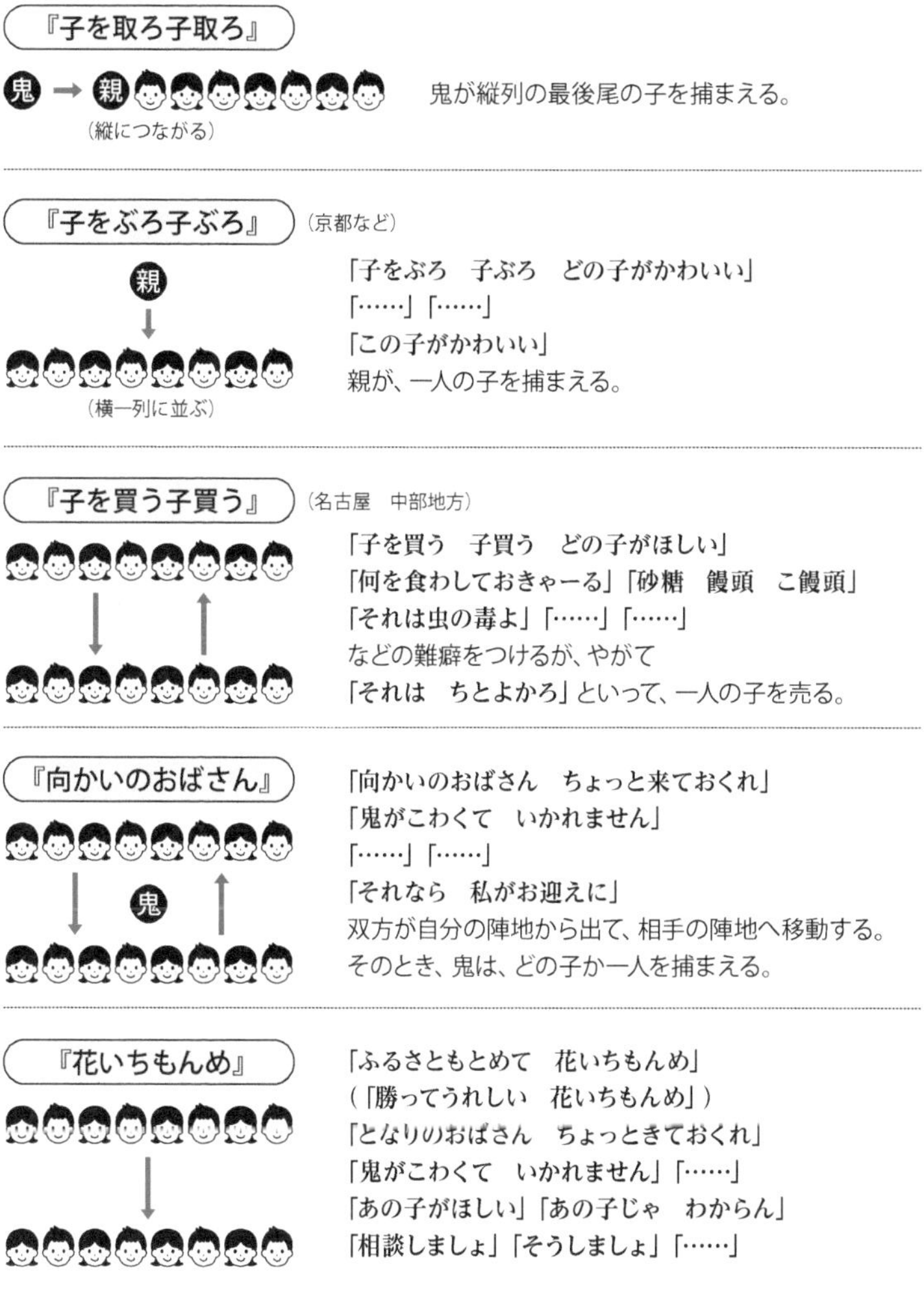
『子を取ろ子取ろ』

鬼
親
（縦につながる）

鬼が縦列の最後尾の子を捕まえる。

『子をぶろ子ぶろ』

（京都など）

親
（横一列に並ぶ）

「子をぶろ　子ぶろ　どの子がかわいい」

「……」「……」

「この子がかわいい」

親が、一人の子を捕まえる。

『子を買う子買う』

（名古屋　中部地方）

「子を買う　子買う　どの子がほしい」

「何を食わしておきゃーる」「砂糖　饅頭　こ饅頭」

「それは虫の毒よ」「……」「……」

などの難癖をつけるが、やがて
「それは　ちとよかろ」といって、一人の子を売る。

『向かいのおばさん』

鬼
「向かいのおばさん　ちょっと来ておくれ」

「鬼がこわくて　いかれません」

「……」「……」

「それなら　私がお迎えに」

双方が自分の陣地から出て、相手の陣地へ移動する。

そのとき、鬼は、どの子か一人を捕まえる。

『花いちもんめ』

「ふるさともとめて　花いちもんめ」

（「勝ってうれしい　花いちもんめ」）

「となりのおばさん　ちょっときておくれ」

「鬼がこわくて　いかれません」「……」

「あの子がほしい」「あの子じゃ　わからん」

「相談しましょ」「そうしましょ」「……」

図２　「子を取ろ子取ろ」と「花いちもんめ」の遊びとその関係

「それはちとよかろう」といって一人の子を売ります。

そして、さらにもう一つの遊びが、「向かいのおばさん」という遊びです。

E「向かいのおばさん」

町場の通りをはさんだ両側の家の軒下などを、子どもたちが二手に分かれて陣地にします。その真ん中の通りに鬼がいて、「向かいのおばさんちょっときておくれ」、「鬼がこわくていかれません」というような掛け合いをしながら、「それなら私がお迎えに」といって、両方の子どもたち全員がいっせいに相手の家の軒下に移動しなくてはいけません。そのときに鬼につかまった子が次の鬼になります。

（三）それぞれの遊びを整理・分類する

はじめは別々の遊びと思われた、鬼も親もいないA「花いちもんめ」と、鬼も親もいるB「子を取ろ子取ろ」の遊びですが、その中間型として、Bに近い、親と鬼が一体になっているようなC「子をぶろ子ぶろ」の遊びがあり、親も鬼もいないD「子を買う子買う」の遊びもあり、一方ではAに近いけれども鬼がいるE「向かいのおばさん」の遊びがあることがわかります。そして、A「花いちもんめ」には鬼はいないのに、Eと同じ、鬼を気にする掛け合いの歌があることがわかります。

このように、別々に見えるものでも、それぞれを構成している要素を比較しながら中間型を設定してみると、互いに関係がある民俗であり、一方からもう一方へと漸移的に変化

図3　「子を取ろ子取ろ」の遊び
（『守貞漫稿』より）

図4　比比丘女図（『骨董集』より）

していることが想定されるのです（図2）。

（四）文献史料と併せて考える

「子を取ろ子取ろ」の遊びは、喜田川守貞の『守貞漫稿』に描かれているように、江戸時代の子どもたちも遊んでいたものでした（図3）。その遊びは、山東京伝（岩瀬醒《さむる》）の随筆『骨董集』で紹介されている「比比丘女《ひふくめ》図」にも紹介されていたものであることもわかってきます（図4）。その比比丘女図は、地獄の鬼が亡者を地獄に引きずり込もうとするのを地蔵菩薩《ぼさつ》が守ってくださるという図です。そして、「子を取ろ子取ろ」の遊びは、比比丘女図に見るように、古くはお盆に、死者とともに地獄の亡者がやってくると考えられていたことを示しています。そのときに亡者が子を取って食おうとするのですが、それが鬼ごっこになっているわけです。

こうして整理してみると、「花いちもんめ」の遊びは、まず鬼ごっこの「子を取ろ子取ろ」という遊びが古くからあり、それがいろいろと変化してきたものだということが、ひとつの仮説として考えられます。

では、「花いちもんめ」の「花」とはいったい何でしょうか。遊びの変遷が見えてくると、これはお盆の行事で仏壇に供える花、つまり死者に手向ける供養のための花だろうとわかってきます。お盆の行事というのは、懐かしい先祖の仏たちがやって来るだけではなく、それとともに恐ろしい亡者や無縁仏や餓鬼や魑魅魍魎のたぐいもこの世にやって来る、こわい日でもあるとむかしは考えられていました。そしてお盆の前には、それらの霊的な存在に供えるための花を野山に採りに行きました。それらの伝承が、子どもの遊びにも影響を与えているということなのです。

現代では、お盆に亡者が来ると思っている人はほとんどいないでしょう。時代の移り変わりによって遊びの前提となる考え方が希薄になったことで、現代の私たちは「花いちもんめ」にどこか不思議な感じ、何かこわいものにもつながっていそうな感じを受けるのですが、こうして似た事例と文献史料とを集めて比較することで、その背景が見えてくるのです。

民俗学の比較研究という方法は、ただ似たものを集めて比べればいいというものではありません。自分で子どもたちの遊びの現場でいろいろと観察したり、話を聞いたりすること、子どもの遊びについての本や、具体的な地名や遊び方がきちんと調査されて書かれている本、歴史上の文献にも関心を広げて見ていくことが効果的です。日本各地の事例や歴史記録にある事例などを探して比較していけば、子どもたちの遊びについても、どれが古いかたちでどれが新しいかたちなのか、どこが変化し、また、どこが変わりにくいのか、そしてどんな意味があるのかということが、より広く深く見えてくるでしょう。

「お雑煮」の味付けの分布から見える変遷

岸澤　比較研究法の例としてもう一つ、お正月の雑煮を取り上げたいと思います。お雑煮の味付けには醤油《しょうゆ》のすまし汁と味噌汁《みそしる》があるという話は有名だと思います。この味付けの分布を調べてみると変遷が見えてくるのです。

（一）お雑煮とはなにか？

「雑煮」を辞書で引いてみると「餅に具をあしらった汁物。地方により具はさまざまで、仕立ても澄まし汁・味噌汁といろいろ。主として正月の祝い膳に用いる」（『デジタル大辞泉』）とあります。柳田國男はお雑煮の名称にも変遷があるはずだと述べていますが、ここではその話は割愛して、ひとまず文献に現れる雑煮の記述を確認してみます。

「雑煮」の語が登場し始めるのは、室町時代頃からですが、当時は季節を問わずに来客をもてなす初献（一品目）や、婚礼の酒肴などとして書かれています。例えば、明応６年（１４９７）の『山内料理書《やまのうち》』では、「夏肴くみ之事」で「もしいろふり（うり）なく候はば、山のいも以下にても入よ。越瓜。もちひ。いりこ。まるあわび。四色をたれみそにてによ。口伝在。四種之外入べからず」とあります。餅《もち》・瓜《うり》（なければヤマノイモ）・いりこ・まるあわびの四種を垂れ味噌で煮たものが雑煮だったようです。ここでいう垂れ味噌とは、味噌を水に溶いて漉《こ》した液体調味料を指します。

雑煮を正月に食べた記録は公家《くげ》や神職や僧の日記にあらわれはじめ、当時は上流の人々の間で食べられていたようです。雑煮が一般の人々にまで普及したのは近世以降と考えられ、江戸時代前期の『日次紀事《ひなみきじ》』には、元旦に「今朝良賤雑煮を食ふ」と記載されています。江戸時代後期の京都・大坂・江戸の風俗を記した『守貞漫稿』には、「元日二日三日諸国ともに雑煮を食ふ」「大坂の雑煮は味噌仕立て」「江戸は（中略）鰹節を用ひし醤油の煮たし也」といった記述があり、江戸時代後期の時点で、お雑煮の味付けに地域差があることも記録されているのです。

（二）各地のお雑煮を調べる

昭和15年（1940）の料理本『特撰家庭料理千五百種　5版』に掲載されている「お雑煮の地方色二十六種」から、26地域のお雑煮を見てみると、三重県伊勢・大阪府・京都府・奈良県・兵庫県神戸・和歌山県（家庭用のみ、来客用はすまし汁）・香川県高松が味噌仕立て、その他はすまし汁仕立てという結果でした。なお、山口県は、味噌汁からすまし汁へと変わったとあります。ここから、味噌仕立ては関西・中国・四国地方に集中していることがわかります（表2）。

さらに、平成29年（2017）に行なわれたアンケート調査「全国お雑煮事情」（NRCレポート）を見ても、同様に味噌仕立ては関西・四国地方に集中し、北陸もやや多いという結果となっています。

（三）各地のお雑煮を整理・分類する

昭和15年（1940）と、平成29年（2017）のデータから、雑煮の味付けは大きく醬油系のすまし汁と味噌汁という二つに分類できて、味噌汁の雑煮は、関西地方を中心に

東北		
仙台	すまし汁	
米沢	すまし汁	
北陸		
金沢	すまし汁	
新潟	すまし汁	
関東		
東京	すまし汁	
千葉海岸	すまし汁	
銚子海岸	すまし汁	
東海		
名古屋	すまし汁	
尾張	すまし汁	
岐阜	すまし汁	
伊勢	味噌汁	
関西		
大阪	白味噌汁	
京都	白味噌汁	
奈良	味噌汁	
神戸	白味噌汁	
和歌山	家庭用は味噌汁	来客用はすまし汁
中国		
岡山	すまし汁	
広島	すまし汁	
山口	味噌汁	→すまし汁
四国		
伊予松山	すまし汁	
高松	甘味噌汁	
九州		
福岡	すまし汁	
豊前	1日はすまし汁	2日目は小豆汁
長崎	すまし汁	
鹿児島	すまし汁	

表2　お雑煮の味付け（昭和15年『特撰家庭料理千五百種　5版』より）

限定的に分布していることがわかります。

(四)文献史料と併せて考える

特徴的な味噌仕立ての分布を考えるために、味噌と醬油が普及した歴史を確認してみましょう。味噌も醬油も大豆を原料とする発酵食品で、文献では味噌は9世紀頃、醬油は16世紀後期頃から見られるようになります。

味噌は寺院で作られた記録があり、さらに、味噌を水に溶いて漉した液体調味料についても記載されています。例えば、京都の東寺に伝わる『東寺百合文書』の道具目録には「垂れ味噌袋」という表記があり、垂れ味噌という調味料を作っていたことがうかがえます。江戸初期の料理書『料理物語』を参照すると、垂れ味噌の作り方は「(すり)味噌一升に水三升五合入せんじ三升ほどになりたる時ふくろに入たれ申候也」というものだったようです。

一方で、醬油は味噌から出る液体「たまり」から発展したと考えられています。「醬油」と書いて「シヤウユ」と読ませる語が初めて登場するのは、慶長2年(1597)の『易林本　節用集』でのことでした。室町時代後期から近畿地方で醬油が生産されるようになり、江戸時代初期には「下り醬油」として江戸の都市にも船で運ばれるようになります。江戸時代中期頃には下総の銚子や野田での醬油製造が始まり、文政4年(1821)には江戸周辺で作られた地廻《じまわ》り醬油が江戸の醬油の9割強を占める状態になりました。

このように、味噌と醬油の普及の歴史を振り返ると、味噌が古く、醬油は新しいものだとわかります。味噌の方が早く生まれた理由には、製造のしやすさが関係するようです。醬油は菌の活動を止める火入れなどの技術が必要であったために、家庭ではあまり作られなかったようです。明治時代以降、企業の醸造した醬油が徐々に流通していきますが、農村部では特別な時の調味料としての使われ方が長く続き、広く日常的に使われるようになったのは戦後のことでした。

これらのことから、『守貞漫稿』に記された江戸の醬油の煮たしを用いた雑煮とは、新しい調味料である醬油を使ったものであったとわかってきます。そして、醬油で味付けをした雑煮は、現在、広い地域に普及しています。醬油のすまし汁の雑煮が定着していった過程を追跡してみましょう。

江戸時代後期の文化年間に、幕臣の屋代弘賢《ひろかた》（1758〜1841）が諸国へ行なったアンケート調査『諸国風俗問状《といじょう》』の回答を見てみます。屋代は「雑煮餅の事　菘・いも・大根・人参・田作など通例、其外に何等の物候やらん」と江戸の雑煮の例を提示して、諸国の状況を尋ねています。当時の江戸ではすでに醬油の雑煮が一般的だったためか、屋代は味付けに関して問うていませんが、その回答結果は**表3**のようにまとめられます。

着目したいのは、陸奥国白川領の「家中は江戸に同じ」、丹後国峯山領の「御家中においては御ヶ條通例の品取り揃える」という内容です。つまり、江戸の雑煮に倣おうとしていた様子がうかがえるのです。料理研究家の奥村彪生《あやお》は雑煮に関する史料を渉猟し、江戸風の醬油のすまし汁の雑煮を広めたのは参勤交代だったろうと見ています。江戸時代、藩主は参勤交代で江戸と領地とを行き来していました。そして、江戸住まいをしている武家は初登城といって、身分格式によって元日から三日までの間に江戸城を訪れ、将軍に謁見する義務がありました。そのように江戸で過ごした藩主とその家臣らが江戸の文化を国元に持ち帰った可能性はあるでしょう。幕府直轄領であった京都や大坂には大名がおらず、特に参勤交代がなかったために、由緒を重んじる現地で元々食べられていた味噌仕立ての雑煮が続いたと考えられそうです。ただし、京都や大阪の雑煮に米麹を多く使った白味噌が用いられることは留意すべき点です。単に古い味付けを継続したわけではなく、独自の食文化をみがいてきた結果としても受け取れるでしょう。

まだまだ多くの事例収集は必要ですが、雑煮の味付けの変遷について、以下の四点を指摘できます。

①雑煮の早い例は、味噌や垂れ味噌で調味していた。
②江戸時代になると、江戸で醬油のすまし汁の雑煮が食べられるようになった。
③参勤交代により江戸風の雑煮が諸国の武家を経由して伝わった可能性もある。
④京都や大坂の周辺では従来の味噌仕立ての雑煮が食べられ続けた。

その一方で、正月行事の核ともいえる部分として伝承されてきているのは、餅を入れた

陸奥国白川領 （福島県）	町在農家では、芋・田作・人参・凍豆腐など。城下町では多分雑煮をする。家中は江戸に同じ。
三河国吉田領 （愛知県）	通例の外に異なることなし。焼豆腐を加える家が稀にある。
若狭国小浜領 （福井県）	芋・菘・蕪・焼豆腐など。江戸などの風と違って、多くは味噌汁。
近江国多羅尾村 （滋賀県）	押餅・大根・芋。
伊勢国白子領 （三重県）	芋・大根を加えるもあり、菘のみもあって一定ではない。花鰹をかいてかける。在郷では田作・数の子・黒豆・焼豆腐・かや・勝栗を用いる家もあるという。
大和国高取領 （奈良県）	高取候の雑煮は輪切大根、里芋、串子、串貝、焼豆腐、勝栗、青菜、技師（ママ）、本鰹を入れる。その他通例は芋、大根、豆腐、菜、花鰹を入れる。昆布を入れることもある。
紀伊国和歌山 （和歌山県）	餅・若菜草・串柿などを入れる。
丹後国峯山領 （京都府）	花鰹・人参・昆布・芋・牛蒡・菜・焼豆腐など。分限に応じて統一はしていない。ただし、御家中においては御ヶ條通例の品取り揃える。他は味噌汁の餅を入れ花鰹を上に置く。在方には粟餅を味噌にて焚き、花鰹も入れない。
備後国沼隈郡浦崎村 （広島県）	塩肴・大根・牛蒡・水菜・人参。元日より十四日夕まで。
淡路国 （兵庫県）	異なることなし。在方にては豆腐・牛蒡・十六島海苔なども用いる。津名郡川村には歯固といって別に焼餅を入れることがある。
阿波国 （徳島県）	菘・芋・大根・人参・花鰹など。
肥後国天草郡 （熊本県）	菘・里芋・大根・牛蒡・こんぶ・こんにゃく・焼豆腐・人参。

表3　『諸国風俗問状答』に見る雑煮　（　）は現在相当する県

雑煮で新年を迎えるということです。数え年*が採用されていた頃は元旦を迎えるたびに誰もが年を一つずつ取りましたが、その象徴のように考えられていたのがお米の加工品である餅でした。ですから新年の餅を「年取り餅」と呼ぶ地域もあります。一年がかりで育てるお米は、食糧であり、税であり、塩などの生活必需品とも交換できる大切なものでした。お雑煮には味付けの変遷や細かな地域差はあれど、餅を入れて食べる儀礼食であることは現在でも変わりません。

なお、餅ではなく里芋を入れた雑煮を食べる地域もありますが、それは実は、長い日本の歴史の中で正月行事の儀礼食が里芋であった時代もあったことを、米餅の時代になって以降も伝えている事例なのです。正月の年取りの儀礼食には、米餅と里芋に米飯を加えた三者が併存しているという民俗伝承が各地に伝えられています。一時期、民俗学でいわれたことのある芋か餅かという二者択一ではなく、二者併存、むしろ米飯を中心にして三者併存であったことが近年の民俗学で明らかになってきています。

このように、民俗資料と文献史料の両方を参考にしていくと、正月のお雑煮の歴史が見えてきます。変遷史としては、味付けが味噌から醬油へという変化です。その一方で、伝承されてきた変わりにくい部分は、正月には雑煮をはじめ、餅や年取り膳《ぜん》のご飯や里芋などを食べるということです。

民俗学の比較研究法とは、民俗の中の変遷と伝承という二つの特徴を具体的に追跡してみるという方法なのです。

――子どもの遊び、そしてお雑煮と、このように身近な素材を民俗学で考えてみるだけでも、私たちの暮らしの変遷や、文化の広がりが見えてきて面白いですね。ありがとうございます。

次章以降では具体的に、私たちの生活活動のさまざまを「仕事と衣食住」「家族と社会」「寺社と信仰」「祭礼行事と芸能」「言語と語り」というテーマに分けて、それぞれ民俗学で考えるとどのようなことが見えてくるのかを、紹介していただきます。

【参考文献】
柳田國男「民間伝承論」(『柳田國男全集28』)筑摩書房、1990年
柳田國男「妹の力」(『定本柳田國男集　第9巻』)筑摩書房、1969年
柳田國男「郷土生活の研究法」(『定本柳田國男集　第25巻』)筑摩書房、1970年
坪井洋文『イモと日本人―民俗文化論の課題―』未来社、1979年
新谷尚紀『民俗学とは何か―柳田・折口・渋沢に学び直す―』吉川弘文館、2011年

＊数え年：生まれた年を一歳として、その後は新年のたびに一歳を加えて数える年齢のこと。明治35年(1902)の「年齢計算ニ関スル法律」で現在と同じ満年齢が公的な年齢となったが、多くの人は数え年を使い続けた。その後、昭和24年(1949)の「年齢のとなえ方に関する法律」で改めて満年齢に統一された。

新谷尚紀「日本民俗学と國學院大學　―歴史と伝統に学び未来へとつなぐ―」（「國學院雑誌」第１１８巻第４号）２０１７年
新谷尚紀「白米への憧れ―米とは何か」（『日本の食文化２　米と餅』）吉川弘文館、２０１９年
新谷尚紀『民俗学がわかる事典』（角川ソフィア文庫）、２０２２年
「雑煮」（『民俗小辞典　食』新谷尚紀・関沢まゆみ編）吉川弘文館、２０１３年
奥村彪生『日本料理とは何か―和食文化の源流と展開―』農山漁村文化協会、２０１６年
門口実代「雑煮　―正月と餅―」（『日本の食文化２　米と餅』）関沢まゆみ編、吉川弘文館、２０１９年
小谷竜介「味噌と醬油　―大豆発酵調味料の広がり―」（『日本の食文化５　酒と調味料、保存食』）石垣悟編、吉川弘文館、２０１９年

コラム　民俗学と民族学と文化人類学のちがい

民俗学と民族学と文化人類学のちがいについて少し説明しておきましょう。

民俗学と民族学は、日本語では同じミンゾクガクという呼び名で、その違いがよくわからないという人もいます。しかし、中国語では民俗学は Mínsú xué（ミンシュウシュエ）、民族学は Mínzú xué（ミンズウシュエ）で、発音も異なりますから間違える人はいません。民族学はもともと英語では Ethnology（エスノロジー）で、民族 ethnicity（エスニシティ）という単位で人類を研究対象としたものです。それぞれの民族の言語や宗教、技術や社会制度などの生活文化を調査し、その特徴的な点について分析していく学問として生まれました。西欧世界の研究者によるアジアやアフリカ、中南米など異民族の異文化研究として、19世紀半ばから発展してきたものでした。大航海時代のあとからですから、そこには西欧諸国の植民地主義との関係を否定できない部分もありました。

戦後には、そういった植民地主義的な色彩を避け、アメリカ発信の文化人類学 Cultural anthropology（カルチュラル・アンソロポロジー）と名乗るのが一般的になりました。もちろん民族学（エスノロジー）も異文化研究だけではなく、広く人類文化を研究する学問でしたが、文化人類学はより明確に、基本的に人類とは何か、人間とは何かを問う学問としての名乗りをはっきりさせ、その歩みを進めています。

「人間とは何か」という問題を古くから長く研究してきたのは西洋哲学でした。それを西欧の言語と概念の中に問おうとしてきたのです。一方で文化人類学は、現実の人類文化をその多様性の中に捉えようとしました。つまり、西洋哲学に対するアンチテーゼが文化人類学だといってよいでしょう。だから、哲学者のジャン＝ポール・サルトルの哲学研究を、文化人類学者のクロード・レヴィ＝ストロースは、西欧中心で主観的だといって批判しているわけです。西洋哲学という西欧の言語と思考の中で「人間とは何か」と議論するのではなく、南米アマゾンやミクロネシア、ポリネシアや広大なアフリカ大陸の各地など、多様な人類文化が存在していることを重視し、その中に人類の貴重な文化が形成されていることに注目していったのでした。西洋哲学と文化人類学との学問上の相違は大きいのですが、この二つの学問はたがいに刺激しあう良きライバルであり、日本の民俗学にとって偉大な先輩としての知的隣人同士だといってよいでしょう。

それに対して、日本の民俗学は広義の歴史学です。いわゆる狭義の歴史学は文献史料を扱う文献史学ですが、その文献史学へのアンチテーゼとして創唱されたのが、柳田國男の日本民俗学でした。つまり、文化人類学と民俗学の学問としての違いは、前者のアンチテーゼが先に述べたように西洋哲学であるのに対して、後者のアンチテーゼは文献史学だという点です。それは民俗学が孤立した学問だという意味ではなく、独立した視点と方法と課題をもつ隣接科学と対等に学際協業できる学問だという意味です。

ただ日本の民俗学は、柳田國男と折口信夫以後、その基本の理念と方法とをしっかりと継承できて来なかったことによる混乱があり、その影響がいまなお続いています。昭和24年（1949）に、それまでの「民間伝承の会」を「日本民俗学会」と改めた背景には、文部省（現在の文部科学省）の科学研究費の申請のためという配慮もあったのですが、その「民俗（フォークロア folklore）」という名前にひかれて、庶民の生活の研究であればそれが民俗学だと誤解される傾向が生まれてしまいました。一般の人々の生活の様子を調査して叙述するのが民俗学だと捉えられ、その調査内容を報告する民俗学の本も多く出版されました。

また、隣接科学で流行している言語を使って語られる著作も多く出版されました。たとえば、リミナリティ（境界性）、コミュニタス（中心と周縁）、ポストコロニアル（植民地主義の影響について）、オリエンタリズム（東洋に対する西洋近代の思考と支配の様式への批判）、ネイションステイツ（国民国家論）、マルチ・カルチュラリズム（多文化主義）、コモンズ（共有地や共有財と資源利用）、フォークロリズム（民俗の商品化）、バナキュラー（その土地に根づいた文化）などです。いずれも、学際的な研究の上では貴重な概念ですが、それらは民俗学が自らの研究成果として発信できているものとはかぎりませんし、借り物であるという点に注意しなければなりません。私自身もそれらの理論を活用してきましたが、そのときにはメアリー・ダグラスのあらわす「汚穢」の論に学びながらも、日本の神話や歴史史料、民俗伝承の諸事例を分析し、日本語の「ケガレ」は単なる汚いという意味にとどまらず、根源的な生命の力をめぐる概念であること、ケガレは power of death、カミは power of life であるという対概念を提示しました。そして、すべてのカミはケガレから生まれる、というメカニズムを論じました（「ケガレの構造」（『岩波講座　日本の思想6』）。やはり民俗学が学際的で国際的な研究を進めていく上では、それらに学びながらも、独自の民俗調査と、そこで収集できる伝承事実を整理して理論的に分析していくことが重要だと私は考えています。

また、人類学では、たとえばイギリスのジェームス・G・フレーザーが提示した類感呪術と接触呪術という分析概念、フランスの現代社会学の創始者エミール・デュルケイムが宗教の説明で提示した「聖と俗」という分析概念などが知られています。前述のリミナリティやコミュニタスも、そうした文化人類学の提示した分析概念です。民俗学は、生活文化の伝承と変遷の動態を分析する学問ですから、変遷論の部分は歴史学とも呼応しますが、伝承論の部分は文化人類学や社会学とも呼応して、社会や文化の中のメカニズムについて読み解く分析概念を提出します。たとえば、柳田國男の「ハレ」と「ケ」、折口信夫の「まれびと」や「よりしろ」がそれでした。

つまり、隣接科学から発信されてくる新しい概念については、それらをよく学んだ上で、自分たちの民俗調査におけるデータの解釈にただ借用したり利用したりするのではなく、その概念に対して、自らの調査で得られる情報をもとに、新たな概念を提示していくということが肝心です。民俗学にとっていちばんだいじなのは、学問としての独自性を具体的な研究成果として示していくということです。それは民俗の伝承と変遷をめぐる理論的な研究なのですが、そのような成果は、１９９０年代から２０２０年代の現在にかけて、具体的な論著として若い世代からも少しずつあらわれてきています。

（新谷）

第2章　民俗学で考える「仕事と衣食住」

1　労働と休み

現在の私たちの暮らしは「労働」と「休み」の繰り返しで営まれています。週五日労働、週休二日というサイクルが一般的です。近年では平日に休日を設ける職種や、シフト制の職種もあります。個人事業主として働く人も増えていますし、週休三日制を検討している大企業や地方自治体もあり、変化の中にあるともいえるでしょう。そもそも一週間という考えが日本で採用されたのは、明治6年（1873）にグレゴリオ暦が導入されてからのこと。実はまだ約百五十年程度です。それ以前の日本人の働き方と休み方を見てみましょう。

家族ぐるみの労働

人はなぜ働くのか。暮らしていくためですね。現在の労働といえば「稼ぎ」。つまり、現金収入を得ることとして認識されています。それは、高度経済成長期（1955～73）

を経て、価値の指標が貨幣経済に置き換わり、消費を基本とした暮らしへ変化したためです。

しかし、従来の農山漁村では労働の成果すべてが金銭収入になったわけではありません。明治時代までは国民の約8割が農林水産業を中心に従事し、自給自足的な生活が基本でした。祖父母と両親、子どもも含めた家族の全員が食料や生活の中で使う道具などの生産に携わっていました。家庭内の消費物を日々の労働によって生産し、その余剰と養蚕などで得た金銭収入の収益の中から税金を負担していたのです。

昭和初期の農家の経営状況を例に見ていきましょう。安室知《やすむろさとる》は長野県長野市若穂《わかほ》綿内菱《わたうちひし》田《だ》（当時は綿内村菱田）のU家に伝わる、昭和4年（1929）年の『甲種農家経済簿』（長野市立博物館蔵）の内容を報告しています。『甲種農家経済簿』は長野県農会が農家の農業経営の改善のために発行していた日誌式の経済簿で、一部には記載者の主観に負うところもあるものの、家族個人単位での一日の仕事内容およびその仕事の従事時間を記入でき、さらに金銭出納簿も付属していました。特にU家は、長野県内務部が昭和9年（1934）に発行した『農務彙報』54号にて優良事例として紹介されており、昭和初期の中層の自小作農家として高い意識を持った家だったと思われます。つまり、当時の一般的な農家の実情をあらわしているというよりも、行政サイドが紹介した優良農家のデータなのです。民俗学は、このような歴史記録の特徴にも注意し、鵜呑みにはせず、県の行政が件の農家とともに提示している一例として参考にしていきます。

そのU家は昭和初年（1926）には自作地7・2反と小作地5反の計12・2反を所有していました。昭和4年（1929）時点では、祖父（76歳）・祖母（71歳）・父（45歳）・母（42歳）・長男（20歳）・長女（16歳）・三女（10歳）・次男（6歳）・三男（3歳）の9人家族。経済簿に登場する生業をまとめると、大きくは稲作・養蚕・藁《わら》仕事・山仕事・畑作・賃労働の六種によって、家庭は維持されていたようです（表4）。

養蚕は、絹の原料となる蚕を飼育するだけでなく、飼料となる桑を育てることも含みます。藁仕事は暮らしに欠かせなかった縄・俵・筵《むしろ》・草鞋《わらじ》および養蚕に用いるスクラ（上蔟《じょうぞく》具）などを生産すること。山仕事は主に燃料となる薪《まき》の生産。畑作では、麦・大豆のほか、胡瓜《きゅうり》や大根など各種の野菜、また湿田で蓮根《れんこん》が栽培されました。

賃労働は、他家から頼まれる米搗《こめつ》き（精米）、繭《まゆか》掻き（蚕の繭を蔟《まぶし》から外す作業）などによって労賃を得ることでした。このほかにも、庭で飼う鶏の卵や水田で拾うタニシを売ることも細かな金銭収入になっていたようです。

続いて、U家の労働時間を見てみましょう（表5）。まだ幼い次男・三男を除いた全員に役割分担がされていることがわかります。農事においては、体力の必要な山仕事は父と長男が主に行ない、養蚕は女性たちが多く携わっています。老いた祖父母は藁仕事や養蚕など家内で働いたようです。男性たちには家事に割く時間はなく、家事は女性の仕事であ

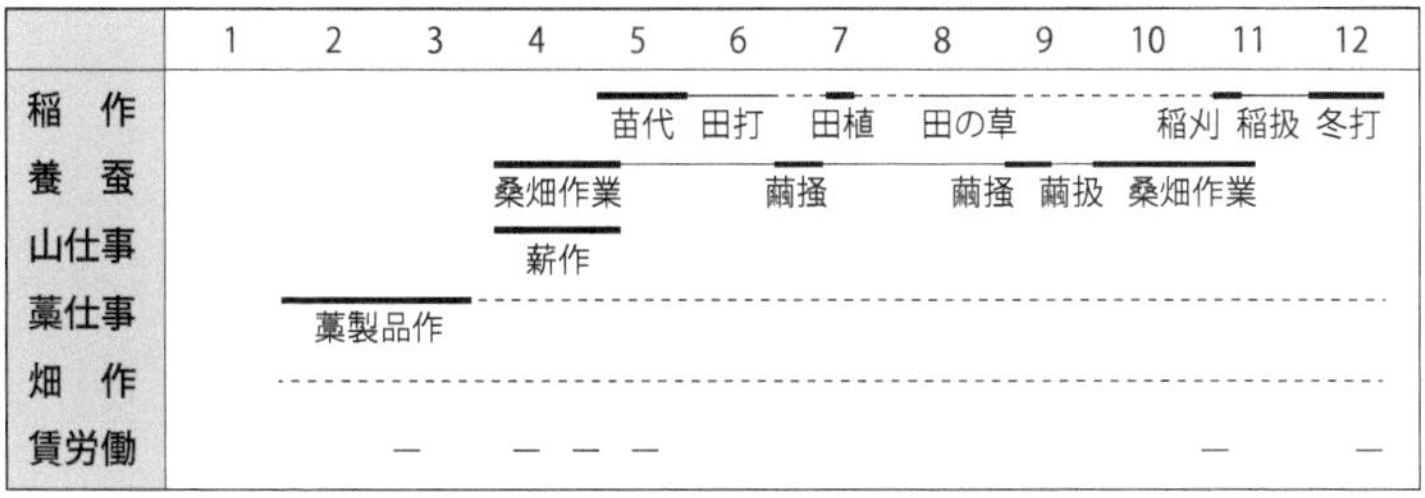

表4　U家の生業カレンダー（昭和４年）　安室知による表を参考に作成

仕事＼人		父	母	長男	長女	三女	祖父	祖母	仕事別合計
農事	稲作	407 （19.9）	353 （18.7）	417 （17.4）	317 （20.2）	0 （0）	0 （0）	0 （0）	1494 （13.8）
	養蚕	579 （28.3）	729 （38.5）	645 （27.0）	737 （47.0）	9 （14.3）	52 （2.1）	295 （91.6）	3046 （28.1）
	山仕事	142 （6.9）	13 （0.7）	132 （5.5）	0 （0）	0 （0）	0 （0）	0 （0）	287 （2.7）
	藁仕事	151 （7.4）	16 （0.8）	309 （12.2）	16 （1.0）	0 （0）	2479 （97.2）	0 （0）	2971 （27.4）
	畑作	214 （10.5）	321 （16.9）	291 （12.2）	207 （13.2）	0 （0）	0 （0）	1 （0.3）	1034 （9.5）
	賃労働	0 （0）	0 （0）	55 （2.3）	18 （1.2）	0 （0）	0 （0）	0 （0）	73 （0.7）
	まごつき	44 （21.6）	334 （17.6）	398 （16.7）	215 （13.7）	18 （28.6）	11 （0.4）	2 （0.6）	1420 （13.1）
	その他（不明を含む）	111 （5.4）	128 （6.8）	144 （6.0）	58 （3.7）	36 （57.1）	8 （0.3）	24 （7.5）	509 （4.7）
	小計	2046 （100）	1894 （100）	2391 （100）	1568 （100）	63 （100）	2550 （100）	322 （100）	10834 （100）
家事	炊事	0 （0）	737 （38.4）	0 （0）	624 （32.5）	1 （0.1）	0 （0）	557 （29.0）	1919 （100）
	その他（不明を含む）	0 （0）	418 （97.0）	0 （0）	1 （0.2）	12 （2.8）	0 （0）	0 （0）	431 （100）
	小計	0 （0）	1155 （49.1）	0 （0）	625 （26.6）	13 （0.6）	0 （0）	557 （23.7）	2350 （100）
人別合計		2046	3049	2391	2913	76	2550	879	13184

表5　U家の労働時間（昭和４年）
安室知による表を参考に作成

・数字は時間、カッコ内は%を示す
・農事時間の割合は各人の労働時間に対する比
・家事時間の割合は全家事時間に対する比
・「まごつき」とは雑仕事のこと

ったこともわかります。特に、母の労働時間は農事と家事を合計すると３０４９時間と、父・長男よりも圧倒的に多く、その身体的負担は大きなものだったことがうかがえます。

そんなＵ家の昭和４年の収支を見てみましょう（表6）。収入３６１円40銭のうち、59％を繭の売り上げが占め、米は自家でも消費するためか全収入の10・７％のみでした。一方で、支出を確認してみると、３３２円のうち農業銀行や五人組への借金返済が20％近く、税金が16％、小作料が13％と、合計すると支出の半分近くが借金返済や借り賃の支払いに充てられています。これは昭和恐慌の影響も大きいでしょう。酒の出費は年中行事に関連するもので、嗜好《しこう》品に使うお金や娯楽費はごくわずかです。家族ぐるみの生産労働を行ない、金銭収入はさほど多いものではありませんでしたが、消費も抑えた生活を送っていたことがうかがえます。

ただ、これら農家や商家の一般的な家計簿の類には、税金のさまざまが記入されていないのがふつうで、実際にはそれらの税負担も少なくなかったことを考慮しておく必要があります。

高度経済成長による労働の変化

今度は高度経済成長期前後の収支の変化を、広島県の農村のデータから見てみましょう。広島県千代田町（平成17年の合併により現在は広島県北広島町）は、昭和30年（１９５５）前

（収入）

項　　目	収入金額	収入の内訳
稲　　作	38円60銭	米
養　　蚕	213円05銭	繭
山 仕 事	14円83銭	薪・焚き物
藁 仕 事	20円35銭	縄・俵・マブシ
畑　　作	42円71銭	豆・黒豆・御菜・ナス・キュウリなど
賃 労 働	11円00銭	米搗き・繭掻き・人夫など
そ の 他	11円91銭	鶏卵・タニシ・餅など
不　　明	8円95銭	詳細未記載（1/1 ～ 1/23 分）
合　　計	361円40銭	

（支出）

項　　目	支出金額	支出の内訳
〈農事〉		
小 作 料	42円30銭	
肥 料 代	24円85銭	窒素・石灰
農事雑費	18円65銭	蚕種・芋種・蚕棚の購入・農具修理・精米所など
〈家事〉		
食 糧 費	12円82銭	魚・菓子・砂糖・豆腐・蒟蒻・粉物・油など
酒　　代	41円66銭	（食糧費）
交 際 費	14円95銭	葬式・婚礼・餞別・養蚕祭・青年会・手土産など
交 通 費	14円95銭	自転車修理・リヤカー借上
光 熱 費	12円09銭	電気料
医 療 費	8円86銭	薬代
家事雑費	6円38銭	傘・提灯・ろうそく・石炭・紙・マッチ・箒・新聞など
嗜 好 品	4円06銭	タバコ・らお
教 育 費	83銭	青年訓練所・実業補習学校・冬季自由大学
娯 楽 費	56銭	手鞠・金魚・芝居・活動映画・小遣い
〈その他〉		
借金返済	63円06銭	農業銀行・五人組
税　　金	53円33銭	村税など
そ の 他	12円72銭	詳細未記載（1/1 ～ 1/23 分）・その他
合　　計	332円00銭	

表6　U家の収支一覧（昭和４年）　安室知による表を参考に作成

後には、農家が全戸数の69・1%を占める中山間地農村でした。町の生産総額4億9134万円のうち、水稲を中心とする普通作物が占めたのは4億2463万円。うち2億4324万円分が自家消費分、1億8090万円分が町外販売分と、自家消費分と販売分とを各家庭で生産することを基本とした働き方をしていました。

しかし、高度経済成長期を画期として産業構造が大きく移り変わります。昭和30年(1955)から60年(1985)の間に第一次産業就業者は激減した一方、第二次産業・第三次産業は増加。就業者数は約2000人減少しました。つまり、都市部への人口流出があったのです。

産業別生産所得を確認してみると、昭和37年(1962)の総額10億6500万円から、昭和57年(1982)には181億3900万円へと驚くべき増加を見せています。その44%(79億8600万円)が第二次産業、47・3%(85億7500万円)が第三次産業によるものでした。第二次・第三次産業を中心とした労働へと移り変わり、金銭収入が大幅に増加したのです。農業においては、農業機械の導入により労働負担が軽減されたものの、その購入費用が農家の大きな負担となっていきました。

高度経済成長期を経て家庭の金銭収入は増えましたが、支出にも変化がありました。とある家庭の支出の変化を見てみましょう(**表7**)。

昭和36年(1961)には、この家族の構成員は40代夫婦と一女二男で、長女は実家を

昭和36年（1961）

	飲食費	嗜好品費	衣服費	住居家財費	水道光熱費	保健衛生費	学校教育費	教養文化費	交通費その他	雑費臨時費	合計
1月	2,514	2,660	435	0	369	662	5,190	250	3,250	4,015	19,345
2月	2,316	2,449	10,000	150	293	1,392	8,370	723	2,512	0	28,205
3月	3,271	1,830	4,821	550	276	1,338	8,068	890	1,725	18,075	40,844
4月	3,523	1,822	2,283	380	293	1,030	5,715	1,790	3,425	5,000	25,261
5月	4,316	645	7,190	330	213	500	12,550	1,250	1,272	330	28,596
6月	2,431	2,032	2,588	320	282	500	6,955	11,535	3,660	50	30,353
7月	3,221	1,673	3,330	0	401	1,115	11,010	757	6,840	0	28,347
8月	9,662	4,810	13,570	13,570	2,273	3,572	480	3,690	1,741	6,471	59,839
9月	3,247	1,299	1,000	60	402	15,229	11,200	570	12,095	10,000	55,102
10月	2,607	527	2,670	20,011	389	30	7,775	10	920	44,340	79,279
11月	2,619	553	5,675	1,200	486	1,020	9,445	890	3,060	0	24,948
12月	13,259	6,516	14,155	15,085	3,247	2,163	9,740	2,660	2,680	3,770	73,275
計	52,986	26,816	67,717	51,656	8,924	28,551	96,498	25,015	43,180	92,051	493,394

昭和56年（1981）

	飲食費（嗜好品費）	衣服費	住居家財費	水道光熱費	保健衛生費	教養文化費	交際費（頼母子講）	旅費交通費	雑・臨時費（教育・日当・寄付）	合計
1月	33,641	570	44,680	8,274	0	2,080	18,841	11,070	0	119,156
2月	9,552	0	47,000	5,706	4,600	9,560	2,210	109,750	0	188,378
3月	17,963	0	5,270	5,486	5,900	4,580	49,580	37,963	2,300	129,042
4月	20,029	0	27,740	5,717	4,610	0	20,100	0	8,230	86,426
5月	28,319	0	480	14,476	2,000	1,180	9,790	0	121,200	177,445
6月	22,314	5,000	3,550	7,829	2,700	5,940	57,020	20,000	12,000	136,353
7月	19,854	270	7,406	5,671	9,050	1,000	49,000	1,700	39,500	133,451
8月	139,763	0	39,850	46,470	0	1,000	48,720	3,700	7,710	287,213
9月	17,555	0	14,400	11,265	2,300	1,600	52,320	2,300	153,683	255,423
10月	18,903	0	4,476	11,887	2,300	3,700	27,500	46,510	50,120	165,396
11月	8,316	3,740	43,760	110,630	0	6,410	50,320	33,800	330,000	586,976
12月	71,275	0	15,400	30,180	5,300	10,480	28,000	82,990	150,000	393,625
計	407,484	9,580	254,012	263,591	38,760	47,530	413,401	349,783	874,743	2,658,884

単位：円

表７　広島県旧千代田町の一家庭の家計費比較

離れて専門学校に通っていました。食料や燃料の大半が自給自足で、毎月の支出は2万〜7万円、年間の合計支出も約49万円と少ないものでした。

昭和56年（1981）になると、子どもたちは独立して都市部でそれぞれ世帯を持ち、60代後半の父だけが家に残りました。しかし、単身ながらも支出は年間265万円以上と大幅に増加しています。食料を購入するようになり、住居家財費や水道光熱費の額も増え、交際費や雑・臨時費、旅費や交通費も大きく増加しています。このように、人々の暮らしは倹約型から消費型へと変化してきたのです。

女性の仕事の変化

戦後には女性の仕事も変わっていきました。まず時代を少し遡《さかのぼ》って説明すると、女性が職業に就いた早い例は、明治時代の殖産興業政策の中で建設された製糸工場・紡績工場の女工でした。近代日本の主な輸出品であった生糸や綿織物は、10歳代前半から20歳代前半の独身女性らの労働の産物だったのです。ただ、明治29年（1896）制定の民法では妻は無能力者とされ、就業には夫の許可が必要だったために、働く女性たちの多くは結婚を機に仕事をやめざるを得ませんでした。女性は結婚したら家庭に入るという考え方は、この後も長く続いていくこととなります。

その後、大正時代に入ると、都市部では第一次世界大戦（1914〜18）の大戦景気と都市化を背景に、バスの車掌、電話交換手、タイピスト、デパート店員などとして働く女性が少しずつ登場し始めました。いわゆる「職業婦人」です。太平洋戦争が激化した時期には、男性労働者の不足を受けて、未婚女性による女子勤労挺身《ていしん》隊が結成され、工場などでの無償の勤労奉仕が各地で行なわれました。

戦後、昭和21年（1946）に定められた日本国憲法では、旧民法の差別的な部分の多くは廃止されましたが、実態として就業上の性差別は根深く残りました。女性が就職できる仕事は依然として少なかった上に、結婚後に正規雇用として働き続けることは難しく、定年も男性と比べて早かったのです。また、仕事内容も男女で異なり、女性にはお茶くみなどの補助作業が与えられました。そのような女性会社員を指して、昭和30年代には「BG（ビジネス・ガール）」という表現が広まりましたが、欧米などの一部地域で売春婦を指すスラングとして使用されているという説が流布したことで次第に使われなくなっていきます。代わりに登場した和製英語が「OL（オフィス・レディ）」でした。

高度経済成長期に、夫は稼ぎ、妻は家事というモデルが都市部から定着していきましたが、その一方で、戦争により当時の価値観の上での結婚適齢期を逃してしまった独身女性や、夫を亡くした既婚女性の生活苦という社会問題に焦点が当てられることはほぼありませんでした。評論家の塩沢美代子と島田とみ子が独身女性へのインタビューを元にまとめた『ひとり暮しの戦後史』（岩波書店）には、その苦労と社会構造の問題がありありと記されているので興味のある方はぜひ読んでみてください。

さて、農山漁村で伝承されてきた暮らしを振り返れば、女性も大変よく働いていたことは明らかです。ただし、近代以降の都市化・資本主義経済化の中では、女性には男性同様に雇用される機会が与えられなかったのが現実でした。男女雇用機会均等法が制定されたのは、ずっと遅れて昭和60年（1985）でした。この法律は改正が重ねられていますが、まだまだ男女間賃金格差は依然として存在しています。

最後に誤解してほしくないのは、家事労働や就業していない女性には価値がないという見方は、はっきりと間違っているということです。高度経済成長期以降に、ものごとの価値のほぼすべてが賃金収入の多寡へと置き換わる中で家事労働に賃金が発生しなかっただけであり、その労働に価値がないわけではもちろんありません。むしろ、専業主婦の家事労働が表向きには報酬を受けない影のような仕事でも、それによって夫などの関係者が賃金労働することのできる生活基盤を維持する不可欠な労働であることを、オーストリア出身の哲学者イヴァン・イリイチ（1926〜2002）は「シャドウワーク」と呼んでその価値を指摘していました。そして、近年のジェンダー平等の観点から言えば、主婦も主夫も当たり前になっていくべきといってよいでしょう。今後、男女間賃金格差や産休・育休取得、産後の正規雇用問題が解消され、性差別なく働ける社会になることで、男女ともにより柔軟に生き方を選択できる社会になっていくことが望まれます。

祝いの休みと休息の休み

さて、労働のあり方が変わる中で、休み方も変化しました。

そもそも「休み」という概念はどのように生まれたのでしょうか。柳田國男は「年中行事覚書」（1955）の中で、時を定めて行なわれる年中行事の中には折り目や節、トキ、節句（節供）といった「祝いの日」があり、その日には常時の仕事を休んだことを指摘しています（年中行事に関しては第5章で詳述）。たとえば節句には、普段の仕事を休んで神を祀《まつ》るために慎んで過ごしたり、お餅やご馳走《ちそう》を家族揃って食べて過ごしたりしたのです。柳田は、元来「祝いとしての休み」と「休息のための休み」は異なったものの、仕事をしない点が共通しているために両者の境目がはっきりしなくなったとも述べています。また、日本各地に伝えられている年中行事には、暦の大きな統一の影響を受けながらも古い形が伝えられており、休みの変遷を求める上でも、全国規模での年中行事の事例収集と比較は重要だと考えていました。

続いて、民俗学者の平山敏治郎は柳田の視点を援用する形で、休み日は本来「物忌みの日」「ハレの日」として儀式を行なう日であったが、儀礼や禁忌は次第に希薄化し、単なる自由な休息、有楽の日になっていったと説きました。そのような休みの研究については松崎憲三によって詳しくまとめられています。

農村での休みを知る

続いて、農村における具体的な休みの事例についての報告を見てみましょう。ここでは瀬川清子＊の研究を参考にしてみます。休みの内容には、いくつかの傾向があったことがうかがえます。

第一に、農作業の進行に伴って決められていた休みです。作物の成長に合わせて農作業を行なう上で、適度に身体を休ませる期間があったということでしょう。例えば、田植えをする前に一日休む「トリアゲ休み」（兵庫県西宮市鷲林寺《じゅうりんじ》）、穂上り（播種《はしゅ》の後）と田植え上りの「五日正月様」（福島県石城郡大浦村／現・いわき市）、秋の収穫後に一週間ほど休んで村芝居を楽しんだ「ガンゲ」（熊本県葦北郡日奈久《ひなぐ》町／現・八代市）などです。

第二に、天候に関連した休みです。二百十日《にひゃくとおか》＊＊が無事に過ぎたらその翌日は仕事を休んで「ブナン正月」をする（千葉県印旛郡）、旱天《かんてん》続きの時に雨が降ると「アマアソビ」といって村中で仕事を休む（長野県下高井郡瑞穂村／現・飯山市）などです。農業機械や農薬で効率化された現代でも、農家の人からは雨の日は土を踏み固めてしまうので畑に入らないという話が聞けますから、昔の農業における天候の影響はいっそう大きかったはずです。

第三に、村人の希望によって決まる休みがありました。慣例の休みの翌日も延長して休むことを「ソエコ」と呼ぶ（岩手県二戸《にのへ》郡・紫波《しわ》郡）、長く休みのなかった後や大仕事の後には男衆が区長に休みを願い出る「セツネガイ」（岐阜県高山市付近）などです。休みの日に誰かが抜けがけのように働きに出ることを取り締まった事例も多く見られます（佐渡の海府など）。

また興味深い点は、休みの呼称に「〇〇正月」が多いことです。農繁期に休養を取る際には、正月様を飾ると主人・家長も休みを妨げられなかった（福島県平市付近／現・いわき市）、春田うないが終わると半日ずつ「三日正月」の触れ込みが出て休み、次は種蒔《たねまき》正月、田植えが終わるとまた正月が出た（神奈川県藤沢市）などの事例です。つまり、歳神を迎える正月が休息日の名称として使われているのです。これらは先ほど触れた柳田の指摘通り、祝いの休日と休息の休日が名称の上で混同されている点で興味深い事例です。類似事例の分布を収集して比較してみることによって休みの変遷を考えてみることは、面白い研究テーマといえるでしょう。

＊瀬川清子（1895〜1984）：柳田國男の門下で、明治・大正・昭和の時代の日本各地の農山漁村の民俗調査を行なって貴重な生活情報を集めた。『食生活の歴史』（1956）、『海女』（1970）、『村の女たち』（1970）、『販女』（1971）、『若者と娘をめぐる民俗』（1972）、『女の民俗誌』（1980）など。

＊＊二百十日：雑節の一つで立春から数えて二百十日目、9月1日頃に当たる。台風襲来の時期で、稲の開花期に重なるため、昔から農家の厄日とされる。

明治時代からの日曜日休み

その後の変遷を見てみましょう。

農村では村ごとに休みが設定されていましたが、明治時代の都市部では異なったサイクルが定められていきました。明治政府は明治元年（１８６８）には一桁が１と６の日を「官公庁の休日」とし（十六休暇日制）、明治３年（１８７０）には宮中の節日や江戸幕府の式日を下敷きにした祝日が発表されます。明治６年（１８７３）には、近代化のために従来の太陰太陽暦を廃止し、太陽暦（グレゴリオ暦）を採用。明治６〜12年（１８７３〜７９）にかけて宮中祭祀《さいし》にひもづけた祝日を整えていきます。

明治９年（１８７６）には日曜日休暇・土曜日半休（正午12時より休暇）を採用し、官立私立学校もこれに準じるようになります。企業においては、外国人と接する機会の多かった横浜の裁判所や運上所ではいち早く日曜日休暇が採用されたそうです。ただし、旧暦は農作業の目安としても暮らしに定着していたため、新たな暦は農山漁村になかなか浸透せず、祝日も容易に定着することはありませんでした。休みの取り方も、新たな暦の影響を受けながらも、戦後までは従来のものが伝承され続けていました。

一方で、都市部では明治時代半ば以降、企業にサラリーマンとして勤める人が増えていきます。官庁統計によると、東京市在住の有業人口のうち職員の占める割合は明治41年（１９０８）の５・６％から21・４％へと増加。彼らの休日は官公庁に準じた日曜日休暇・

土曜日半休が多かったようです。戦後は第二次産業・第三次産業の伸長の中で企業に勤める人口割合がさらに増加していきます。

農村では戦後、農業機械と農薬の導入によって作業効率が向上したことで兼業農家が増加し、その過程で農家にも日曜日休みが広まっていきます。日中を会社や学校で過ごす人が増えると、祭りも従来通りに行なうことが困難になるため、従来の日にちに近い週末にずらして行なう地域が増えていきました。現在定着している週休二日制を最初に導入したのは松下電器産業（現在のパナソニック）と言われ、昭和40年（1965）のことです。その後、徐々に官公庁やその他企業にも導入されていきました。

また、戦前に政府によって定められた祝日は、昭和23年（1948）に国民の祝日に関する法律の制定により改められました。たびたびの改正によって現在では年間十六日間が祝日となっています。「元日」や「こどもの日」など宮中の節日や江戸幕府の式日の流れを汲《く》むものもあれば、過去の天皇の誕生日に関連するもの、「春分」「秋分」のような季節の区切り目、さらに、新しく設けられた「海の日」「山の日」のように、自然の恩恵に感謝することを目的としたものなどさまざまです。このように現在採用されている祝日にも、伝承と変遷とが見られるのです。

カレンダーに合わせた休み

現在の私たちにとって「休み」はカレンダーに合わせて仕事を休む日で、心身を休めたり、余暇を楽しんだりする日となっています。それは暮らしや労働の変化とも関係しているでしょう。

農林水産業は制御不能な自然を相手にした労働で、健康な身体が資本ですし、科学技術の未発達だった時代は災害や冷害や害虫の影響はとても大きいものでした。そのために、豊作や健康を願って祈りと感謝の祭りを行なってきたのでした。働き方が変われば、人の考え方も移り変わります。年間を通してパソコンの前で働くことの多い現代人にとって、自然は遠いものとなり、季節の移ろいも感じにくくなっていきました。日々の食料も購入したり、外食したりするのが当たり前になりました。

ですが、その食料は今も変わらずに自然の中で育てられ供給されているものです。労働と休みの変遷を追いかけてみると、現代の私たちの価値観の変化をも改めて実感することができるでしょう。

（岸澤）

【参考文献】
長野県農会『甲種農家経済簿（第四版）』長野県農会、1929年

長野県内務部『農務彙法』54号、1934年
松成義衛『日本のサラリーマン』青木書店、1957年
柳田國男「年中行事覚書」(『定本柳田國男集　第13巻』) 筑摩書房、1969年
塩沢美代子・島田とみ子『ひとり暮らしの戦後史』岩波書店1975年
瀬川清子「村の休日」(『女性と経験』復刊（2）) 女性民俗学研究会、1977年
瀬川清子『村の女たち』未来社、1970年
瀬川清子『食生活の歴史』講談社学術文庫、2001年
平山敏治郎「休み日」(『歳時習俗考』) 法政大学出版局、1984年
田中修『稲麦・養蚕複合経営の史的展開』日本経済評論社、1990年
小松芳郎『長野県の農業日記』郷土出版社、1994年
安室知「稼ぎ」(『暮らしの中の民俗学2　一年』) 吉川弘文館、2003年
安室知『日本民俗生業論』慶友社、2012年
松崎憲三「休日」(『暮らしの中の民俗学2　一年』) 吉川弘文館、2003年
新谷尚紀「高度経済成長と農業の変化」(『国立歴史民俗博物館研究報告』第171集) 国立歴史民俗博物館、2011年
新谷尚紀編『講座日本民俗学3　行事と祭礼』朝倉書店、2021年

2　どんな家に住んでいるか（家の移り変わり）

皆さんはいま、どんな家に住んでいるでしょうか。都会の便利なマンションの場合には賃貸か購入かその両方があるでしょう。住宅ローンで購入した郊外の一戸建ての家やUR賃貸住宅。○LDKなどといってリビング・ダイニング・キッチン、水洗トイレに風呂《ふろ》がつき、さまざまな広さの居間や子供部屋、仕事部屋に寝室もあるもの、あるいは一人暮らし向けのコンパクトなワンルームなど、さまざまでしょう。いずれにしても現在の都会の家というのは、主に建設業者や建築家によって設計・建築された家がほとんどです。上下水道やガスや電気が使えるという点で大変快適なものであるといえます。

しかし、そのような住宅は暮らしの歴史を振り返ってみるとごく新しいタイプであることがわかります。私たちの暮らしの場である住宅の変化に目を向けてみましょう。

高度経済成長期に整えられた各家庭のインフラ

現在の住居へと変化してきたきっかけは、昭和30年（1955）に設立された日本住宅公団による都市近郊の住宅建設ブームの影響によってでした。太平洋戦争で焦土と化した東京や大阪などの大都市の復興と、加速する人口集中に対応する施策として設立されたのが住宅公団で、昭和56年（1981）の解散を経て平成16年（2004）からは都市再生機構URとして再出発しています。

民俗学では、現在のような家について考えるとき、いつからか、とか、その前のむかしからの家というのはどのような作りだったのか、に注目して現在と比較していきます。

家や住居で重要なのは、水と火の供給です。現在のように上下水道やガスや電気がほとんどの家に普及したのは高度経済成長期から後のことで、その歴史は浅いものです。地球環境の変化の中で水や電気やガスなどが現在のように豊かに供給されることが、永遠に続くとは限りません。長いあいだ、自然の河川や谷川や井戸から水を、山野から得られる木材や薪炭を利用して火を、確保してきた伝統的な住居の知恵や技術に学んでみるというのも意義があることだと、民俗学では考えます。

田の字型の民家

まず、日本各地の家屋についてのこれまでの調査を参照してみましょう。日本の一般的な農家の場合、いわゆる「田の字型」の四間取りというのが基本であったことがわかります。

たとえば、私が調査に参加した、東京都練馬区に隣接する埼玉県和光市の元農家の例を紹介してみます。和光市がまだ農村景観を残していた昭和54年（1979）頃には、図5のような間取りの農家が多くありました。

家の図の右下のオオドから入ると、広いドマ（土間）があります。家の周りの「土カ」とあるのは土壁のことで、ドマには陽光があまり入らない涼しい構造でした。ドマの奥の方には「ダイドコロ」とか「オカッテ」と呼ばれていた炊事場とカマド（竈）があり、家の裏への出入り口があります。オオドから入ると向かって左側に「ザシキ」、「デイ」や「オク」と呼ばれる二間が横に並んであり、そこは畳敷きで来客を迎える部屋でした。上の図の家のデイの手前にゲンカンとあるのは、檀那《だんな》寺の住職などの来客用です。そのような来客があると、ふつうのオオドからではなく、このゲンカンから家に出入りしていたんですね。デイやオクには床の間が、ザシキには仏壇や神棚があり、そこは家族が寝起きする部屋ではありませんでした。ドマをずっと奥に入って左側にある板の間は「チャノマ」などと呼ばれ、囲炉裏もあり家族が集まって食事をする部屋でした。板の間から左の畳の部屋や、さらに左奥のヘヤ（部屋）が家族の寝起きする部屋でした。オオドから向かって右側のドマから広がる場所は、農作業に関する藁仕事などをしたり、牛や馬を飼っていた

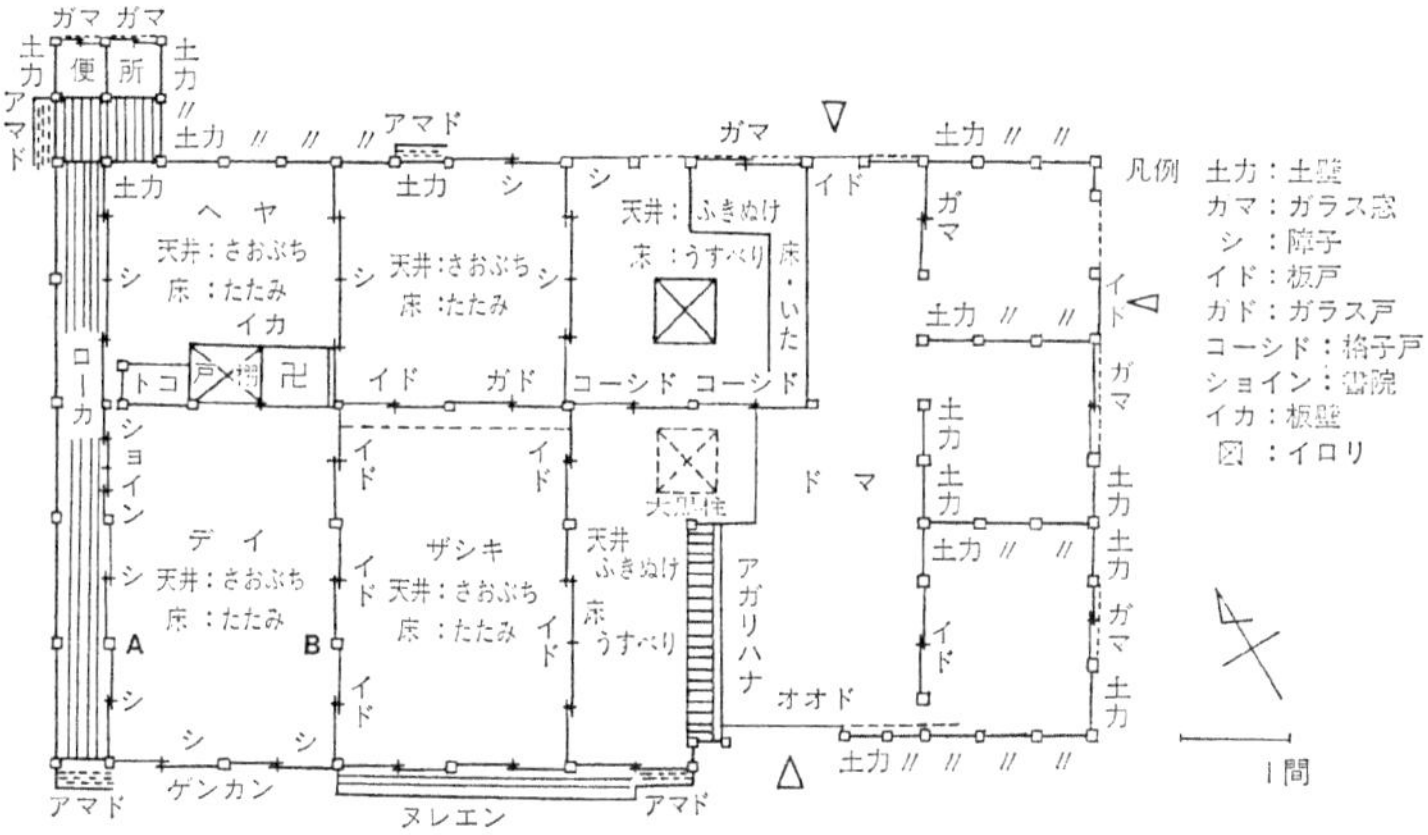

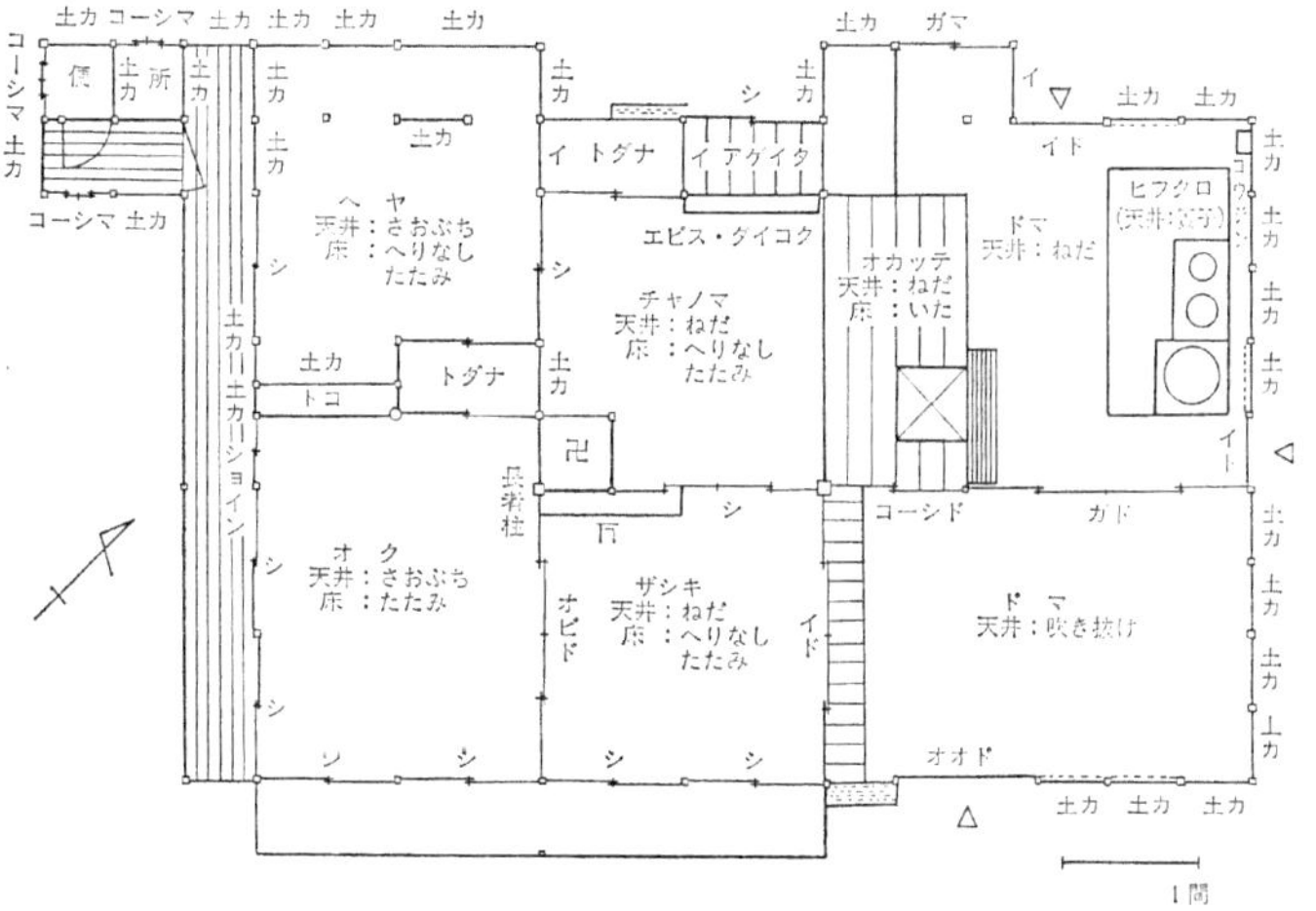

図5　和光市の元農家（宮村田鶴子作『和光市　民俗編』）

大正年間までは馬小屋が作られたりしていたところです。

つまり、むかしの農家というのは、個人の部屋というものはありませんでした。家族一人ひとりの個室のないことが日本の住居の特徴だったのですが、それが日本人の自立できない集団的な性格を作ってきたのかもしれないということは、俗説としてはよく言われてきましたが、いまだ論証されてはいません。それもこれからの民俗学の研究課題のひとつかもしれません。

水や燃料は周囲の自然から採取

1960年代までの日本の多くの農村の家屋と、現在の都市化した社会での家屋との違いを比較して、変遷を確認してみましょう。変遷を見ることは、民俗学の視点です。

便所の多くは、屋敷地の一画に設けられた外便所でした。この「屋敷」というのは、一軒の農家や商家が建っている一区切りの土地という意味です。必ずしも大きな邸宅という意味ではありません。家の中に内便所が作られている場合は来客用で、経済的にゆとりのある家でした。いずれも汲み取り式で不快な強い臭気をがまんして使われていたものだったことは共通しています。長い歴史の中でトイレの臭いがたいへんいやなものだったことも、民俗学では生活の歴史の変化として考えます。

台所の炊事場の水は、屋敷の中の井戸から汲む例や、山や谷の水を樋《とい》で引いてくる例が多くありました。調理のための竈の火や囲炉裏の火の燃料はタキギや薪で、山から採ってきて家の周囲の屋根の下に積んで乾燥させておきました。薪炭も山で炭焼きをして作っていました。つまり、人間の生活と周囲の自然資源とは切り離せないものだったのです。

また、むかしの農家や商家では、台所や竈などといった火を使う場所には荒神さま、お勝手や茶の間など飲食の場所には恵比須さまや大黒さま、井戸には井戸神さまや水神さまが祀られ、ザシキ（座敷）には神棚や仏壇がありました。屋敷の中にもウジガミさまや稲荷さまの祠《ほこら》が祀られ、つまり家と屋敷地は人間が生活する場というだけでなく、さまざまな神仏が祀られている場所でもありました（家で祀る神様については第4章で詳述）。

そして、家の建て方も今とは異なりました。現在では工務店やハウスメーカーに依頼して建ててもらうことが一般的ですが、従来の農村では家を建てることを普請《ふしん》といい、家の主人と互いに知己の小規模な建設請負い業者が地域ごとにいて、それが請負って、大工さんにも頼みながら隣近所など近隣地域の人たちからも大きな協力を得ていました。建材となる木を山から伐《き》り出し、柱の下に石を埋めて打ち込み柱を立てるところから、家の主人とともに村の人々がお互いに無償で協力して行なっていたのです。

柱を立て終わり、屋根の一番高いところに棟木を取り付けると、普請する家の主人が餅まきをし、その家の親族が大工さんにご馳走を用意しました。手伝った人にも酒肴《さけさかな》が振舞われました。家の普請には人手が必要だったために、村人どうしおたがいさまということで家々で助け合いながら行なったのです。数年ごとに行なわれる屋根葺《ふ》きも同様に、村の人々によって行なわれました。

地方ごとの特徴

さらに、家や屋敷の建物には、地方ごとの特徴もあります。見取り図と平面図で比べてみましょう。

図6は関東地方の武蔵野や多摩地方の農家の例です。長屋門や土蔵があることから、有力な地主クラスの家だとわかります。井戸や便所や物置、はいべや・わらやなどが屋敷地の中にあります。

図7は近畿地方の大和平野の農家の例です。蔵や納屋や裏庭やぜんざい（前栽《せんざい》）、隠居などが屋敷地の中にあり、やはり有力な地主クラスの家の例です。

関東地方のいわば開放型の屋敷と、近畿地方の閉鎖型の屋敷との違いにも、歴史の反映があるようです。ここで詳しく述べることはしませんが、一揆《いっき》や戦争や暴動など激しい攻防の歴史を歩んできた大和平野の集落と、その地方の家屋敷の防衛の側面を強めた閉鎖型の間取りというのは、歴史が大きく関わっていると言えるでしょう。

民俗学の視点から見れば、一つは各地域の歴史の影響、もう一つは気候条件などそれぞれの地域の地理的な影響を見いだすことができます。台風など季節ごとの暴風雨の影響を

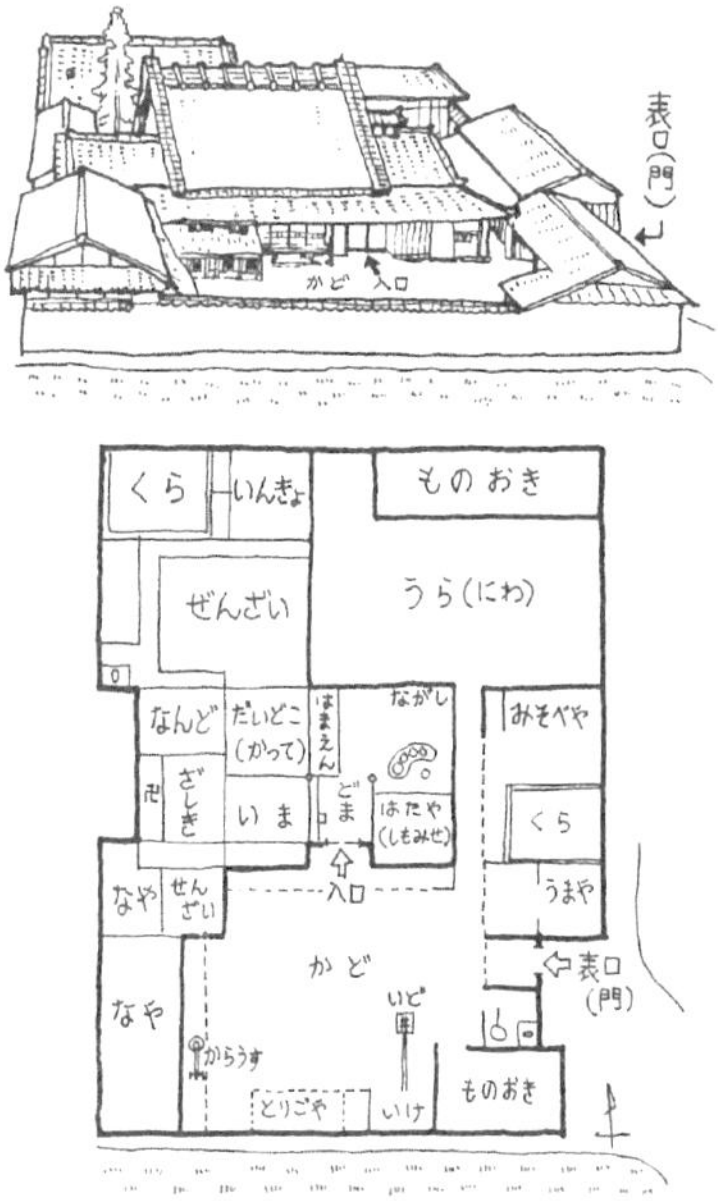

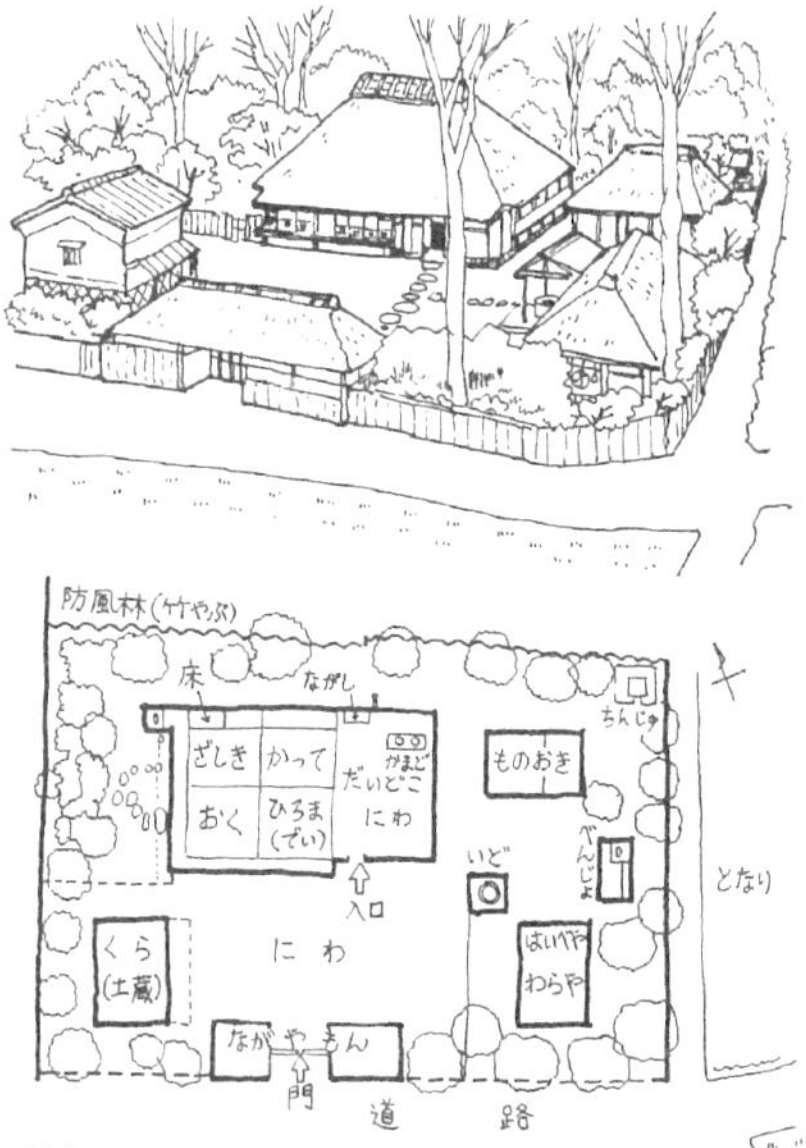

図7　近畿地方の大和盆地の家と屋敷

図6　関東地方の武蔵野の家と屋敷

(ともに柳田國男監修『民俗学辞典』より)

受けることの多かった西南日本の家は屋根が丈夫に作られていました。毎年豪雪に見舞われてきた東北や北陸の山間部の家では、冬季は雪で埋もれてしまうような生活だったので、周囲を土塀で立派に囲むよりむしろ融雪用の池が屋敷に作られていたりします。調べてみると興味深い点がたくさんあります。

ただし、地方ごとに違いがある中でも、田の字型の四間取りというのは日本の各地で共通しています。その理由を考えていくのも、民俗学の視点です。ふだんは板戸や障子や襖《ふすま》などで区切られている間取りですが、婚礼や葬儀など大勢の客が集まるとき、それらの仕切りをとりはらうことで大きな広間にして使うことができた、というのもその理由の一つだと考えられます。

でも、それも一つの仮説です。

これから民俗学を学ぼう・知ろうとする人にとって、「民俗学で考える」うえで大事なことは、具体的な民俗伝承の事実の調査をもとに、歴史の記録情報も確認しながら、自分の見解をまとめていくことです。先行研究が必ずしも正しいわけではありません。先入観に惑わされることなく、信頼できる結論を得るために、自分で事実を確認し、論理的に考察することが肝要です。

（新谷）

【参考文献】

杉本尚次『日本民家の研究　―その地理学的考察―』ミネルヴァ書房、２０１１年
津山正幹『民家と日本人　家の神・風呂・便所・カマドの文化』慶友社、２００８年
津山正幹「住まいと環境」（『講座日本民俗学５　生産と消費』）朝倉書店、２０２３年

3　お金とのつきあい方（生活における貨幣）

現代の暮らしの中で、私たちはあらゆるものをお金で購入します。毎日の食料品や衣服や生活用品、さまざまな嗜好品や趣味のもの、住む家さえも。さらに外食をし、娯楽や医療や美容、通信サービスにもお金を払い、学校に通ったり習い事をしたり、公共交通機関やタクシーを使ったりもします。つまり、商品とサービスとが現代生活を取り巻いているのです。ただしこのような暮らしは、高度経済成長期を経て定着してきたものでした。それ以前に伝承されてきた暮らしの基本は、自給自足的なものでした。

民俗学は、そのような私たちの生活に対し、歴史的な変化についての情報を集めて分析し、むかしといまとの違いに注目します。そして、何が変わり、何が変わりにくいか、ということを明らかにしていきます。

とにかくお金がかかるのが当たり前、という現代生活の出発点は、第1章でも触れた「高度経済成長期」と呼ばれる時期でした。

高度経済成長期

戦後の焼け野原から再出発した日本でしたが、昭和25年（1950）に始まった朝鮮戦争による朝鮮特需から景気が上向き、昭和27年（1952）の主権回復から一年半ほど経った昭和28年（1953）の後半には戦前の最高水準を上回ります。昭和35年（1960）に閣議決定された「国民所得倍増計画」も、予定の十年よりも三年早い七年で計画が達成されました。そのような経済発展と所得増加の中で私たちの衣食住は大きく変化していったわけですが、背景にあったのは三つの社会変化です。

第一に、エネルギー転換です。古くは燃料といえば山から伐り出した薪やそれを焼いて作る炭であり、田畑を耕すのは牛や馬、田植えや除草は人力で行なわれました。しかし、戦後は石炭から石油へと主要なエネルギーが移り変わります。石油は重化学工業の重要な燃料として使われ、自動車の燃料でもありました。また、火力発電の燃料にも石炭とともに使われました。そうしたエネルギー転換によって1950年代後半には一般家庭に〝三種の神器〟と呼ばれた冷蔵庫・洗濯機・白黒テレビが普及。その後は自家用車が広まり、農村には耕耘機《こううんき》などの農業機械が導入されていきました。

第二に、道路整備や治水対策、新幹線や地下鉄の開通といったインフラが整備されたこと。第三に、仕事の内容が変わったことです。昭和25年（1950）から平成12年（20

00）の五十年間における産業構造の変化を確認してみると（総務省調べ）、就業者総数のうち、第一次産業従事者は48・5％から5％に激減したのに対し、第二次産業従事者は21・8％から29・5％、第三次産業従事者は29・8％から64・6％へと増加しています。都市への人口集中も顕著となりました。つまり戦後には、自分で育てたり作ったりするのではなく、仕事で稼いだお金でものを購入する暮らしが普及していったのです。

伝承されてきた自給自足的な暮らし

具体例を見ていきましょう。

高度経済成長期、日本では農林水産業の従事者数が急速に減少しますが、それ以前の日本各地の農村の生活では、米や麦や豆などの五穀に野菜や山菜、山野の栗の木、家ごとの柿や梨の木など、近隣に副食となる食材がいろいろとありました。「桃栗三年、柿八年」などといって、江戸時代の先祖の人たちが子孫のために果樹を植えていた家もありました。現金を使うことの少ない自給自足的な生活が長く続いていたのです。

当時の農家の家計簿でお金の支出の様子を見てみましょう（表8）。中国地方の中山間地農村の家の例です。江戸時代中期の明和・天明（1764～89）の頃に有力な庄屋の次男が分家して独立し、一町歩程度の水田と畑、山林十町歩余をもち、やや生活にゆとりのある自作農として継続しており、1960年代には六代目の当主になっていました。

家族は隠居夫婦が別宅に住んで家計を別にしており、夫婦と高校生、中学生、小学生の子どもの5人家族でした。預貯金の口座とは別に、昭和36年（1961）の日記に記されていたのは、ひと月3万円強の出金。内訳は、学校の月謝や通学費や文房具や通信費、魚肉類や調味料や嗜好品、服飾品や理髪料などでした。出金は、年度末の3月には9万円程度、お盆の8月と9月には6万4000円程度、年末の12月には11万5000円程度。当時一般的であった、掛け買いの清算のためにお盆と暮れに多めに支出されていたことがわかります。10月には米の代金の収入、9万3890円が預貯金へとまわされていました。

この年の支出でやや大きかったのは、6月に購入したテレビです。5万円を、6月に1万円、秋に1万5000円、次の年の3月に1万円、お盆に1万5000円と分割で支払っています。この年はもう一つ、電気洗濯機の購入もあり、1万4750円の支出でした。

	支出	
1月	21,542円	
2月	30,990円	
3月	91,953円	
4月	30,452円	
5月	30,212円	
6月	34,808円	
7月	45,032円	
8月	68,261円	（掛け買いの盆前支払分を含む）
9月	64,011円	
10月	154,180円	（内93,890円は米代の入金をそのまま貯金として出金したもの）
11月	43,793円	
12月	115,791円	（掛け買いの年末支払分を含む）

表8　昭和36年（1961）のある農家の金銭支出

1970年代の大学生の生活費

つまり、ふつうの衣食住の生活費としては、農家一軒でも毎月3万円強のお金でとくに不自由はなかったものの、高度経済成長期以降は、テレビや電気洗濯機など家庭電化製品の購入費が新しい支出となったのです。さらに大きかったのは、耕耘機や発動機や脱穀機などの新しい農機具類の購入費用です。旧来の田畔《たのあぜ》の草や山の熊笹、そして稲藁などの飼い葉で牛馬を飼い厩肥《きゅうひ》にも活用していた状態から、「農業の機械化」という言葉がさかんに使われたように、農家では高価な農機具類が必要となり、「機械化貧乏」という言葉も流行りました。

そうして、1960年代以降は農村の子どもたちも都市部での就職や高校や大学への進学をし、祖父母や両親の時代までのような現金をあまり必要とせずに生活してきた世代とは異なる「お金がかかる生活」へと突入していきます。実家を離れて一人暮らしを経験した1960～70年代の大学生たちの体験談によると、アパート代が8500円位、それも含めて一か月の生活費は3万円程度。少しのバイトをすれば小遣いが出来るくらいには、なんとかしのげたようです。

ヘソクリの必要

ここでいったん、高度経済成長期以前の人々の生活に注目してみましょう。ここでも民俗学者の瀬川清子の調査がたいへん参考になります。

まず、生活の中心を担っていたのは主婦でした。主婦は食物の管理と按配《あんばい》によって、家族が春夏秋冬を食いつないでいくことができる、いわば米櫃《こめびつ》と飯米を預かる重要な存在だったのです。家族にご飯をつぐヘラやシャモジは主婦権の象徴とされ、若い嫁に渡してその地位を譲ることは「ヘラワタシ」「シャモジワタシ」などと呼ばれていました。

貨幣経済が少しずつ農山漁村にも浸透してくると、一家の主人が握っている家の財布とは別に、とくに漁村の高齢女性たちは、磯漁での自分の漁獲の代金の一部を貯めて私財のヘソクリを持つようになります。自分が自由にできるそのわずかなお金を、「ヘラワタシ」のあとの心細さの慰みにしたり、お寺や神社への奉納金や賽銭《さいせん》にしたり、孫たちに小遣い銭として与えたりした例が多かったそうです。

佐渡や能登の海女《あま》たちは、休みの日に自分で採った海藻などを売って稼いだお金を「シンガイ」といって、実家の両親に酒や銭を送ったりしました。岩手県普代村では女たちが苧《お》を績《う》んで*糸にして売ったり、紡いだ麻糸を枠に巻き取った苧がせを木綿商の反物と交換したりして、「ホマチ」というわずかな収入を得ていました。

---

*苧を績む：麻や苧《からむし》の茎の繊維を紡いで糸にすること。農村の女性たちは麻を育て収穫し、多くの工程を経て糸を作り出した。また、その糸を織った布で家族の衣類も作った。

ヘソクリという言葉はもともと、麻糸をよりあわせて繰って巻く綜麻《へそ》繰りによって得る副収入のことでしたが、貨幣経済の浸透とともに、小銭を懐中にしまい込んでおく「臍《へそ》繰り」という意味に理解されるようになったといいます。個人が手元に自分だけの小銭をもつことは心強いものです。オブリセン、ホマチ、シンガイ、キンチャクセン、サカテなど、内密金、私金を意味するさまざまな言葉が伝えられています。それらを必要としてきた女性たちが、両親や孫や子への愛情を示すことのできる自分だけのお金をいかに大切にしていたかを示しているでしょう。

現金を扱うむずかしさ

しかし、一般の農山漁村の生活では現金を扱うことはほとんどなかったというのが実情でした。米麦や豆類などの五穀、味噌、醤油、どぶろくなどは自家製で、町場の商店で購入する魚肉類や他の飲食品もほとんどツケで、大福帳に記帳して盆と暮れに清算しました。商店街がにぎわう年末から正月、屋台や出店があふれる祭りどきには、子どもたちにもお小遣いが与えられましたが少額で、倹約して小銭を残しておく子もいれば、みんな使ってしまう子もいるなど、さまざまでした。

大人たちも飲み屋の支払い以外にはあまり現金を手にすることはなく、むしろ現金というのはあまり品のいいものではない、という雰囲気でした。お札が飛び交うような世界は何か危ない世界というような感覚がふつうで、「金遣いのあらいやつ」とか「札びらをきる」、「お札で頬をひっぱたくようなやり方」などという表現もありました。

古くから農林水産業の所得をもとに生活していた、いわば「お金に不慣れな」状態であったそのような人たちが、高度経済成長期からの大きな社会変化の中で、重化学工業や商業・サービス業における給与所得を中心とした「お金をだいじに使う必要のある」状態へと急速に変化していったのです。そして、それまであまり意識することのなかった生活費、光熱費、消耗品費、文化教養費といった言葉が、新たにやってきた「金稼ぎと金遣い」の時代の人々の経済感覚を啓蒙《けいもう》していったのでした。

お金の強さと危なさ、恐さ

さて、お金がすべてになっている現在の生活において、当然ですが、その使い方が上手な人と下手な人とがいます。お金は収入と支出のバランスを考える必要がある「道具」です。ですが、お金という必要だけれど危険でもある道具について子どもや若者に教えるということが、それまでの教育の中にはありませんでした。学校の勉強ができてもお金の使い方がよくわからない日本人が増えていったのです。

お金は各国の中央銀行や財務省に操作される道具です。インフレとデフレの政策でその価値は大きく変わるものなのです。令和5年から7年（2023~25）の現在、異常な物価高に日本の多くの人たちが苦しんでいるのも、平成25年から令和5年（2013〜23）までの十年間、日本銀行が国債を大量に買い入れ、異常なマイナス金利を設定し続行した結果、円安が慢性化したことによるものです。平成23年（2011）には1ドル＝75円だったのが、令和5年以降は1ドル＝140円から150円へと半分近くも暴落しています。自分たちの給与や年金としての円の価値が政策金利の操作によって半分以下になっているのです。そして、税金のしくみや金融市場の動向に詳しい一部の人以外の多くの国民にとっては、お金というのはひじょうにその扱いがむずかしい道具なのです。

お金の扱いに不慣れな一般の消費者は、伝統的な「稼ぐに追いつく貧乏なし」のことわざのように、生活のために収入に見合ったお金を使うのが結局は安全なのであり、NISA（少額投資非課税制度）を導入するなどして株などへの投資を呼びかけている政府財務省や大手金融機関、それに追随する大マスコミの扇動のような動きは、伝統的にお金の扱いに不慣れな人たち、素人のわずかなお金をプロの投資家や金融業の人たちの前に、すぐに食われてしまう撒《ま》き餌《え》のように投げ出してしまえといっているようなものでしょう。

お金の歴史と民俗を知ることは、経済の公平性と安心、その持続可能性を考える入口でもある、ということを、民俗学では考えていきます。

（新谷）

【参考文献】

新谷尚紀「高度経済成長と農業の変化」(『国立歴史民俗博物館研究報告』第171集)国立歴史民俗博物館、2011年
国立歴史民俗博物館編『高度経済成長と生活革命』吉川弘文館、2010年
瀬川清子「主婦権と私金」(『民間伝承』11巻3号)日本民俗学会、1946年
瀬川清子『婚姻覚書』講談社学術文庫、2006年

4 都市に人々が集まるのはなぜか

現在、東京への一極集中と、その一方での地方の人口減少とが問題となっています。都市部には大企業の本社も有名大学も多いので、就職や進学を機に上京する人が多いためです。地方では「田んぼや畑ではもう食べていけない」という声もよく聞きます。地方にはお金になる仕事が少なく、都市部には多いという考え方はいつから出来たのでしょうか。そして、そもそも都市とは何なのでしょうか。ここでは都市の成り立ちを民俗学の視点で考えてみます。

都市の吸引力

人々が自然の環境の中で古くから生活の場としてきたのは、穀物や野菜や果物の収穫があり、川や海の漁獲がある場所、つまり毎日の食料をまかなうことのできる農山漁村が基本でした。しかし同時に、それぞれの産品の流通の中継地として成立していたのが市場です。その経済の拠点としての市場の機能に加え、それを統括し支配する政治権力の拠点として作られたのが都市であり、藤原京や平城京や平安京などの古代都市が早い例です。また各地の支配の拠点として国府が置かれたのが地方都市でした。日本各地に府中という地名があるのは、そのなごりです。

　中央の平城京や平安京など政治権力や経済流通の中心地である都市は、税収入を中心に豊かな生活資財や富が集中し、その消費財の豊かさを背景に先進的な文化が創造され、発信される場所となっていました。平安京はその後も日本を代表的する京都の町としてその歴史を刻んでいます。近世からは、政治や経済の中心地としての大坂や江戸、幕府や大名たちの支配の拠点としての城下町、交通や流通の拠点としての宿場町、港町、門前町など、さまざまな都市が形成されていきました。

　そのような都市の中核的な機能は何かといえば、政治権力の所在地であり、流通経済の中心地であり、同時に豊かな経済力をもとに発展している文化の生成と発信の中心地である、という点です。ですから、流通する物産の余得に与《あずか》ることのできる場所という意味でも、都市には多くの人々を吸引する強い求心力があるのです。近世の江戸の町でも寛政期の旧里帰農令*や、天保期の人返しの法**などが試みられたように、大都市への人口流入は歴史の中においても自然な成り行きでした。

出世願望と労働力を吸引する大都市

ですが、それらとはレベルの違うほどの人口の大都市集中現象が起こったのが、近代の明治・大正時代、そして昭和戦前期でした。

政府の殖産興業政策に連動した産業革命によって、商工業や金融業やサービス業などが飛躍的に発展し、都市部に多くの労働者が吸収されていったのです。立身出世を夢見る男子学生や教養を身につけるために女学校に通う子女も一部にはいましたが、農村から都会に出ていった大多数は、商家の丁稚《でっち》や職人の徒弟、女中奉公、繊維産業の工場労働者としての農家の次三男・子女であり、日雇い、仲士、車夫などの低所得者層の人々もかなり含まれていました。

ここでふたつの詩を紹介してみましょう。

ひとつは大正3年（1914）の文部省唱歌「故郷《ふるさと》」です。

「兎追いしかの山／こぶな釣りしかの川／夢は今もめぐりて／忘れがたきふるさと／（中略）／こころざしを果たして／いつの日にか帰らん／山はあおきふるさと／水は清きふるさと」

もうひとつは、大正7年（1918）の室生犀星の詩です。

「ふるさとは／遠きにありて思ふもの／そして悲しくうたふもの／よしやうらぶれて／異

土の乞食《かたゐ》となるとても／かへるところにあるまじや／ひとり都のゆふぐれに／ふるさと思ひ涙ぐむ／そのこころもて／遠き都にかへらばや」

前者の、立身出世をなしとげて故郷に錦《にしき》を飾るという思いを詠《うた》った唱歌では、故郷は美化されています。一方で後者の、犀星の詩では、都会の生活のきびしさと、棄てた故郷も生やさしくはないという思いが詠われています。都会での立身出世はたやすいことではないが、故郷も甘えて帰るべきところではない、異郷の大都会で生きていこう、という思いが感じられます。大正4年（1915）から大正9年（1920）までの大戦景気によって農村人口を吸収していった近代の都市の発展が、その詩の背景にはありました。

帰去来情緒

柳田國男は昭和4年（1929）の「町風田舎風」という文章のなかで、都市に出てきた住民にとって故郷への思いには二つの矛盾したものが一緒になっていると書いています。

＊旧里帰農令：寛政の改革のひとつ。飢饉によって都市部に流入した農民に対し、資金を与えて農村に帰ることを奨励したが、効果は少なかった。

＊＊人返しの法：天保14年（1843）に発令され、農村の窮民が江戸に流入するのを禁じ、江戸に流入した農民も、長年商売をし妻子をもち江戸の人別帳に記載された者以外は帰農させた。減少した農村人口の回復と貢租の増加をはかったが、こちらも実効は少なかった。

一つは村の生活の安らかさ、清き楽しさに向かっての讃歌《さんか》で、もう一つは村の生活の辛苦と窮乏《きゅうぼう》、また寂寞無聊《せきばくぶりょう》に対する思いやりです。そのために都市の人々は、できるだけ田舎を明るく美しいイメージで思い描いてみようとするものであり、それを柳田は「帰去来情緒《ききょらいじょうちょ》」と呼んでみたのです。

「帰去来情緒」とは、中国古代の東晋の陶淵明《とうえんめい》（365～427）の「帰去来辞《ききょらいのじ》」に由来するものです。虚飾の中の高級官僚の職を辞して故郷に帰って田園生活に生きようという決意を詠んだ詩ですが、冒頭の「帰りなんいざ／田園まさに蕪《あ》れんとす／なんぞ帰らざる」という句が有名でした。柳田の文脈は陶淵明のそれとは異なるものですが、いつの時代にもある都会の繁栄と故郷の衰亡という対比の中に、明治・大正から昭和の時代に都市の住民になった者たちが故郷の田園生活を讃美《さんび》したがる心情を置き、「帰去来情緒」と呼んだのでした。

そのような都市の住民が田園生活を讃美したがる傾向は、その後の日本では故郷志向から自然回帰願望やエコツーリズムにまで、その幅を広げ、文脈を少しずつ変えながら、現代社会にも持続しています。テレビのさまざまな旅番組や、田舎を訪れたりする番組なども、その流れの中にあるものでしょう。便利な都市に住みながら、田舎の生活の現実に目を向けるのではなく、郷愁をそそり田舎を美化する傾向にあるという部分は共通しているように感じられます。

変貌する故郷

高度経済成長期以降の農山漁村から都市部への人口の大量移動は、都市部の企業や会社、都市近郊に造成された工場群における産業労働力の需要の拡大にともなうものでした。それは同時に、農村における農業の機械化と農業人口の需要の減少にもつながるもので、若い労働力への需要が農村部から都市部へ移行していたことも要因でした。

昭和35年（1960）の第9回国勢調査では、全国の人口は9430万1623人で、その約64％が都市部の人口でした。中学校卒の集団就職や高校卒の就職、大学進学などで多くの若年世代が故郷を離れ、そのまま都会で就職し、結婚して世帯を持つ者も多くありました。都市の過密化と農山漁村の過疎化が問題になりましたが、一方で、約十年程の時差をもって農村に残った世帯の生活でも、住宅改善、家庭電化、自家用自動車の普及、給与所得による家計維持など、大きな変化が都市部と同じく起こりました。つまり、生活の都市化という変化が全国的に進んでいたのです。

大都市部で駐車場にも不自由する給与所得者家庭がローンでマイカーを持てたのに対して、田舎で土地に余裕のある農家では、農作業用の軽トラックと移動のための自家用車が不可欠な生活となり、同じくローンを組みながら複数台の自動車をもつ状態となりました。それはかつての、寄生地主制のもとおおぜいの小作農民からなっていた貧しい農村というイメージからの脱却であり、どちらかといえば豊かな農村へと変貌《へんぼう》しはじめていたのです。ただし同じ農山漁村であっても、高速道路など交通網の整備や企業誘致などによる雇用力の確保によって住民の流出がゆるやかな地域と、極端に過疎高齢化が進む地域といった地域間格差も生まれることになりました。

しかし、1980年代後半以降はそれらをも呑《の》み込んで、少子高齢化の波が全国的に激しくなります。人口の半分以上が65歳以上という集落、さらには自治体もあらわれはじめ、限界集落とか限界自治体という言葉も使われるようになりました。平成11年（1999）から平成22年（2010）にかけては合併特例法改正によって市町村合併が促進され、市町村の数は3232から1727にまで減りましたが、税収不足による地方自治体の弱体化と悪化する財政運用はすでに危険水域にまで達しています。

財政面においては、東京がひとり勝ちをしています。大企業の本社があることで莫大な税収が確保できているからです。しかし、それらの大企業も生産活動の拠点たる工場などはほとんどが地方都市に立地しています。日本の大企業では本社を頂点とする一次、二次、三次、さらに四次以上もの重層的で複合的な下請けの構造が特徴となっており、その下請けの企業の立地は、土地代の高騰する都心ではなく周辺の地方都市なのです。

資金の集中と雇用の力

ここで、民俗学の視点から指摘できるのは、都市の力とは雇用の力である、ということです。雇用の力とは資金が集中しているということ、投資の対象であり、かつその再分配ができている場所だということです。生活のための収入が得られる仕事があるから、都市に人々は集中します。

本来は、その公平な循環を調節するのが公的な政治の役割であり責任です。人々の衣食住という基本的な生活資財の生産、流通、消費において、それぞれのしごとの現場を保全し、働きに見あう利益の配分と公平・平等性を担保する公的な許認可や、課税の実情など、情報の透明性を確保しておくこと、それが政治の機能なのです。

日本各地の地域社会の生活文化の伝承について現地で調査を続けている民俗学の立場から見ると、激しい過疎化の中にある田舎の村でも、先祖代々が守ってきた田畑山林や集落環境を維持していこうとする勤勉な人たちが多くいることがわかります。その人たちに共通しているのは、「自分さえよければよい」というのではなく、みんなで豊かで楽しい村や町を守り作っていこうという考えです。

民俗学はむかしの生活といまの生活、その変化について興味をもち、各地で多くの高齢者の語りによく耳をかたむけます。すると、興味深い話をいろいろと聞くことができます。むかしは「火事を出したら、火元は夜逃げ」といったものだというのも、よく聞く話のひとつです。延焼した近所の家々に申し訳が立たなく、また損害の弁償をすることもできないので、夜逃げするしかなかったというわけです。夜逃げといえば、借金が払えなくなった家などでも、お世話になった家々への挨拶《あいさつ》もなしに夜中にこっそり町や村を逃げ出すのですが、その夜逃げをした人たちはどこへ行ったのかといえば、行きつく先は都会だったというのです。顔見知りのいないおおぜいの人たちが住んでいる都会なら、やり直すこともできると考えられたのでした。

都市と田舎

田舎というのは閉鎖的だとよく言われます。たしかに、生まれも育ちも素行も言葉づかいも、近所の人たちが互いによく知っている社会です。まじめな人物かどうか、日ごろの行ないでみんな知っています。嘘をついてもすぐに見透かされます。変なうわさ話はすぐに広がります。大都会での生活は孤独と孤立の中にあるといいますが、逆に自由気ままも許されます。

都市型社会の匿名性というのは、個々人のプライバシーを守るものであると同時に、嘘つきや詭弁の跋扈《ばっこ》する伏魔殿、ブラックボックスのような世界をも包みこんでいるといえるでしょう。日本各地の農山漁村や町場、そして都市の人たちの労働の現場について民俗調査を蓄積していると、そのようなことも見えてきます。ただ、さらによく見てみると田舎でも都会でも、人間の足の引っ張り合いは同じだということもわかります。

中国山地の農村でのことです。土地のお年寄りから「たるへび（樽蛇）」という言葉を聞きました。むかしはよくマムシなどの蛇をとって薬になるから焼酎《しょうちゅう》に漬けておいたり、乾燥させて保存したり、ときには売りに行ったりもしたのですが、そのような蛇の捕獲をふつうにしてきていた農村の人たちの間で使われていました。蛇を捕まえて深い樽に入れておくのに、一匹だけだとすぐに逃げ出してしまいますが、樽に十数匹ほど蛇を入れておくと、逃げようとする蛇に他の蛇が次々とからみもつれあい、どの蛇も樽の外に出られない。その様子をあらわした言葉でした。人間でいえば、一人だけ外の世界に出ていい目を見ようとしても、田舎の生活では一人だけの抜け駆けはなかなか許されず、すぐに足を引っ張られるというわけです。地域ごとに語り伝えられているそのような言い習わしやことわざ、作り話のたぐいにも、暮らしの実情を知る上で参考になるところが多くあるということです。

余談ですが、最近は薬事法（薬機法）違反だといって、せっかく捕獲したマムシも有効に使うことができず廃棄処分をするしかなくなって残念だという話も聞きます。むかしから毒蛇のマムシはたいへん危険ですが、それを熟知していたからこそ、先人たちは上手に捕獲し、活用してきました。その伝統的な技能と知識とを台無しにしてしまうような、まさにＳＤＧｓ（持続可能な開発目標）とは真逆な法律規制が、十数年前から田舎の町の漢方薬局で話題になっていました。現場の多様で伝統的な技術や技能、知恵を学び、それをだいじにすることも立法や行政の関係者にとって必要であろうと思います。形式だけでなく実情と実質を重視する姿勢です。

都市の人間はやはり旅人

柳田國男が長年住んだ東京郊外の成城という土地について書いた「旅と故郷」（1930）という小エッセイに、次のような文章があります。

「我々の歴史がこれから出来ようとする心持、それが共に住む者の感覚以外には、跡を遺さぬだろうという心持が、故郷というものの本の味では無かったか。もしそうだとすれば現在に限らるる人生は、幾ら珍しくてもやっぱり旅である」

兵庫県の内陸部の田舎に生まれるも、16歳で兄・井上通泰の東京下谷区の家に同居して以後、東京に住み続けた柳田にとって、同じ家に一緒に住む者どうしという生活感覚とその記憶の共有こそが、故郷というものの本当の意味であろうといっています。そして現在の自分の生活もそういう意味からいえばやはり旅であるといっています。柳田は、日本の家は大切である、先祖代々の家の継承が大切だと言い続けたのでしたが、その一方では、故郷を棄てた自分の東京での人生はやはり旅の中だったと考えていたようです。

その柳田のいう「一緒に生きている」という共感は、農村でも都市でも重要であり、とくに人々の寄せ集めの場である都市での生活では、早くから大切にされてきたのは仲間や友人との人間関係でした。

一つは、新しく都市で出会った人間関係、学校や勤務先でできた仲の良い友人たちとの関係。もう一つは、同窓会や県人会や同郷会など、故郷を共にする者たちとの関係です。県人会の早い例としては、明治26年（1893）の奈良県、同29年（1896）の佐賀県、同31年（1898）の福井県の例などがあります。しかし、都市の特徴はやはり、さまざまな出会いに恵まれる場所であるという点です。農村地帯では定住的な集落や田畑屋敷を媒介とした人間関係が親子代々継承されている傾向が強く、かたい信頼の関係が続けられます。一方で都市という、移動的で移住的な社会では、勤務先や取引先や学校関係などで新たにできる人間関係がだいじにされる傾向が強いといえるでしょう。

また、都市型化した社会では、給与所得による生活の個人化が進み、若者でも高齢者でも、それぞれ自分の人生設計を考える必要性が認識されてきています。長いようで短い人生、「終活」というのも話題になり、とくに用意をする気になれないまま成り行きにまかせるケース、老後の生活費を計算して葬儀や墓の準備をしておくケースなど、まさに個人化した社会ならではの自由な選択肢の中に、現代の都市の人々は置かれています。さらに、住宅の維持費や相続税などの重い負担で、親から子や孫への家の継承というのも簡単ではなくなってきていることも現代生活の実態でしょう。

（新谷）

【参考文献】
柳田國男「都市と農村」「時代ト農政」（『定本柳田國男集』16巻）筑摩書房、1962年
松崎憲三編『同郷者集団の民俗学的研究』岩田書院、2002年
新谷尚紀・岩本通弥編『都市の暮らしの民俗学2　都市の光と闇』吉川弘文館、2006年
新谷尚紀「都市生活者の故郷意識」（『講座日本民俗学4　社会と儀礼』）朝倉書店、2021年

民俗学では祭礼や行事を柳田國男と折口信夫が設定した「ハレとケ」という概念で考えます。「ハレ」は晴れ着や晴れ舞台などの語から、「ケ」はふだん着を意味する褻着《けぎ》や自家用の日常食を意味する褻稲《けしね》などという語から来ています。つまり「ハレ」は祭礼や年中行事などの特別な時間と空間を意味し、「ケ」は労働や休息といった日常生活の時間と空間を意味します。私たちの生活は、いわばハレとケの対応と循環の中に営まれているといえるでしょう。

「ケ」によって生産され、蓄積された経済的な価値のある生活資財、具体的にいえばお金を（むかしは飲食のための米や酒、また燃料の薪や炭、衣料の反物などでしたが）、惜しげもなく使って消費して楽しむのが「ハレ」なのです。また、祭りの晴れ舞台ではおおぜいの観客がいますから、より楽しむために音曲や舞踊など優れた芸能や芸術が生まれます。晴れ着も優れた工芸品を生み出します。

つまり、「ケ」は経済的な生産、「ハレ」は文化的な創造です。その両輪によって、人間の経済と文化の両方の創造力が、歴史の中で磨かれてきました。

そして経済と文化という二つの営みの中で創造されてきた伝統は、両者をバランスよく調和させていくということが肝要でした。祭礼や行事は神仏への祈願と奉仕という思いの中で営まれていたからです。奉納される資金や資材は、神社や寺院の維持の経費として活用されるのがふつうでした。

「ケ」は経済的な清算、「ハレ」は文化的な創造、というのが基本です。ハレの文化的な創造とは、ケの経済的な生産という基準から見れば、消費もしくは浪費、さらには蕩《とう》尽《じん》ともいえるような、生活のゆとりの中でこそようやく実現するものだということがわかります。

なお、1980年代半ばから一時、さらにケガレという概念をからませて、文化人類学の波平恵美子のハレ・ケ・ケガレという三極構造論や、民俗学の桜井徳太郎のハレ・ケ・ケガレという循環論があらわれて話題になりましたが、よく読んでみれば疑問の多いものでした。波平の論は、柳田のハレとケ、E・デュルケイムの聖と俗、E・リーチやM・ダグラスの浄・不浄という、それぞれ独自の意味をもつ重要な概念に対して、自分の見解を示す上で借用し組み合わせたものという点で致命的といえました。また、桜井の論と、それに賛同した宮田登による解説（ケガレはハレとケの媒介項であり、ケは稲の霊力、生命力をあらわす、毛、気であり、そのケが枯渇した状態がケガレ〈ケ枯れ、毛枯れ、気枯れ〉、生命力を回復するのがハレの神祭りである）は、国語学からの反論（穢れの語源は「ケ・ガレ」ではなく「ケガ・レ」である）もあり、やはり柳田や折口の独創的な概念を自分なりに流用した点でも致命的でした。

文化人類学のケガレという概念をめぐっては、その後に関根康正『ケガレの人類学』（東京大学出版会）が刊行されており、必読の書となっています。民俗学の立場からは、第1章のコラム「民俗学と民族学と文化人類学のちがい」でその一部を解説しています。

（新谷）

第3章　民俗学で考える「家族と社会」

1 移り変わる家族のかたち

私たちの暮らしの中には、個人を対象とした商品やサービスがたくさんあります。スーパーやコンビニに行くと一食分の食事や食材が売られ、一人カラオケや一人焼肉など、個人単位の生活を想定した商品とサービスも一般化しました。これは一人暮らしが増えたことや、家族で暮らしていてもバラバラなライフスタイルを送るようになったことを反映しています。

そのような社会の変化の中でも、最も基本的な人と人とのつながりは家族でしょう。家族とは、夫婦や親子その他の血縁や、同じ家に住み生活をともにする人々のことです。しかし、その家族のあり方も普遍的なものではなく、時代と社会の変化とともに変遷しています。

小さな家族の増加

まず、日本の家族の変遷を数値から見てみましょう。

「家族」に近い言葉ですが、厚生労働省は「住居及び生計を共にする者の集まり又は独立して住居を維持し、若しくは独立して生計を営む単身者」を「世帯」として数えています。令和4年（2022）時点では、全国に5431万世帯が暮らしていました。その中で最も多いのは1785万2000（全世帯の32・9％）の「単身世帯」、つまり一人暮らしです。続いて「夫婦と未婚の子のみの世帯」が1402万2000（同25・8％）、「夫婦のみの世帯」が1333万世帯（同24・5％）という結果です。

昭和61年（1986）から令和4年（2022）の世帯構造の推移を見ると、「単独世帯」は6826から1万7852へ、「夫婦のみの世帯」も5401から1万3330へと、ともに2・5倍ほど増え、それに対して、三世代世帯は5757から2086と半分以下に減少しています。また、昭和28年（1953）から令和4年（2022）のあいだの世帯数と平均世帯人員の年次推移を見てみると、世帯数は1万7180から5万4310の約3倍に増え、一方で平均世帯人員は5人から2・25人へと半減しています。つまり、小さな家族が増加しているのです。なお、総人口の推移を見ると（総務省調べ）、昭和20年（1945）の約7200万人から増加し、平成16年（2004）にピークの1億2784万人を迎え、令和4年（2022）には1億2494万7000人と減少しつつあります。

生産労働をともにしていたむかしの家族

　このような家族の縮小はじつは近年に始まったことではないようです。柳田國男も家族のあり方の変遷には強い関心を示しており、昭和2年から3年（1927〜8）にわたって行なった講座「農村家族制度と慣習」では、その背景には農業、特に稲作の労働の仕方が関係していると指摘していました。

　むかしの家族の多くは、生きていくための生産労働をともにする組織でした。なかでも、多くの家族が携わってきたのは、稲作を中心とした農業です。米は家族の食糧であり、納めるべき税でもありましたが、稲作には時期によって労力の需要に大きなムラがあります。その人手を確保しながら家族を飢えさせないことが重要でした。しかし柳田は、昭和初期の時点でも一戸ごとの人数が「平均五人二分位」に減少していることに注目し、当時の農業現場の苦労を述べていました。

「労力のたくさんかかる農業を営むには、現在の農村の一戸は、純然たる孤立を守っていくには労力が足りない状況にある。従って日やとい（賃銀）制度を行なわねばならなくなって居る。然し日やといを入れて、賃金を支払って農業を営んでは仲々ひきあうものではない。岐阜県や愛知県の地主の中には、小作から田地を取り上げて、北伊勢などから呼寄せた田人《たうど》を使って、農業をしようとしたものがあったが、それは至って採算困難な事業であった」

「今日地方を旅行して居る間には、広い田をたった一人で植えて居る悲しい実情を見ることが度々ある。昔はそういう事はさがしても恐らく見ることは出来なかった。今日では労力の不足を補うために、田植前後の忙しい時には一番鳥から起きて、夜も炬火をともして夜なべする事もめずらしくない」

現在、営業赤字や継承者の不在を理由に廃業する米農家が多いのですが、採算が合わないという問題は昭和初期からすでに長い期間続いてきたことがわかります。とはいえ、少人数での稲作が当たり前だったわけではなく、むしろ山間部の村では一戸の人数は多い傾向にあったようです。九頭竜川沿岸には一戸17、8人の家族、東北には一戸40人余りの家族があるかと思えば、飛驒の白川には一戸50人以上の家族が居て、マタイトコまで一緒に暮らしていると柳田は述べています。そして、奈良の正倉院に残っている古文書では一戸が70～80人になっていたことも調べ、昭和初期に見られた大家族は時代の変遷の中でも伝承されてきた事例だろうと述べています。古くは労働力の確保のために大人数でまとまりをもって暮らしていたのに対して、時代が降《くだ》る中で徐々に小家族になっていったと柳田は見ているのです。ただし、古代の戸籍に記録されている家族とその人数というのは、あくまでも戸籍の上で把握されていた人数で、田畑の耕作単位としてそのまま理解してよいかは検討を要するところです。たとえば、古代律令制下の郷戸《ごうこ》・房戸《ぼうこ》も貢租徴税の単位を記録したものです。現実的な家族とその構成者の人数については、よく注意しておく必要があります。

時代は降りますが、労働力を確保する工夫の一例として、中国地方の中山間地農村の囃《はや》し田植えを伝えてきた農村の事例を紹介しましょう。それらの地域では、戦前から戦後へと自作農と小作農の別がありましたが、経営規模は1町歩のやや大きな農家から3〜5反歩程度の中小農家が多く、7、8人程度の家族の労働力だけではとても初夏の田植えや秋の稲刈りといった農繁期の労働をまかないきれないために、「モヤイ」とか「ユイ」とか手間がりという手伝いあう方法が用いられていました（モヤイやユイに関しては後述を参照）。家ごとの田植え日や稲刈り日の日程を調整しながら、近隣や遠くの縁故の家々からおおぜいの人手を集めてお互いに手伝いあって、また手間賃を支払いながら、それぞれの重労働をこなす事例も全国にあったことを留意しておくのが大切でしょう。

血縁者だけではない大家族

続いて、大家族の内訳を見てみましょう。前述の「農村家族制度と慣習」によると、宮城県の気仙沼大島では、三夫婦で17、8人ほどの一家があり、父親が経済的に無力になると、自然と母親が飯匙《いいがい》を子の嫁に渡す——前章で紹介した「ヘラワタシ」「シャモジワタシ」ですね――ことになっていたといいます。また、必ずしも血縁関係は重要ではなく、会津の只見川のあたりでは、外から養子にもらったヲジ（叔父）、ヲバ（叔母）とともに暮らす家族も紹介されていました。養子の地位も低かったわけではなく、ひとつ屋根の下で雨露をしのぎ、ひとつの竈の食事を分け、同じ田畑で汗水を流して苦楽を共にするものは同じ家族として、それぞれの地位を占めていたといっています。

さらに、ともに暮らす一員として年季奉公の下男下女もいました。奉公先の主人は、年季の明けた下男には同じような境遇の女性を配偶者として紹介し、小規模の家屋敷を与えて一家として独立させるのが通例だったようです。このように、昔の大家族は、血縁者、養子、下男下女らによって成り立ち、働きながら暮らしていました。ただし、養子や奉公人を受け入れる家もあれば、実子を手放す家があったことも忘れてはいけません。家で養いきれない子どもたちの中には、出稼ぎ人として商家の丁稚や職人の徒弟、女中になる者も多くいました。

家族はどのように住んだのか

では、大家族はいったいどのように住んでいたのでしょう。

第一には、ひとつ屋根の下に住む事例があります。白川郷では50人の家族が合掌造りの大きな家で生活していたといいます。第二には、同じ敷地内に小さな棟を建てて分宿していた事例が各地にあります。小屋を「ヘヤ」と呼んだ地域が多いことから、別棟であっても別の家ではないという認識があったようです。その背景には、むかしは家を手ずから建てていたために、たくさんの部屋がある大きな邸宅を作るのは技術的に難しかったという理由もあるでしょう。三河の海辺の漁家では、家で寝るのは主人夫婦で、老翁や少年は海端の船の陰で寝茣蓙《ねござ》を敷いて夜寝ていたという例もあります。

第三に、夫と妻とがそれぞれの実家で暮らし続けるという事例です。東京都の伊豆大島では、夫の両親が隠居屋に引き移る際に、妻が夫宅の母屋に嫁入りしたといいます。それまでは、夫は朝食と夜食は妻の家で食べますが、日中はそれぞれの家の田畑を耕しました。嫁入り前に子どもが生まれても妻の家で育てます。

そこでも、寝るのは別棟であっても同じ竈《かまど》の火で煮炊きしたものを食べていればひとつの家族だという認識が見られます。時代が下り、ふだんは各夫婦ごとに食事を摂《と》るようになっても、節日や祭日には同じ火で作ったものを食べることで、大家族は繋がっていたようです。

イへが家になった

そんな家族の認識は明治時代以降に移り変わっていきました。

明治政府のもとで制定された民法によって、従来は「ヘ」や「イヘ」と呼ばれてきたものに「戸」や「家」の漢字が当てられます。建物の名前と共用になったことで、「家族とはひとつの建物の中に住む者に限る」という考え方が生じたのだろうと柳田はいいます。もちろん、むかしにも土地や財産を分かつ分家はありましたが、時代が下るなかで、寝起きする棟が異なるだけの家族も分家として認識されるようになっていったようです。

このように、家と家族の認識が変化する中で、一戸当たりの人口が減り、しだいに労働力不足という問題が顕在化していったようです。とはいえ、高度経済成長期以前の農村には「マキ」や「イッケ」と呼ばれた親類のつながりや、「ユイ」や「モヤイ」という地域社会における一種の相互扶助関係が存続していたので、そのつながりで人手を補い合いながら、田植えや収穫といった重労働をこなしていたのです。

社会構造の変化が家族のつながりを変えた

家族のつながりにおいて大きな変化が起きたのは、前章でも述べた通り、高度経済成長期の生活変化の中でのことでした。

農業の機械化により、農村部にも耕耘機やトラクター、田植え機などが普及し、田植えも収穫も各家で済ませられるようになります。若い世代の中には離農し、仕事を求めて都市部に移り住む人が増えていきました。夫はサラリーマン、妻は専業主婦という家庭が主流となり、家族の労働組織という性格は希薄になっていきました。現代社会においては共働きの家庭も多く、また、結婚を選ばない人も増えています。都市に移り住んだ人の多くは、離れて暮らす両親を家族と答えるでしょうが、その子ども（孫）にとっては祖父母は一緒に住んでいないので家族ではないかもしれません。

家族のあり方とその認識は、今も変わり続けています。その移り変わりに着目し続けるのも民俗学です。移り変わりを見つめながら、家族とは何か、個人とは何かを考えていくのです。

ただし、家族のあり方が変化する中でも、「お盆」と「正月」は、ふだんはバラバラに暮らす家族や親族が集う機会でした。都市部で働く人々が故郷へと一斉に移動する様子は〝民族大移動〟と喩《たと》えられたほどでしたが、近年では子どもの部活動や塾、旅行を理由に帰省しない人も増えています。さらに大きな変化の波として押し寄せているのは、田舎に留《とど》まった世代の高齢化です。介護施設に入居したり、都市部に出た子どもらとの同居を選んだりして、田舎の家を手放すケースもあります。家族や親族の拠《よ》り所が次第になくなってきているのです。

単身でも生きられる現代社会には、昔とは比べ物にならないほどの選択の自由がありま す。一面においては、それは確かな社会改善ですが、一人で生きていくには大きな自己責任も求められます。一方で、家族はわずらわしい存在になりうるかもしれませんが、助け合いながら生きていくこともできます。家族のあり方のより良いバランスを見つけていくのも、現代の私たちの課題のひとつではないでしょうか。

（岸澤）

【参考文献】
柳田國男「農村家族制度と慣習」（『定本柳田國男集　第15巻』）筑摩書房、1963年
柳田國男「家閑談」（『定本柳田國男集　第15巻』）筑摩書房、1969年
田中梅治『粒々辛苦・流汗一滴』アチック ミューゼアム、1941年
新藤久人『田植とその民俗行事』年中行事刊行後援会、1956年
瀬川清子『しきたりの中の女』三彩社、1961年
川嶋麗華「農業変化の中の「壬生の花田植」」（『民俗伝承学の視点と方法』）吉川弘文館、2018年
山下亜紀子・吉武理大編著『入門・家族社会学　現代的課題との関わりで』学文社、2024年
『千代田町史　民俗編』千代田町役場、2000年

2
家族以外で助け合う仕組み

私たちは、生まれてから死ぬまでさまざまなサービスを活用しながら暮らしています。たとえば、出産は病院で、幼児期にはベビーシッターや保育園・幼稚園や託児所、学校の義務教育期間にも塾や習いごとに通い、社会へ巣立って行きます。結婚式は結婚式場やホテルでブライダル業者によって行なわれ、お葬式は葬祭ホールで葬祭業者によって行なわれます。これらの金銭を対価とするサービスは、決して古くからあったわけではありません。その代わりに、かつては暮らしの不安に備えて「義理のオヤコ」関係や、「ユイ」や「モヤイ」、「組」や「講」といった、さまざまな地域のつながりの中で生きてきました。日本各地の民俗伝承のいろいろを見てみると、私たちの暮らしには血の繋がった両親の他に、さまざまな「義理のオヤコ」と言うべき関係が存在したことがわかります。

義理のオヤコ

はじめに、子育てに関するむかしの義理のオヤコ関係を見ていきましょう。子育ての習俗については、古くは大藤《おおとう》ゆきの『児やらい』があります。

まず、出産の際には産婆に当たるトリアゲバーサン（助産師ではなく、経験のある器用な老婆）のほかに、取り上げには直接は関係のない「トリアゲオヤ（取上親）」を頼みました。このトリアゲオヤは仲人《なこうど》の妻（神奈川県津久井郡名倉／現・相模原市）や、土地に親戚のない人（新潟県南魚沼郡上田庄）、夫の存命の健康なババサマ（千葉県九十九里）などがなったそうです。トリアゲオヤと子の関係は一生続く場合が多く、子は盆正月には贈り物をしました。誕生した子どもには名前を付けるわけですが、ここでも「ナヅケオヤ（名付親）」といって赤子の名前をつけてもらう親子関係がありました。子はナヅケオヤからの監督保護を受けるとともに、一生親子の交わりをしたといいます（鳥取県日野郡山上村）。

その後も健やかな成長を願って、形式的に捨て子をし「ヒロイオヤ（拾い親）」を頼むという習俗がありました。子育ちの悪い家では、近所の子育ちの良い家の戸口に生まれたばかりの嬰児《えいじ》を捨て、改めて貰《もら》いに行く。すると、その子はよく育つと信じられていたのです（熊本県阿蘇地方）。ヒロイオヤには、丈夫な子のいる人や、運の良い家の人、裕福な家の人を選んでそれにあやかるようにしました。そして子どもは、ヒロイオヤを仮親として一生仕え、折々に挨拶の贈り物をしたのです。

そのようにして生まれた赤ちゃんは、背中におんぶされて育ちました。ただし、親は赤ちゃんを背負ったままでは思うように働けないので、7歳から10代前半の女の子に「モリ（子守）」を頼みました。モリの家族はその子どもと義理のオヤコになって満3歳3ヶ月まで面倒を見る代わりに、子どもから折々に贈り物をもらいました。モリと子は実の親以上に親しい関係になったともいいます（東京都新島村）。

その後、7歳から13歳頃になると一人前を祝う儀があり、男の子にはフンドシが、女の子にはユモジ（腰巻き）が贈られました。ここでも「ヘコオヤ」（ヘコはフンドシのこと）などと呼んで義理のオヤコ関係を結ぶことがありました。

このように、子育てにおいては実に多様な義理のオヤコ関係がありました。これには、医療が未発達で子どもの死亡率の高かった時代に、丈夫な人にあやかろうとした気持ちもあるでしょうし、有力な人物と義理のオヤコ関係を結ぶことによって人生の後ろ盾を得ようとした背景もあるでしょう。義理のオヤコ関係は、現代的な表現を使えば地域のセーフティーネットと言えるかもしれません。

子ども組から若者組・娘仲間へ

成長した子どもは段階を経て村の一員となります。最初の節目は7歳です。7歳を以《もっ》て、村の氏神の氏子入りとする地域は多く、「子ども組」や「子ども仲間」と呼ばれるような組織の一員にもなりました。子ども組はだいたい7歳から13、4歳頃までの遊び仲間で、みんなで年中行事に参加し、一人前への準備としての労働力づくりなど、生活の知恵を身につけていきます。

13歳頃にフンドシ祝いやヘコ祝いでいちおう一人前とされた若者と娘は、親元を離れて同じ年頃の者たちで「宿」と呼ばれる場所で生活しました。それを「若者組」や「娘仲間」などと呼びました。宿には「泊まり宿」「ヨナベ宿」「アソビ宿」などがあり、そこで少し年上の人や同年の友だちからいろいろな生活技術を学び、処世の心得を身につけ、恋愛・結婚の相手を見つけたのです。

また、若者組は夜警や消防、災害救助、祭礼の世話といった仕事も負いました。若者組は明治時代末期の地方改良運動によって青年会、大正時代以降は青年団の組織へと吸収包摂されたり、それと併存したりしながら伝えられてきましたが、太平洋戦争での若者の人口減などによってその多くは自然消滅していきました。

組や仲間で助け合う

さらに、村の中には「組」というつながりもありました。組の者は葬式や祭礼や田植えなどの共同作業をともに行ないます。一般的には一組の軒数は決まっており、小部落*は一つの組で、大部落はいくつかの組によって構成されていました。組に当たる地域のつながりにはさまざまな呼称があり、例えば、茨城県高岡村（現・高萩市）では「ツボ（坪）」、長野県伊那里村（現・伊那市）付近では「コーヂ」、福井県五箇村（現・大野市）では「カイチ」、奈良県のあたりでは「カイト（垣内）」、鹿児島県大川内村（現・出水市）では「ホウギリ（方限）」など。また、組内に死者が出た場合に葬儀一切の世話をする「死人組」（高知県梼原《ゆすはら》村／現・梼原町）のように、組の名称が機能を表している地域もありました。「親類よりも近いチゲ（組合）」ということわざも日本各地で伝えられています。このチゲという語はおそらく、中世から近世に一般に農村の現地を意味して使われていた地下（ジゲ）に由来すると思われます。日本史の教科書に出てくる年貢の地下請、百姓請の地下です。このように、暮らしの中で組はたいへん重要なつながりだったことがうかがえます。

村仕事・モヤイ・ユイ

また、従来の農山漁村では、村人が協力して生産労働と自治を担っていました。石炭や石油のような地下資源が使われる前には、身の回りの限られた自然資源と人手をうまく共有し、支え合っていくことが、生きる上で必要な知恵だったのです。その証拠に「村仕事」や「モヤイ」や「ユイ」という言葉が、全国各地で使われていました。

「村仕事」とは文字通り、村人みんなで協同して行なう仕事のことです。例えば、春秋の彼岸前後に村道の草刈りや手入れをする「道普請《ぶしん》」、架橋修繕を行なう「橋普請」、田植え前に用水路に溜《た》まった泥や落ち葉を取り除く「堰浚《せきさら》い」などがありました。多くの地域で、村仕事には各家から必ず一人は参加させるものと決まっており、欠勤すると罰金を科したり、年中欠勤の場合は村ハチブに処したりすることもあったそうです。農山漁村では生きるために村人同士の協力が欠かせなかったからこそ、その調和を乱す行為は許されなかったのでしょう。

「モヤイ」という言葉は、いわば共同共有の意味で使われてきました。例えば、長崎県五島列島の「モヤイ」は、磯の海藻や山林中の椿の実・栗の実等の採集を普段は禁止しておいて、一定の日を「磯の口開け」「山の口開け」などといって一斉に出動して共同採集し、その収穫物を平等に分配する取り組みでした。高知県高岡郡では、村共有の山林田畑など

＊部落：明治政府に招聘されて山県有朋のもとで地方自治制度の整備について提言したドイツの法学者、アルベルト・モッセ（1846～1925）の提案したゲマインデ Gemeinde を翻訳した語。近世以来の五人組という単位よりも広く、日常の村落生活の中で近隣同士の冠婚葬祭のつきあいや、耕地や山林や採草地の共同管理などで緊密な関係をもっていた一定のまとまりのある約10数戸の家々を、ゲマインデに似た単位として行政サイドから部落と呼んで把握した。民俗調査の現場では、念仏講などの講中や、大字と小字の別からいえば小字に近い数の家々のまとまりである例も多かった。明治・大正・昭和の時代には広く日本各地で使用されていた呼称。明治の早い例としては中村正直の『西国立志編』に「各部落より薦挙せる民委官を歓接し尊敬することなり」などとある。

をモヤイ山、モヤイ田、モヤイ畑などと呼び、数人~数十人で共同所有するものも同様の呼び方でした。共同仕事として行なう焼畑の開墾、粟《あわ》や豆や蕎麦《そば》など雑穀の栽培、椎茸《しいたけ》、和紙の原料の三椏《みつまた》の栽培、あるいは狩猟等はモヤイ仕事といって、その収穫物は平等分配されました。福島県南会津の只見川上流のダム建設で沈んだ田子倉という山村でもマワリ川といって、若い男が3、4人ずつ順番に出て只見川で産卵にのぼってくるマスを捕獲して、村の全戸に平等に配っていました。

「ユイ」という言葉は、むすびつきの「結い」という言葉に由来し、いわば労力の相互的交換を意味しています。田植えのユイや屋根葺きのユイ、または麦搗きや味噌作りのユイなどがありました。例えば、屋根葺きについては、昔は萱《かや》の屋根だったので、30~50年ごとに葺き替える必要がありました。萱の生える共有地が3~4町歩（約3~4ヘクタール）ほどある場合、すべて使うと一般的な家の屋根二戸分になるので、天気の良い日に組のみんなで協力して一日のうちに葺き替えたといいます。各戸が好き勝手に萱を刈っていては無理ですが、村中の家が計画的かつ順繰りに葺き替えていけば、わずかな萱場でも五十軒以上の農家の屋根を賄うことが出来ました。屋根葺きのユイは、共有と協力によって限りある萱場を有効活用する取り組みだったとも言えるのです。

さまざまな講

村の中には「講《こう》」というつながりもありました。講というのは、地域の人々の生活の中に長く根付いてきたものなので、実に多種多様なのですが、講の中心は一定の講員が寄り合って親睦《しんぼく》し共同飲食することだといえます。

一つの組や部落を単位とした講が非常に多く、講の集いの中で村の自治的な取り決めを行なうこともあり、単純な信仰の集いではなく、地域の集会的な意味合いも備えていたことが注目されます。

ごく大まかに分類するならば、信仰を中心とする講と、経済的な講に分けられます。

信仰を中心とする講で有名なものは、山の神を祀って飲食をする「山の神講」、田植え後や秋に行なわれる「田の神講」、二十三夜の月の出を集って待つ「二十三夜講」(女性のみが集う地域もある)、庚申《こうしん》の神様の軸を掛けて宿で夜を明かす「庚申講」などが挙げられますが、このほかにも多様な講が存在します。また、講員が講金を集め、籤《くじ》引きで定まった代参《だいさん》を立てて神社に参り、お札をもらって帰村する「代参講」も広く行なわれてきました。多摩地方などでは富士山に登拝する「富士講」、群馬県の榛名《はるな》山と榛名神社に参詣《さんけい》する「榛名講」、オイヌサマで知られる東京都青梅市の御岳《おんたけ》山と御嶽神社に参詣する「御嶽講」などがその代参講の例です。

経済的な講には「頼母子講」や「無尽講」があります。講員が掛金を出し合い、籤引きで決まった人が全額を受け取ったり、講員の家で牛や布団や仏壇など特定の物品買い入れの資金が必要となった際に掛金を集めたりしました。金銭以外にも「麦講」「米講」「籾《もみ》講」など農作物の現品を提供し合う場合もありました。現在でも山梨県や長野県のあたりではさかんに無尽講が行なわれており、無尽仲間の連帯の強さは他所《よそ》から訪れた人たちには一種のカルチャーショックを与えるともいわれています。

「組」「モヤイ」「ユイ」「講」といったつながりは、暮らしの変遷の結果として複雑多岐を極め、類似の共同的慣行の中に解消または混同されてきました。これらの共同的慣行の調査研究を行なう場合は、調査対象を定めた上で、それと関連する慣行との連係確認や比較を行なっていくことも有効でしょう。

地域をつなぐものは何か

従来の暮らしにおいては、人は生まれた時から地域の人々とのつながりをもちながら育ちました。生活技術と処世の心得を備えて一人前となった後は、村の互助協同の一員としての務めを果たしました。しかし、そのような互いに支え合う地域のつながりは高度経済成長期を経て徐々に失われていきます。農林水産業が機械化され、資源を共有し活用することも少なくなり、互助協同の取り組みが重要でなくなっていったためです。道路と用水路も舗装され、道普請や堰浚いも行なわれなくなっていきました。冠婚葬祭のあり方も変わりました。結婚の祝いは自宅での披露宴から公民館結婚式へと変わり、料理も手作りから仕出し料理を購入するようになりました。そして、結婚式場やホテルへとさらにその場所を変えています。葬儀の相互扶助は比較的長く継続しましたが、１９９０～２０００年代には地域の人々の手を離れて、多くは葬祭業者のサービスへと変わりました。葬儀の場も自宅から葬祭ホールに移りました。

かつては組への加入は村で暮らす上で欠かせないことでしたが、火事は消防署が、葬儀は葬祭業者が対応するようになり、組の社会的機能が曖昧《あいまい》になっていきました。組の存在自体が形骸化《けいがいか》し、組や町内会から抜ける家もあらわれています。同じ地域に住みながらバラバラに生活する家や人々が増えつつあるのです。

従来の農山漁村の暮らしは、村人らによる選択の連続によって成り立っていました。つまり、村人自身らによる自治が行なわれていたのです。自治とは自分たちの事を自ら決めて処理していくことです。道の雑草が茂っている、A家のお爺《じい》さんが亡くなった、B家の屋根をそろそろ葺き替えなくてはならない、そういった問題に対して村人らが対処する技術と知識とを備えており、自分たちで解消していったのでした。現在では自治とは地方自治体の取り組みとして認識され、個々人とは関係ないものと思われているかもしれません。現在の私たちに公的サービスや社会保障制度を享受する権利があることは確かですが、その意味では自治の能力を失いつつあるとも言えるでしょう。

高度経済成長期以降の社会変化に連動するような、地域社会の人々のつながりの変容は、政府も問題視していくこととなります。内閣府により設置された国民生活審議会調査部会（現在は内閣府に移管）は、昭和44年（１９６９）に「コミュニティ――生活の場における人間性の回復――」という報告書を提出し、以来、従来の地域共同体とは異なる集団の形成を目指したコミュニティ政策を行なっています。その主軸となったのは、コミュニティ・センターなどの施設の整備と管理運営ならびに、施設を拠点とする文化活動です。ただし、約半世紀を経ても人々の孤立・孤独が依然として社会問題とされている現状から、その政策が適切なものであったのか再検証される必要があるでしょう。そもそも、従来の農山漁村における人々のつながりは、生活の上での保険そのものでした。対して、行政のコミュニティ政策で主な紐帯《ちゅうたい》として示されたのは、レクリエーションや環境美化や清掃活動であり、それらは必ずしも代替物として適切ではなかったのでしょう。

現代の私たちはどのようにつながり、地域の自治を行ない、豊かに生活していくべきなのでしょうか。その大きな課題に取り組む前提として、地域内の付き合いがどのように変化してきているのか、また、むかしの地域のつながりの長所と短所とは何かを、民俗の情報から知ることは重要なのです。

（岸澤）

【参考文献】

橋浦泰雄「「もやひ」と「ゆひ」」(『山村生活調査報告書　第1回』大間知篤三編)1935年
守随一「講に関する報告」(『山村生活調査報告書　第1回』大間知篤三編)1935年
柳田國男「序」『農村信仰誌』六人社、1943年
柳田國男『村と学童』朝日新聞社、1945年
柳田國男『村のすがた』朝日新聞社、1948年
皆川文弥編『田子倉の歴史』福島県田子倉更生相談所、1958年
大藤ゆき『児やらい』岩崎美術社、1968年
新谷尚紀『死と人生の民俗学』曜曜社出版、1995年
新谷尚紀「高度経済成長と農業の変化」(『国立歴史民俗博物館研究報告』第171集)2011年
新谷尚紀監修・北広島町編『ユネスコ無形文化遺産　壬生の花田植』吉川弘文館、2014年
新谷尚紀・波平恵美子・湯川洋司編『暮らしの中の民俗学3　一生』吉川弘文館、2003年
川嶋麗華「講と巡礼」(『講座日本民俗学2　不安と祈願』新谷尚紀編)朝倉書店、2020年
関沢まゆみ「高度経済成長と生活変化」「田子倉の生業関係調査資料」(『国立歴史民俗博物館研究報告』第171集)2011年
関沢まゆみ「村落の研究動向」(『講座日本民俗学4　社会と儀礼』関沢まゆみ編)朝倉書店、2021年
横道清孝「日本における最近のコミュニティ政策」(アップ・ツー・デートな自治関係の動きに関する資料No.5)自治体国際化協会、2009年

3　孤独という現代問題

前々項では、高度経済成長期を経て単身世帯と夫婦のみ世帯とが急増したことを述べました。人々が小さな単位で暮らすようになり、親類や地域の人たちとの結びつきが希薄になったことで、これまでになかった孤独死や孤育てといった社会問題が噴出しているといえるでしょう。人々が抱える孤独は現在進行中の問題ですが、その発生原因は社会と歴史の変遷の中にあるはずです。

柳田國男は「聟入考《むこいり》」（１９２９）で、昔から一般に行なわれてきた婚姻生活が明治の新たな法制度と折り合わないために戸籍上の内縁の妻や私生児という問題となってあらわれていることを指摘し、これは政治の担い手の歴史認識不足によって生じたものだといいました。歴史の変遷を確認することで、問題の原因と結果とを明らかにしようとしたのです。そこで柳田の姿勢に倣い、孤独という社会問題について、いくつかのデータを見ながらその変遷を考えていきましょう。本論で確固たる答えが出せるわけではありませんが、皆さんの現在の暮らしもひとつのデータとして客観的に捉えて、ぜひこのテーマを民俗学の視点で考えてみてほしいです。

顕在化する孤独死

「孤独死」「孤育て」「ワンオペ育児」……。

「孤独」はいまや、社会問題になっています。平成20年（2008）には、遺体の引き取り手がなく自治体によって火葬や埋葬をされた例が3万2000件にのぼったことを受け、NHKでは平成22年（2010）から翌年にかけて「無縁社会」と題したドキュメンタリーが放送されました。「無縁社会」とは、日本の現代社会では人々は家族とも地域社会とも会社とも関係が希薄になりつつあるとして作られた言葉でしたが、平成22年（2010）の「ユーキャン新語・流行語大賞」のトップテンに選ばれるほど社会に反響をもたらしました。

「孤独死」という言葉が『広辞苑』に初めて掲載されたのは、平成20年（2008）のことでした。そこでは「看取る人もなく一人きりで死ぬこと」と説明されています。しかし、新聞記事を確認すると、孤独死の早い事例は1970年代から散見されていました。

1970年4月16日付の朝日新聞夕刊には、東京都荒川区に住む会社員のAさん（男性20歳）が死後一週間の遺体で発見された記事が掲載されています。同じアパートの住人とは付き合いがなく、普段から持病の通院のために会社を月に二、三日休んでいたために同僚も気に留めていなかったようです。ところがあまりに長く休むために同僚が家を訪ねたところ、Aさんは居間の布団の中で亡くなっていました。さらにその四日後、4月20日付の朝日新聞朝刊にも、東京都杉並区の会社員Bさん（男性59歳）の死後一ヶ月の遺体が発見された記事が掲載されました。管理人がBさんの共益費の滞納に気付いたことが発見のきっかけでした。

1970年代の東京にはすでに、当時の総人口の約1割に及ぶ1140万人以上の人々が住んでいました。そのように非常に多くの人が住む東京の、しかも集合住宅で発生した孤独死からは、当時すでに都市部での近所付き合いが薄れつつあったことがうかがえます。ただしこの時点では、誰にも看取《みと》られない死は特異なことであり、驚きをもって社会に受け取られたようです。その後「孤独死」という言葉を広く社会に認知させたきっかけは、平成7年（1995）に発生した阪神・淡路大震災の被災者用仮設住宅での孤独死の多発だとされており、現在では、孤独死は全国で年間2万～3万件発生していると推計されています。

暮らしの歴史を振り返ってみると、従来の三世代が同居するような世帯では孤独死はあり得ませんでしたし、葬儀と埋葬という死者の処理に関しても身内と隣近所など、地域社会を中心に行なわれてきました。しかし、前章で述べたとおり、高度経済成長期に若者たちは仕事を求めて都市部に移り住みました。地元に残った親世代にはまだ地域とのつながりがあり、孤独死に至るケースは多くはありませんでした。問題は都市部に移り住み、単身世帯・夫婦のみ世帯として暮らした若者たちです。1960年代に高卒18歳で都市部に上京したとしても、2020年には78歳。近所付き合いの希薄な都市部では亡くなっても気付かれにくく、さらに家族との縁も切れている場合は発見後も遺体・遺骨の引き取り手がないという状況となるために、孤独死問題が顕在化しているのです。

あいさつすらできない社会

孤独死への対応の多くが家族や親族ではなく、行政や自治体によって行なわれていることも興味深い点です。その一例が、千葉県松戸市の常盤平団地です。

平成13年（2001）に死後三年の白骨遺体が発見されたことをきっかけに、団地の自治会を中心に「孤独死ゼロ作戦」として、向こう三軒両隣の関係強化が図られました。その活動は多岐にわたりますが、主だったものは「孤独死110番」の連絡体制の整備や、その本部となる「孤独死予防センター」の設置、住民らによる「孤独死を考えるシンポジウム」の開催、孤独死の早期発見のために新聞販売店や鍵《かぎ》専門店との協定、孤独死を発見した際の連絡先を記載した「あんしん登録カード」の作成、そして、孤立状態を改善するための「あいさつ運動」や、百円で利用できる「いきいきサロン」のオープンなどです。

常盤平団地の活動からは、孤独死の予防として日頃から身近に交流を持つことが重要だと気付かされます。この活動を精力的に牽引《けんいん》する自治会長の中沢卓実さんは、活動の中で孤独死予備軍は「ないないづくし」の生活習慣であると指摘しています。あいさつしない・仲間や知り合いがいない・近隣との関わりがない・(男性の多くは)料理ができない・(男性の多くは)ゴミ出しもしない・自治会や団地社協の催しに参加しない……。つまり、現代の都市生活者はあいさつさえもできなくなってしまったということなのです。

ただ恥ずかしながら、この原稿を書いている私自身も、身につまされる思いがあります。私は平成初期に都市近郊の農村部で生まれ育ち、小学校では地域の方にあいさつするよう教えられましたが、都内で暮らすようになってからはあまりしなくなりつつあります。単身女性の場合は、犯罪の標的になるリスクを避けるために引っ越しのあいさつもしないほうが良い、という話も耳にします。つまり、現代の都市生活の基本意識は無関心と不信ということです。それでは孤立するのも当然ですが、一人ひとりの孤立を行政や保険や警察がすくい上げるのは到底無理なことです。だからこそ、常盤平団地のように地域住民が自らの選択でつながりを構築していく活動が、孤独死を予防するうえで重要となっていくことでしょう。

母親一人きりの〝孤育て〟

また、核家族世帯の増加によって、育児中の負担増と孤立も問題視されています。1970年代頃から、育児のストレスやプレッシャーにより母親が心身に支障をきたす育児ノイローゼや育児不安が社会問題となりました。その背景には、家族ぐるみ地域ぐるみで育児をする社会から、核家族の中で親（性別役割分業下でとくに母親）が主に育児を行なう社会へという変化があったとされています。

2010年代には、現代の母親が仕事・家事・育児を一人で負担する状況を、飲食店で行なわれていた一人勤務（ワンオペレーション）に喩えた「ワンオペ育児」という言葉が広まりました。2000年代以降、度々の児童福祉法の改正によって育児の支援事業は整備されてきましたが、未《いま》だに育児負担に追い詰められた母親による子どもの虐待死はなくなりません。

まず、高度経済成長期前後に育児の実態と意識とがどのように移り変わったかを、母親への聞き取り調査から確認してみましょう。

社会学の分野ですが、昭和33年（1958）に埼玉県川越市のF村で、乳幼児をもつ母親200名を対象に行なわれた育児役割分担調査の結果です。F村は農業世帯が約8割で、この調査では祖父母と同居している家庭を直系家族、夫婦と子のみの家庭を夫婦家族と称して分析しています。回答結果からは、直系家族では子守を母親の役割としたのは12％で、祖母の役割としたのが70・8％。夫婦家族においては子守を母親の役割としたのは73・2％で、その他（主に乳幼児の姉）は26・3％だとわかりました。一方で、調査した全母親の約9割は畑仕事に従事し、7割以上が炊事を担っていました。つまり、昭和33年（1958）のF村の調査では、母親の役割の中心は農業と炊事であり、子守は夫婦のみの家庭において母親に分担されていたことが見えてきます。

その後、高度経済成長期にかけての育児のサンプルとしては、社会学を専門とする斧出節子による調査結果が参考のひとつになるでしょう。斧出は、関西のとある市で高度経済成長期に結婚・育児を経験した昭和6～15年（1931～40）生まれの母親13名に、家事と育児に関するインタビューを行ないました。ここではその回答を確認し、以下の4タイプに分類してみました。

A：住み込みの使用人による育児。大きな商家の場合、育児は住み込みの使用人に任せ、母親は子どもへの思いやりとして、弁当作りや服作りや本の読み聞かせを行なった。母親の仕事は使用人らを取り仕切ることや、自身の事業だった。

B：祖母による育児。母親自身が事業をもち、その母（子にとっての祖母）が同居もしくは近所に住んでいる場合は、祖母が家事育児をした。

C：夫婦共働きで、母親中心の家事育児。母親が「家事・育児は女がやることが当たり前」という価値観を持っており、仕事も家事も育児も行なった。この場合の母親はいずれも農家もしくは自営業家庭の出身だった。ただし、母親の仕事が忙しい場合には子どもを姑《しゅうとめ》や叔母に預けたり、近所の人や飲食店に子どもの夕飯を頼んだりするなどの工夫をした。託児所に預けた家庭もある。

D：夫婦のみ家庭で、専業主婦による家事育児。出産を機に仕事をやめた母親は、家事育児を一手に引き受けた。その場合、家事は女性の義務・役割であるとともに、家事をすることは家族への愛情表現として語られた。時間的余裕の中で、おやつや子ども服の手作りを楽しむ人が多く、趣味的な家事も多かった。ただし、当時は地域とのつながりが現在よりも強かったために、近所同士の助け合いもあった。

以上から、A経済力のある家庭や、B祖母が身近にいる家庭では、育児は母親のものではなかったことがうかがえます。この結果は、先述の埼玉県川越市F村の調査結果と重なる部分があります。

対して、Cでは夫婦共働きだが母親中心の育児、Dでは夫婦のみの家庭で専業主婦に育児が任されていました。このように、都市化した社会で核家族が増えていく中で、育児のあり方も変化していったと考えられます。そうして定着していったのが、家事と育児に専念する専業主婦という生き方だったのです。

専業主婦の定着

しかし、専業主婦は歴史的な存在ではなく、大正時代頃に都市部のサラリーマンの妻としてあらわれたものでした。明治時代には、夫一人分の収入で一家の生活費を賄えたのは官吏や上級会社員のみでしたが、昭和初期には教員や会社員や工場労働者などまでその範囲は広がっていきました。高度経済成長期にはさらに一般家庭にまで浸透していきます。

ただその後は、昭和61年（1986）の男女雇用機会均等法の施行以降、女性の就業率は平成28年（2016）までに57・1％から72・7％まで上昇しました。また、平成4年（1992）には男性雇用者と無業の妻からなる世帯と雇用者の共働き世帯の数は逆転し、共働き世帯は増加を続けています。つまり、妻も稼ぐことが当たり前の社会となったのです。「ワンオペ育児」という言葉が母親の共感を呼んだのは、現代では共働き世帯が増加していながら、戦後に定着した性別役割分業規範が継続され、母親の負担が大きくなっているためでしょう。

つながりを取り戻すには

「孤独死」も「孤育て」も、現代社会の人々のつながりの希薄さから生じている問題といえるでしょう。現代では、金銭的余裕があれば、セキュリティー会社やベビーシッターに依頼して済ませる人もいるでしょうが、それはあくまでも支払いに対するサービスであり、孤独という問題の根本解決にはなりません。従来の農山漁村では、家族や地域で生産と消費をともにし、助け合いながら暮らしてきたために、人々のつながりは濃密でした。一方で、その中には固定された人間関係の息苦しさという問題も同時にありました。孤独の解消のために現代社会が考えるべきなのは、つながりの安心感と息苦しさとの中間点なのではないでしょうか。

では、そもそも人々のつながりとは一体どんなものなのでしょう。

一例を民俗事例から紹介して本論を結んでみましょう。奈良県吉野の山村では「スソワケ」をしないと縁が薄くなるといって、正月や節句の素麺《そうめん》などを一族の間で取り替えあって食べたといいます。このように、食物を贈答し合うことは日本各地で行なわれていました。また、ごっそりもらっただけでお返しをしないことは「カタモライ」といって詫《わ》びるべきことだったともいいます。つまり、互いに与え合う、返し合うことによってつながりが築かれていたのです。

現代のつながりも、まずは身近なところから「おたがいさま」という気持ちをもって、苦労を助け合う、喜びを分かち合う関係を築くことがカギとなるのではないでしょうか。

（岸澤）

【参考文献】

柳田國男「聟入考」(『三宅博士古稀祝賀記念論文集』大塚史学会編)岡書院、1929年
稲生勁吾「家族の外的構造に対応する内的構造の研究」(『教育社会学研究』16巻)、1961年
瀬川清子『日本人の衣食住』河出書房新社、1964年
渡辺秀樹「家族の変容と社会化論再考」(『教育社会学研究』44巻)、1989年
千本暁子「日本における性別役割分業の形成」(荻野美穂・落合恵美子ほかと共著『制度としての〈女〉』)平凡社、1990年
落合恵美子『21世紀家族へ』有斐閣、1994年
中沢卓実、淑徳大学孤独死研究会『団地と孤独死』中央法規出版、2008年
斧出節子「高度経済成長期における家事・育児の実態と規範意識・感情」(世界人権問題研究センター『研究紀要』第24号)、2019年

4 変わる恋愛と結婚のかたち

人が成長する中で異性に惹《ひ》かれ、愛情を抱いて恋愛関係になることは、ごく自然なりゆきです。その恋愛のひとつの進展の形が結婚であり、法的に認められた婚姻関係となります。現在、日本では結婚後は同姓を名乗ることになっているため、夫婦のどちらかが改姓をする必要があります。法務省では平成3年（1991）より選択的夫婦別氏制度の導入が検討されていますが実施には至っておらず、事実婚*を選択する男女も増えています。近年では同性同士の恋愛への理解も進み、性的マイノリティと言われていた人々の総称としてLGBTQ**という言葉も浸透しています。現在、日本の法律では同性同士の結婚はできませんが、同性カップルを結婚に相当する関係と認めるパートナーシップ制度を導入し

*事実婚：届け出を欠くため法律上有効ではないが、事実上の婚姻関係があり、社会の慣習上婚姻と認められるもの。

た自治体は400を超えています。恋愛や結婚のあり方も、時代や社会に影響を受けているといえるのです。

柳田國男「聟入考」

民俗学における婚姻の研究史を追いかけてみると、早い時期に柳田國男による「聟入考」があります。その中での柳田の主張は、歴史的には聟《むこ》が嫁宅に通う「聟入り」などと呼ばれるかんたんな儀礼をもって開始する通い式の婚姻から、嫁が聟宅に住まいを移す「嫁入り」をもって開始する婚姻へと変遷したというものでした。早くから嫁入りを取り入れたのは武士階級で、その影響は町人などを経てひろく一般大衆に及びます。

その後の研究としては、より細かな分類が大間知篤三や有賀喜左衛門らによって行なわれました。そうした婚姻に関する調査研究の中で、明治時代の末に若者時代を過ごした人々の情報を記録したのが、瀬川清子や大間知篤三でした。その報告は『若者と娘をめぐる民俗』（瀬川清子、未来社）、『婚姻覚書』（同、講談社）、『婚姻の民俗学』（大間知篤三、岩崎美術社）などにまとめられています。

若者宿で結婚相手を見つけた

従来の農山漁村の若者たちの恋愛と結婚に大きな影響を与えていたのは「若者組」や

「娘仲間」と、その宿でした。

若者と娘は12、3歳頃から結婚まで、もしくは未婚でも25〜30歳頃まではそれぞれの組に加入し、同世代で集まってヨナベの作業をするなどして、仕事のコツや処世の心得を身に付けました。また若者組や娘仲間に属する年頃には、夜は自宅で寝るのではなく、村内の決められた家を宿として集まって泊まるという風習が各地にありました。宿は婚姻適齢期の男女がナジミの相手を見つける場でもあり、若者が女宿に訪れる、もしくは男女で混宿することで、相手を見つけたのです。結婚前に数回相手を変えるのは普通のことで、最終的には当人同士の合意のもとに決めることが多かったといいます。

昔の農山漁村の暮らしには現代のようなプライバシーは少なく、幼い頃からずっと一緒に過ごすことで性格も勤勉さも家の経済状況もお互いが理解していました。その分、恋愛の駆け引きは少なかったものの、当人同士が納得することが結婚へと進む条件だったようです。そのときだいじな役割を果たしていたのは、男性の親しい友人でホウバイ（朋輩）などと呼ばれた若者でした。女性の場合も、親しい女友達が仲介役を果たしていた例もあ

＊＊LGBTQ：Lesbian（レズビアン、女性同性愛者）、Gay（ゲイ、男性同性愛者）、Bisexual（バイセクシュアル、両性愛者）、Transgender（トランスジェンダー、性自認が出生時に割り当てられた性別とは異なる人）、Queer や Questioning（クイアやクエスチョニング）の頭文字をとった言葉で、性的少数者のこと。

りました。少なくとも男女二人だけで会うということはなかったといいます。また、完全に自由に結婚相手を選べたわけではなく、村の娘が他村の若者と結ばれた場合、村の若者らによって強く制裁されたという例もたくさんありました。つまり、村の娘は村の若者のものだという意識が強かったのでした。

そのようにして結ばれた男女には、「ムコイリ」や「アシイレ」と呼ばれるかんたんな儀式があり、その後は若者が娘の家に通う期間がありました。ムコイリやアシイレというのは、婿が友人とともに嫁の家にあいさつに行き、嫁の父親と酒を飲むことです。その場には嫁は出てくることはありませんでした。宮城県本吉郡志津川町（現・南三陸町）では、初婿入りを「出入り初め」と称し、嫁入りより一年か半年前に行なわれ、以後は婿が嫁の家へ泊まりに行ってよいとされました。嫁入り前には「ナイザケ」といって、仲人が婿方から酒一升を嫁方に届け、さらに嫁方から酒一升をもらって婿方に届けます。その後に嫁入りをしたといいます。

婚姻関係になっても婿と嫁が別々に暮らす地域は多く、その間は婿が嫁の家に通いました。嫁が婿の家に移る時には子どもをすでに2、3人連れていることも普通にあったといいます。嫁を婿の家に迎える際には、迎え火を焚《た》く、嫁の草履の鼻緒を切る、魔払いの鉄砲を打つ、荷送りの担い棒を折るなど、さまざまな儀式があり、いずれも嫁を生家から分離させるという意味をもつものでした。その後、祝宴をすることで嫁は婿家族の一員となりました。ただし長男以外はとくにヨメトリをしない地域もあり、例えば、岐阜県大野郡白川村字木谷《きだに》では、次男・三男は村内で結婚して夫婦の関係が認められた後も、同居はせずに婿は生涯妻の家に通い、子どもは妻の家で育てられたといいます。

明治時代の変化

明治時代になると、文明開化とともに近代西欧のピューリタン的な「性＝愛＝結婚の三位一体論（ロマンティック・ラブ・イデオロギー）」という性愛思想が導入され、都市部の学校教育の中では純潔教育をはじめとした啓蒙が行なわれていきます。若者たちの結婚前の自由恋愛と性交渉が不道徳なものとして制限されていったのです。

さらに、明治民法（１８９８年制定）の「家」制度における圧倒的な家父長権のもとで、互いの家格と家同士の結びつきを重視する見合い結婚が徐々に広まっていきました。そのような新しい見合いと嫁入りという結婚は、明治大正時代に都市部の上流階級を中心に行なわれるようになり、やがて大正末期から昭和前半期には農山漁村へも徐々に広がっていきます。この見合い結婚の特徴は、従来の結婚では長い期間を要した、結婚相手との出会いから婚礼そして同居までをたった一日に凝縮している点にありました。

太平洋戦争後の変化

太平洋戦争後は、アメリカ文化の影響で恋愛讃歌の時代となります。若者たちは恋愛の結果としての結婚を夢見るようになりました。また、新民法の施行により「婚姻は、両性の合意のみに基づいて成立」するものとなり、親による強制的な結婚は法の上では解消されます。その後も見合い結婚は引き続き存在し続けますが、結果としては恋愛結婚が増えていきます。ただし、戦前のような青春時代が戻ってきたわけではありませんでした。恋愛結婚への憧《あこが》れの一方で、純潔教育の価値観は維持され続け、おおよそ昭和20年(1945)の敗戦時に少年少女だった世代から昭和35年(1960)生まれくらいまでの世代は、非常に厳しい性への拘束規範を持つこととなりました。

恋愛結婚と見合い結婚の推移を見てみると(図8)、1930年代は見合い結婚が約7割でしたが、恋愛結婚は増加を続け、平成27年(2015)には87・9%と約9割を占めるようになります。

結婚に伴う儀礼も大きく変わりました。婿が嫁の家に通うような新婚生活は徐々になくなり、祝宴の場も自宅から結婚式場やホテルに移り、盛大なものとなっていきました。

まず登場したのは「神前結婚式」です。神前結婚式の早い例は、明治33年(1900)の皇太子嘉仁親王(大正天皇)の成婚式だと言われています。都市部の上流階級はいち早くその様式を取り入れ、明治時代にすでに神前結婚式を行ない、披露宴は帝国ホテルをは

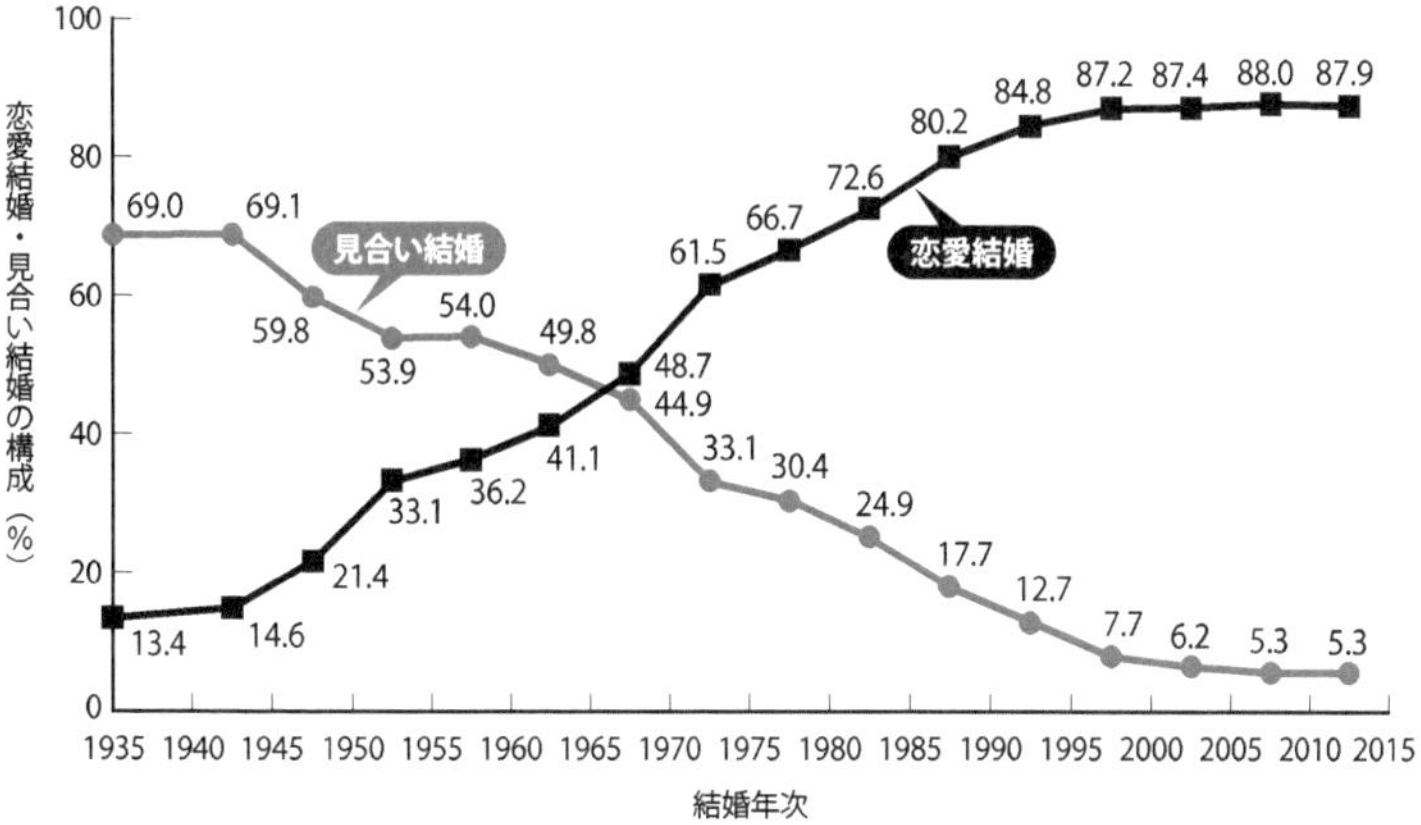

図８　恋愛結婚の推移
（国立社会保障・人口問題研究所「第15回出生動向基本調査」2010～14年）

じめとした会場で行なうようになりました。そんな上流階級の結婚式が、戦後に一般の人々にも浸透していったのです。神前式では親族らが集い、神主の祝詞《のりと》奏上や三三九度の盃事《さかずきごと》の儀式を行ないます。神社で挙式して会館や料亭で披露宴を行なうケースもありましたが、間もなく神棚付きの結婚式場が都市部から登場し、１９６０～７０年代に隆盛を見せました。

その後、神前結婚式の減少とともに１９９０年代に急増したのがキリスト教式の結婚式、いわゆる「チャペル・ウェディング」でした。会場には親族ならびに新郎新婦の友人や職場関係者が集い、新郎新婦は十字架の前で神父か牧師の役を務める欧米人の仲介で愛を誓い、指輪の交換を行ないます。近年では、よりカジュアルな「パーティー式ウェディング」や宗教色のない「シビルウェディング」、式の参加者に結婚の証人となってもらう「人前式」、結婚の記念に新郎新婦姿の撮影のみを行なう「フォトウェディング」なども登場していま す。

そのような結婚式の変遷から言えることは四つあります。

第一に、血縁関係者や地縁関係者が関与し差配する相互扶助的なものから、新郎新婦の友人や職場のつながりを中心とするものに変わってきたということ。

第二に、儀礼が商品化されたこと、それによって結婚式がプレゼンテーションの場となり、お洒落《しゃれ》さや利便性が求められるようになったこと。

第三に、神前式やキリスト教式といった新しい結婚式の創出、それにより宗教性と儀礼性への依存と活用が見られること。親族や地域の人々など大勢の関与のもとに長時間をかけ多くの儀礼を重ねることで完了した旧来の結婚に対して、新たに登場した神前結婚式では、儀礼の代替補完装置としての盃事儀礼と、神前という宗教性が付加されたと考えられます。さらに、キリスト教式の結婚式においては、宗教性と儀礼性の部分が聖書朗読と指輪交換とに置き換えられました。ただし、参加者の多くはキリスト教信者ではなく、あくまでもファッション的に模倣されていったものでした。

第四に、キリスト教式の結婚式から宗教性を除いたタイプが登場していること。そもそも1990年代に隆盛したキリスト教式における宗教性はファッション的に取り入れられ

	氏名	結婚年代	恋愛か見合いか	嫁入りか婿入りか	顔合わせ／結納	仲人	結婚式	式の内容	披露宴	入籍
1	T・K（女）	1952（昭和27）年	恋愛	嫁入り	新郎は新婦宅へ、仲人とともに持参金を用意して挨拶に行った。新婦側は料理や酒でもてなした。	新郎の祖父の弟夫婦。式の一切の支度をした。	新郎宅	両家の親戚と新郎家の隣組が集まる。女児と男児が盃に神酒を注ぎ、三三九度をした。	式に続いて、新郎宅にて宴会。食事の用意を担うのは、隣組の婦人たち。	婚姻届は、おそらく仲人が後日提出。
2	M・S（女）	1976（昭和51）年	恋愛	嫁入り	双方の両親に二人で挨拶に行った。	新郎の母の兄夫婦。披露宴のために形だけお願いした。	なし		会場を手配。両家の親戚と新婦の実家の隣組が集まる。食事をし、親戚たちが芸を披露。時間は2～3時間ほどで、会の運営は会場のスタッフによる。	親への挨拶のあと、当人だけで婚姻届を提出。双方の両親には印をもらわず、友人が証人として記名した。
3	R・K（女）	1983（昭和58）年	見合い	婿入り	最初の顔合わせは、新婦の父・新婦・新郎の三者での食事。約半年の交際期間を経て、結納をした（新郎の実家に結納品と結納金を持って訪問）。新郎の母が手料理でもてなした。2～3時間ほど食事。	新婦の父の職場の方。	会場	顔合わせから1年弱後。会場の一室で神前婚。神主によって三三九度をした。神酒を注ぐのは巫女で、立会は親戚と仲人のみ。	式に続いて、会場内を移動して披露宴を行なった。新婦の父の従兄弟が司会を務めた。仲人が新郎新婦を紹介して、職場の上司による挨拶もあった。その他、スピーチや余興があり3時間ほどで終了。	結婚式の翌日に新婦の父が婚姻届を提出。
4	H・S（女）	2006（平成18）年	恋愛	嫁入り	当人たちと新郎新婦の両親が食事をした。	なし	式場	両家の親戚と新郎新婦の友人、会社の関係者を招待した。チャペル型。進行・運営は全て式場のスタッフが担当した。	式に続いて、隣接の披露宴会場に移動して、ケーキ入刀やムービーを流すなどした。結婚式プランのパターンから選んで行った。	結婚式の数日前に婚姻届を提出。
5	H・S（男）	2013（平成25）年	恋愛	嫁入り	当人たちと新郎新婦の両親が食事をした。	なし	なし		なし	両親への挨拶のあと、当人だけで婚姻届を提出。

表9　筆者による結婚の聞き取り調査（埼玉県のある家族3代）

たものでしたから、流行によって変化できるのです。そのため、宗教性を希薄にしたパーティー式ウェディングが受け入れられていったと考えられます。

このように、結婚までの過程だけでなく、結婚式もまた変遷を続けているのです。実際に筆者が埼玉県のとある家族3代に行なった聞き書き調査にも、戦後の結婚式の移り変わりがあらわれています（表9）。

現代の恋愛と結婚

最後に、現在の若者たちの恋愛意識について見てみましょう。

未婚で恋人のいない若者を対象とした平成27年（2015）の調査では、約4割の男女が「恋人が欲しくない」と答えています。平成12年（2000）時点の調査では、恋人が欲しくないという回答は男女ともに1割ほどでしたから、恋愛に対する意欲が急激に低下していることが考えられます。また、異性との交際経験のない20代未婚者は、女性で2割、男性では4割にのぼることも指摘されます（明治安田生活福祉研究所「第八回　結婚・出産に関する調査」2014）。しかし、若者たちは恋愛に消極的な半面、9割近くがいずれ結婚するつもりだという意志をもっています（国立社会保障・人口問題研究所「第十五回出生動向基本調査」2015）。

また、恋愛意識だけではなく、相手の見つけ方も大きく変化しました。2000年代には街ぐるみで行なう大型の合コンイベント「街コン」が各地で開催されるようになり、スマートフォンが普及した2010年代以降はSNS（ソーシャル・ネットワーキング・サービス）やマッチングアプリが登場します。直接出会ったことのない相手をデータや条件から探すことができるようになったのです。

情報化社会の中で、恋愛は実際に会ったことのある人を恋い慕うものから、まだ見ぬ理想的人物を探し求めるものに変わりつつあるのかもしれません。さらに、現在の若者たちは必ずしも結婚を選びません。その背景には、選択的夫婦別姓制度がないことや、法律上の届け出にさほど必要性を感じなくなったこと、また、子どもを望まない男女が増えていること、仕事内容と働き方の変化など、さまざまな要因が考えられるでしょう。

恋愛や結婚は個人的な出来事でありながら、そのあり方は社会の変化と密接に結びついています。恋愛や結婚の変遷と社会の変化との因果関係を明らかにしていくことも、民俗学の興味深いテーマのひとつなのです。

（岸澤）

【参考文献】
柳田國男「聟入考」（『三宅博士古稀祝賀記念論文集』大塚史学会編）岡書院、1929年
有賀喜左衛門『日本婚姻史論』日光書院、1948年

瀬川清子『婚姻覚書』講談社、１９５７年
大間知篤三『婚姻の民俗学』岩崎美術社、１９６７年
瀬川清子『若者と娘をめぐる民俗』未来社、１９７２年
上野千鶴子「解説（三）」（『日本近代思想体系23　風俗　性』岩波書店、１９９０年
八木透「性・恋愛・結婚」（『暮らしの中の民俗学３　一生』）吉川弘文館、２００３年
石井研士『結婚式　幸せを創る儀式』日本放送出版協会、２００５年
小谷野敦『恋愛の昭和史』文藝春秋、２００５年
新谷尚紀『死と人生の民俗学』駿台曜曜社、１９９５年
新谷尚紀「儀礼の近代―総説―」（『都市の暮らしの民俗学３　都市の生活リズム』新谷尚紀・岩本通弥編）吉川弘文館、２００６年
落合恵美子『21世紀家族へ　家族の戦後体制の見かた・超えかた（第４版）』有斐閣、２０１９年
岸澤美希「「モテる」という言葉と恋愛・結婚の変遷」（『伝承文化研究』第16号）國學院大學伝承文化学会、２０１９年
門口実代「結婚」（『講座日本民俗学４　社会と儀礼』関沢まゆみ編）朝倉書店、２０２１年

5　人々のやり取りの移り変わり

人間は決してひとりでは生きていけません。民俗学ではそのさまざまな人間関係を支えてきた「やり取り」についても注目します。家族、親類、友人、職場、夫婦、恋人……それぞれの関係性が時代を経て変化する中で、当然ながら、やり取りのかたちも変わってきました。それは双方に影響し合っているといえるでしょう。

あいさつ

人間関係を保っていくための基本的なしきたり、それは古今東西を問わず、あいさつから始まります。

あいさつは人と人との出会いと別れの時点でなされるものです。朝は「おはよう」、昼は「こんにちは」、晩は「おつかれさま」「さようなら」「おやすみなさい」などの声かけです。その声かけが互いになされることにより、みなが気持ちよく一日一日を過ごすことができます。他人同士でも、その場を共有する意味で会釈したり、声をかけたりします。あいさつは、お互いの意思疎通のためであり、その方法は当事者同士で分かりあえるものであれば、言葉だけではありません。文化人類学者の波平恵美子の調査体験によれば、会津地方のある農村では、毎朝早くに家の雨戸をあけるのが近隣同士の朝のあいさつで、遅くまで雨戸があかなかったら、何か変わったことがあったのではないかと心配して、隣家ではその家に声かけに行ったそうです。

あいさつはとくに何か用事を伝えるものではありません。しかしあらゆる社会で、親から子へと教えられ覚えていくものでした。あいさつがまともにできること、それは一人前の大人として生きていくための、最初の教えでした。

しぐさとまなざし

身近な関係のあいさつであれば、会ったときには「やあ」「元気?」、別れ際には「じゃあね」「またね」など、短い言葉だけで十分なケースもあります。遠くで相手が見えたときには手をあげるなどして、近づいてから言葉をかけ合います。相手が目上の人の場合には頭をさげてお辞儀をしてから声をかけます。知り合いでも距離が離れていたときには目を合わせてちょっと首を縦にふるとか、手をあげてちょっと横にふるなどします。町の雑踏の中や混んでいる電車の中などで、遠くに相手を見かけて目が合うと、会釈をしたりします。会いたくない人だと、あまりよいことではありませんが、たまには目をそらしたり、知らないふりをしたりすることもありますね。

コミュニケーションの手段には、言葉以外にもさまざまな所作があります。ただし、それが成立するのは同じ社会で所作やしぐさの意味が理解されあっている場合に限ります。たとえば、日本では「はい」は首を縦にふり、「いいえ」は横にふりますが、インドでは「わかった」というときに首をちょっと横にふります。また、日本ではこっちにいらっしゃいといって、手のひらを下にしてこちらに手招きしますが、欧米ではそれは逆にあっちへ行けという意味になるのです。

そのようなしぐさとその意味のいろいろについての文化比較は興味深いもので、アメリカのエドワード・ホールの『かくれた次元』（１９８０）がよく知られています。日本では「目は口ほどにものを言う」といいますが、コミュニケーションの上で、ドイツ人、イギリス人、アメリカ人、フランス人、アラブ人のそれぞれの目の使い方を紹介しています。たとえばドイツ人は、公衆距離といわれる約３・６６m以上では人を見つめないのがマナーです。それは「レーベンスラウム」という、自我の延長上の自分の空間をだいじにすること、それを互いに尊重するからだそうです。「レーベンスラウム」は日本語にも英語にもない言葉と概念です。ドイツでは許可なしに公の場で他人の写真を撮ってはいけないという法律もあります。私も調査でドイツ国境に近いフランスのコルマールという町を訪れたとき、写真を撮っていて実際に注意されたことがあります。この地域はフランス領とドイツ領とが時代ごとに入れ替わってきたという歴史があり、ドイツの文化を色濃く残しているのだなと思って、あとで深く反省したものでした）。

Ｅ・ホールによれば、イギリス人は社会距離といわれる約１・２２ｍ〜３・６６ｍにおいては、目を動かさずに相手をじっと見つめて話すのがよいとされています。それに対して多くの西欧系のアメリカ人は、人を見つめてはいけないと子どもの頃から教えられます。相手の話がわかったというとき、目を見つめる文化のイギリス人はまばたきで返事をします。目をそらすアメリカ人はおおきくうなずいたり、相槌《あいづち》をうったりします。

一方、地中海文化の複合体に属しているフランス人の場合は、話しかけるときには相手の目をよく見つめます。パリの街かどのカフェでも男と女の「見る・見られる」の関係が日常的にくりかえされています。カフェに座っている男女も街行く男女も互いに服装やスタイルや歩き方などを観察しながら楽しんでいます。そのような「見る・見られる」文化の中で、パリジェンヌたちはファッションに気を配り化粧に工夫を凝らし、魅惑的な香水を選んで自分たちを磨いているようです。

アラブ人とアメリカ人とでは、目の合わせ方が真逆といっていいほど違います。アラブ人同士の親友は並んで歩きながら話をすることはありません。なぜなら、アラブ人にとって他人を横目で見ることは非常に失礼だとされているからです。面と向かって、相手の目を見つめながら話すのがふつうなのです。

日本人の場合は、子どもの頃から、きょろきょろするなとか、ジロジロ見るなと教えられます。しかし、学校では先生の質問に対しては先生の方を向いてちゃんと目を合わせて答えるように教えられます。目を合わせるかどうかというのはなかなか難しいところがあります。柳田國男は子どもたちの「にらめっこ」という遊びは、もとははにかみを治すための訓練であったともいっています。

手紙とはがき

人間同士の意思疎通において言葉で話すことは基本ですが、はがきや手紙といった、文字に書いて相手に伝える方法も私たちはもっています。

行政の上での伝達事項を明確にするために文書を用いることは、歴史を通じて古代から現代まで同じです。律令格式から武家諸法度、田畑永代売買禁止令や広場に掲げられた高札、近現代の法令規則まで、すべて文書によって周知されてきました。それらの公的なものとは別に大きな役割を果たしてきたのは、個人ごとの手紙やはがきです。

「はがき」は明治時代以来の郵便制度のもとで普及しました。近況報告や、年賀や暑中見舞の中で、差出人の気持ちを相手に伝えるものでした。「手紙」は封書であることから、宛名の人だけが読み、より詳しい情報や個人的な感情なども書かれているものでした。時候のあいさつとご機嫌伺いの文言からはじまり、書き手が伝えたい本文に続いて、敬具などという結びの言葉が入っています。もちろん形式ばらない男女の間の恋しい思いをつづった恋文などもありました。手書きでしたから、書く人の文字や文章の中に、言葉だけではない多くの情報が詰まっていました。むかしは若い時から、習字や手紙の書き方などを学習したものです。

はがきの普及と変化について、年賀状の例で見てみましょう。現在まで続く「お年玉付郵便はがき」が発行されたのは戦後の昭和24年（1949）からでした。高度経済成長期（1955〜73）を経る中でその発行数は増加し、正月の楽しみといえば年賀状といわれるほどになります。日頃お世話になっている人とはもちろん、あいさつの機会が少なくなっている人とも、年賀状によって人間関係をつなぐことができたのでした。しかし、2000年代に入ると、平成15年（2003）の約44億5936万枚をピークに以降は年賀状の利用は減少し続け、令和5年（2023）には約14億4000万枚にまで減少しています。

大きな要因の一つはインターネットの普及でしょう。はがきを買って文字を書いたり印刷したりする手間をかけなくても、メールやSNSで発信できるようになってきたのです。もう一つは、年賀状の習慣に慣れていた人々の高齢化です。都市部では、定年退職などもひとつのきっかけと言われています。また、むかしはほとんどが手書きであった年賀状ですが、平成12年（2000）頃からは印刷されたものも増え、ある意味で形式的なあいさつに変化していきました。

とはいえ、旧年が新年へとあらたまる正月の行事がなくなることはありません。運気だけでなく、人間関係も一年ごとにリセットされるというのが、古くから民俗の中に伝えられてきた考え方でした。新年のあいさつや年賀の言葉をかけあうことで、人と人との縁やつながりが時に新しく、時に強くなるという古来の意識が私たちの中に続いていく限り、形を変えても年賀状がなくなることはないでしょう。

電話からメールへ、SNSへ

人と人との情報のやりとりにおいて画期的だった出来事は、1960年代からの電話の普及です。

電電公社(現在のNTT)により固定電話が役所や病院や学校などに設置され、都市部では街かどにも公衆電話が普及していきました。しかし、昭和30年代から40年代前半(1955~70)頃は、家庭電話はまだ普及しておらず、下宿屋の大家さんやアパートの管理人さんに呼び出してもらうのがふつうでした。通話料金が高いので短い時間しか話すことができず、急ぎの用件を伝えてもらったり伝えたりというのが主でした。それまでは互いに相手の顔を見ながら話をするのがふつうでしたから、多くの人は音声だけの電話でも、「もしもし○○さんですか」「はい○○です」といって相手を確かめたり、何度も頭を下げてお辞儀をしたりしながら話したものです。

１９６０年代からは日本各地の農山漁村部でも、地方自治体と農協（ＪＡ）や漁協（ＪＦ）によって、各地区内だけで利用できる有線放送電話が設置されました。電話機能と放送機能とをあわせもつもので、役場や農協や警察や消防などからの案内や広報、近所の家のお悔やみの知らせなど身近な情報の提供もあり、重宝されました。その有線放送電話では小さい声ながら耳を当てていれば通話を聞くことができたので、家で暇をもてあましているようなお婆さんは地区のみんなの話を聞いていて、家と家のことなど何でも知っているというような苦笑い話もありました。

いわゆる家庭電話の普及は昭和55年（１９８０）頃からです。その後の情報通信関係の技術革新はめざましく、１９９０年代には郵送からファクスへ、２０００年代からはパソコンの利用とインターネットへ、２０１０年頃からは固定電話から携帯電話へ、２０１５年頃からはスマートフォンへと、めまぐるしい展開が進んでいきました。若い世代にとっての通信手段としては、Twitter＝現在Ｘ（１４０文字以内の文章や画像、動画などを投稿したり他者の投稿を閲覧したりできる）や、ＬＩＮＥ（電話やメールの代わりに手軽にリアルタイムでメッセージ交換ができる）や、Facebook（実名で登録して文章、写真、動画、ＵＲＬなどを投稿し友だちと共有できる）、またInstagram（文字によることなく手軽に写真を見たり投稿したりできる）など、さまざまなＳＮＳが利用されています。一方で、ニセ情報の氾濫《はんらん》や誹謗《ひぼう》中傷など、情報の流通と表裏一体の危険性が懸念される社会でもあります。

また、人工知能ＡＩ（Artificial Intelligence）の機能の拡大も現代社会を象徴しています。平成18年（２００６）にディープラーニング——情報の入力層と出力層との間に中間層（隠れ層）を設け、その中間層を多層化して学習し情報の複雑さに対応できる手法——が改良されたことで、コンピューターが自動で大量のデータを読み取り、音声や画像などから得られた情報を分析して課題を解決し、さらには大量のデータをもとに認識・予測・判断・推論・提案ができるようになりました。囲碁や将棋のテレビ中継などではＡＩの予想が流れています。進化した人工知能ＡＩは多くの企業や、教育・研究のさまざまな分野における活用が期待されています。

やや皮肉を込めて言えば、いま直面している問題の所在や解決策も示さないまま、時に感情的に、時に雰囲気を重視して語るばかりの政治家たちの言葉の中身を、人工知能を用いて正確に解析させてみたい気もします。人は言葉によって、だいじなことを伝えたり、相手を楽しませ喜ばせたり、嘘をついてだましたり、悪口を言って怒らせたり、悲しませたりします。民俗学ではそんな言葉の力、言葉の働きについて、過去から現在そして未来へという時間幅の中で、その伝承と変遷の実態を追跡しながら読み解いていこうとしています。

（新谷）

【参考文献】

新谷尚紀・波平恵美子・湯川洋司編『暮らしの中の民俗学1　一日』吉川弘文館、２００３年

髙橋慈子・原田隆史・佐藤 翔・岡部晋典『情報倫理　ネット時代のソーシャル・リテラシー（改訂３版）』技術評論社、２０２３年

飯田豊『こころをよむ　メディアの歴史から未来をよむ』ＮＨＫ出版、２０２４年

第4章　民俗学で考える「寺社と信仰」

1　神社と寺とは何か

神社と寺は日本各地にあり、多くの人たちがお参りしています。神社は神様に、お寺は仏様に、それぞれ健康や幸運などを祈る場所と考えられています。民俗学では、それらの寺社に加えて、民俗信仰といって路傍の小さな祠にまつられている神々や石仏のたぐいや、稲荷講や庚申講、富士講や念仏講など、各地の村や町に住む人たちが一定の集団を作って信仰しているもの、さらには個人信仰としての呪《まじな》いや占い、禁忌や予兆のたぐいについても研究しています。

そのうちここでは神社と寺院について、民俗学の視点で眺めてみましょう。各地の大小の神社や寺院を分類しながら整理し、その歴史と変遷を読み解いていきます。

神社とは何か

神社と呼ばれているものの数は、明治31年（1898）の統計では約19万1898社ありましたが、その後の政府の神社合祀《ごうし》政策により、大正5年（1916）には約11万7720社に整理統合されました。昭和13年（1938）の統計では、官国幣社が205社、府県社が1098社、郷社が3616社、村社が4万4823社、無格社が6万4964社を数えています。総計では11万238社でした。現在では、全国で約8万社ともいわれています。ただし、それらを羅列してみたところで、単にさまざまな神社があるといえるだけで、「神社とは何か」ということは見えてきません。

その問いに答えられるような民俗学のアプローチの一つは、神社の歴史を遡ってみる、その情報を整理してみるという方法です。

まず、折口信夫の論文「鬼の話」（1926）、「神々と民俗」（1954）に注目してみましょう。

折口は古典の解読を通して、神が常在される建物が「みや」（御屋＝宮）、神が来臨されるときに屋が建つ場所のことが「やしろ」（屋代＝社）であるとしました。古代における「神」の考え方には二つあり、一つには遠いところや高いところから来臨する貴い大きな神である「天つ神」、もう一つには人間に近いところにいる小さな神である「国つ神」や「もの」があり、その小さな「神」や「もの」は、人々が避けているにもかかわらず向こうから近寄ってきて災いをする迷惑な存在だといいます。また、自然の岩石草木などには霊魂が宿り、時にその物体から離れて人間に近づき、それに触れられた人々は、事故や怪我や病気などの災いを受けると考えられていたともいっています。

つまり、大きな貴い神霊と、小さな奇妙な精霊、その両方が、日本の神のイメージにはあるというのです。だから祝詞においても、「四方四角《よもよすみ》より疎《うと》び荒び来む天のまがつひといふ神の言はむ悪事《まがこと》にあひまじこりあひ口会《くちあ》へたまふことなく」「天の御舎《みあらか》の内に坐す皇神《すめがみ》たちは荒びたまひ健《たけ》びたまふことなくして」「祟りたまひ健《たけ》びたまふことなくして」などという「御門祭《みかどほかい》」や「遷却崇神《たたりがみをうつしやらふ》」の祝詞の例を念頭に、神霊や精霊にやや媚《こ》びるような敬語を使っており、その災いを避けるようにと祈っているのだとのべています。

神社とは、そのような神霊や精霊を祀る建物という意味なのです。そこで神社の具体例をここに整理してみましょう。大きく三つに分類できます。

Aタイプは、歴史が古く、多くの参拝者が集まる大きな神社です。古代から続く伊勢神宮や出雲《いずも》大社、平安京とゆかりの深い京都の祇園《ぎおん》八坂《やさか》神社や石清水《いわしみず》八幡宮などが例に挙げられます。

Bタイプは、各地の村や町で、氏神あるいは鎮守《ちんじゅ》と呼ばれている、多くの中小規模の神社。

Cタイプは、地域ごとに祀られている、磐座《いわくら》＊や叢林《そうりん》の巨樹や小社のたぐいです。若狭《わかさ》のニソの杜《もり》、薩摩のモイドン、石見《いわみ》の荒神《こうじん》さまなど、数多くあります。

民俗学では、この三つのタイプを比較するという視点で考えていきます。すると、神社のもっとも素朴な古い形がCタイプで、その発展形がBタイプ、さらにその発展形がAタイプであるという仮説を立てられるのです。

まず、Aタイプのような古代以来の由緒のある神社では、たとえば伊勢神宮は式年遷宮といって、二十年ごとに隣の社地に社殿が建て替えられ、移動しています。先の折口の言葉でいうと、「やしろ（屋代＝社）」に「みや（御屋＝宮）」が二十年ごとに建て替えられています。ほかにも、たとえば奈良県の大神《おおみわ》神社には社殿はなく、三輪山山麓《さんろく》にある磐座遺跡が古代の祭祀の場所だったと考えられています。同じく奈良県にある石上《いそのかみ》神宮は、現在の本殿は大正2年（1913）に新しく建てられたもので、その場所にはもともと社殿はなく、「石上布留高庭《いそのかみふるのたかにわ》」と呼ばれる禁足地でした。春日大社も古くは社殿がなく、その神域は春日野と呼ばれる場所だったことが『万葉集』の歌に伝えらえています。玄界灘に浮かぶ宗像《むなかた》沖ノ島遺跡も巨大な磐座遺跡です。つまり、さまざまな神社を比較してその歴史を調べていくと、もともと社殿のない時代があり、のちにそこに社殿が建てられていったことがわかります。

Bタイプの神社も、その歴史を調べてみれば、古代の有力な氏族や中世の領主、さらにその地に支配を広げた戦国大名たちが、「武運長久」「家門繁栄」「庄内富貴」「人民与楽」

＊磐座：神が宿るとされ、信仰の対象となった石のこと。

「子孫繁盛」などの祈願を込めて社殿を造営していったこと、江戸時代になると、地域の農民たちがそれを氏神や鎮守として祀るようになった例が多いことがわかります。そして多くの神社の境内地やその周辺には、Cタイプの小さな神々が祀られています。

つまり、それぞれを比較して歴史をさかのぼってみると、神社のもっとも素朴で古い形は、Cタイプの磐座や叢林や巨樹に宿ると考えられた霊的な存在を祀る装置であったろうと考えられるのです。古くには社殿が建てられていない時代があり、大きな磐座や一定の禁足地に神霊を招いて祀る時代がありました。その場所に、やがて神社の社殿が造営される時代が来て、現在の多くの神社の姿になっているということがわかります。

民俗学では、現在の神社にいろいろなタイプがあるという事実から、古代から現代にいたる変遷の各段階の痕跡《こんせき》が残されている、ということを読み取ります。民俗の伝承というのは、いわばパソコンのデータのように過去の歴史の情報をその中に残していて、どんなに消去しても消去しきれない情報がその多様性の中に含まれているのです。そして、いずれにも共通しているのは、神社の信仰の基礎には自然の恵みへの祈りと感謝、自然の脅威に対する恐れと畏敬《いけい》という観念があるという点です。

お寺とは何か

次にお寺を見ていきましょう。日本各地の村や町には、神社と寺の両方があります。住民たちは氏神や鎮守の氏子であり同時に寺の檀家でもあるという例も多くなっています。神社には神主さんが、寺には住職さんがいて地域の人々と交流し、人々は正月の初詣《はつもうで》や各季節の祭りには神社に参り、お盆や彼岸にはお寺に参り、葬式や年忌供養では寺の住職にお経をあげてもらい供養をしてもらいます。

寺のタイプとしては、村や町の檀家寺というのが数としてはいちばん多いのですが、全国的によく知られている寺といえば、奈良の東大寺、興福寺、薬師寺、比叡山《ひえいざん》の延暦寺、高野山《こうやさん》の金剛峯寺《こんごうぶじ》など、古代以来の大きな寺です。神社の場合と同じように、寺の場合も大小さまざまなものがあります。

寺は仏教の施設であり、出家した僧侶《そうりょ》が居住し修行や学問や祈禱《きとう》をしながら共同生活する場所です。仏教は北インドの釈迦が紀元前500年頃に開いた教えで（紀元前400年頃とする説もある）、西域地方を経由して中国から朝鮮半島を経て、欽明天皇の時代の538年に百済から伝えられました。その仏教を信仰した蘇我氏が建てたのが飛鳥寺、聖徳太子と呼ばれる厩戸《うまやと》皇子が建てたのが法隆寺、四天王寺などの古い寺です。比叡山の延暦寺や京都の東寺は、平安時代前期に中国に留学した最澄と空海が、天台宗や真言宗の修行の道場とした寺です。古代の朝廷や貴族の信仰によって支えられ、日本の仏教の主流を形成してきました。現在では貴重な文化遺産としての役割も担っています。

仏教の宗派と檀家

日本の仏教の特徴の一つは、平安後期から鎌倉期にかけて、無量寿経の説く阿弥陀仏への念仏と浄土往生の教えが広く信仰を集めたという点です。

仏教の教えは基本的に、人間という存在の生と死という問題を考えるものです。つまり、すべての人間はやがて死んでいくということについての解説をしています。重要な考えは「六道輪廻《ろくどうりんね》」と「因果応報」です。

「六道輪廻」というのは、人間は死んでも終わりではなく、天上道・人間道・修羅道・畜生道・餓鬼道・地獄道という六つの道をめぐるというものです。「因果応報」というのは、よい原因を作ればよい結果に結びつくというもので、そこに縁という力が働いているといいます。いま自分がこの現世で人間に生まれたのも、前世からのよい因縁があるからであり、せっかく人間道に生まれてきたのだから、この世で善行に努め功徳《くどく》を積めば必ず天上道へと導かれていくというのです。

日本の平安時代中期には、「末法思想《まっぽうしそう》」が流行します。釈迦が入滅してから千年間は「正法《しょうぼう》」の世で、釈迦の教えが生きており悟りを得る人がいる時代、次の千年間は「像法《ぞうぼう》」の世で、外見だけは伝えられているが悟りを得る人はいない時代、そして永承7年（1052）からは「末法」の世となり、仏法は行なわれず、その時代に生まれた人間はいくら修行を積んでも地獄に堕ちるしかない因縁を背負っているという、恐ろしい教えでした。

そのような末法の濁世《じょくせ》に生まれた人間でも、いやそんな人間をこそ、その死後は自分の極楽浄土へと導くことを本願とした仏があり、それが阿弥陀仏であるという信仰が起こりました。浄土教です。源信（942〜1017）という僧が著した『往生要集《おうじょうようしゅう》』に、その阿弥陀仏への信仰と感謝とが説かれています。

浄土教の信仰の流れの中から、法然《ほうねん》を開祖とする浄土宗と、その弟子親鸞《しんらん》を開祖とする浄土真宗という宗派が鎌倉時代に興りました。「南無阿弥陀仏」という名号《みょうごう》を唱える念仏により、阿弥陀仏の極楽浄土への往生ができるという教えに多くの人たちが深く信仰を寄せ、その浄土宗や浄土真宗の教えは江戸時代の檀家制度の中で力強く伝えられていきました。

一方、比叡山の開祖最澄がその教えの中心としていたのが法華経《ほけきょう》でした。宇宙の原理と人格的な原理と現実的な人間活動とを結ぶ法華経の教えは、日蓮の説いた法華宗の中にも伝えられました。日蓮宗とも呼ばれ、「南無妙法蓮華経」という題目を唱えることによって、釈迦の仏道と理想の世界をこの世に実現できると説く実践的な信仰でした。近世の檀家制度の中でも日蓮宗として現在まで伝えられています。

もう一つ重要なのは、鎌倉時代に宋から伝来した禅宗の定着でした。仏教の基本的な教えは「森羅万象」——生きとし生けるものすべて「仏性《ぶっしょう》」をもち、人間もその内部にある仏性が顕現すれば成仏でき悟りの世界に入ることができる、ただし人間は「煩悩《ぼんのう》」という欲望や迷いが強くあるので、その仏性が顕《あら》われることのできない迷妄の状態にある、それを取り除くことが「解脱《げだつ》」である――というものです。そこで禅宗では、その原点を考えて、人間の煩悩からの解脱を説き、解脱によって悟りを得ようとする教えを説きました。禅宗の教えは主に武士たちの間に広まり、鎌倉幕府から室町幕府のもとで臨済禅の教えが興隆を極めます。「公案《こうあん》」と呼ばれる禅問答は、簡潔な問答によってものの本質を考えようとする風潮を起こし、また曹洞禅のひたすら坐禅に打ち込む「只管打坐《しかんたざ》」の教えは、精神統一を重視する風潮を与えました。

これら中世以来の浄土宗、浄土真宗、日蓮宗、臨済宗、曹洞宗、それに古代以来の天台宗、真言宗など、それぞれの宗派の寺院とその信者たちは、江戸時代の寺請《てらうけ》制度の中に取り込まれていきました。すべての人々はどれかの寺の檀家になるという檀家制度が強制され、幕府が警戒した南蛮渡来のキリスト教の信者ではないという証明のため、寺請証文を檀家寺から発行させました。この寺請制度によって、人々の生活と仏教と寺との関係ができあがっていったのです。

檀家の人々の寺請証文による身元保証、子どもたちに読み書き算盤《そろばん》を教える寺子屋、葬式や墓、盆や彼岸の先祖供養などを通して、仏教の教えは人々の生活に深く浸透し定着していきました。現代に至るまで、葬式を寺の住職にお願いしたり、墓地を寺が管理していたり、幼稚園などの教育施設が設けられたりしているのも、そのような歴史の流れの中にあるといえます。

お寺のいろいろ

民俗学では日本各地の現場での観察と調査を基本とします。お寺とは何か、ということに関して、私がかつて奈良盆地の「郷墓《ごうばか》」と呼ばれる大規模な墓地（大字《だいじ》と呼ばれる集落が10カ所以上も一緒に利用している埋葬墓地）を調査した時の例を紹介してみましょう。

奈良盆地一帯では、寺には五種類がありました。①檀家寺、②会所寺、③墓寺、④宮寺、⑤菩提《ぼだい》寺の五種類です。

①の檀家寺は一般的な檀家を有する寺で、住職がその地域の家々の葬式や先祖供養にあずかっています。②の会所寺は檀家がなく、それぞれの会所、つまり地域の人たちが集まり念仏を唱える集会所のようなもので、阿弥陀仏などの本尊が安置されていますが、特定の住職はいません。奈良盆地だけでなく日本各地の村や町にもあり、1960年代以降の高度経済成長期を経る中で、地域のコミュニティセンターになっている例も多く見られます。③の墓寺は大規模な郷墓に付属する施設で、掃除や管理や葬送にかかわる者の詰め所のようなもので住職はいません。④の宮寺は、明治の神仏分離以前は山伏などが加持祈禱の場としていた寺で、多くが真言宗ですが檀家はありません。⑤の菩提寺は近世には特定の武家の菩提寺で格式を誇り、一般の檀家はいないものです。

このような日本各地のお寺のいろいろなタイプの存在も、神社の場合と同じように、寺の歴史を反映しているということが、民俗学の視点から情報を整理してみれば、よく見えてきます。

仏教の教えと生活

仏教の教えと寺はいまや日本人の生活の一部にもなっています。しかし、もともと古代インドの釈迦が説いた仏教の教えそのものは、あまり日本人の身にはついていないようです。

釈迦以来の仏教の基本は、生きているということはやがては死ぬということであり、人生は苦である、ということでした。そして、その苦からの解脱を求めるという教えでした。仏とは本来、煩悩解脱の状態をいう語なのですが、日本ではその仏像を、現世のさまざまな苦難から救い恩恵を与えて願いをかなえてくれる神のようなものとして信仰しているという傾向があります。

煩悩からの解脱を求めてきびしい戒律を守るという教えは、日本ではあまり受け入れられていません。「五戒」という不殺生・不偸盗《ふちゅうとう》・不邪淫《ふじゃいん》・不妄語・不飲酒《ふおんじゅ》の基本的な戒律もあまり守られてはいません。妻帯し肉食《にくじき》し飲酒をする和尚さんもふつうにいます。日本の仏教ではそれは許されているのです。出家者は坊主頭にするのが一般的ですが、私の友人の浄土真宗の僧侶は頭髪を伸ばしていて、それが自分の確かな信仰をあらわすのだと堂々と言っています。きびしく戒律を守り煩悩から解脱する道を、自力の修行によってというのが仏教の基本なのですが、浄土真宗では、阿弥陀仏への帰依《きえ》、つまり他力本願《たりきほんがん》、仏さまを信じきることこそが第一だという考え方になっています。日本では浄土真宗に限らず、一般的に「四苦《しく》」や「八苦《はっく》」という仏教におけるもっとも重要な観念も、その意味をあまり掘り下げることなく、日常会話の中で「しごとの具合はどうですか」という声かけに対する、「いやあ、もう毎日が四苦八苦ですよ」というあいさつ程度になっています。「そんな殺生なぁ」という五戒の言葉も平気で使われています。

日本においては神社の信仰もお寺の信仰も、きびしい宗教としての教義にしばられることなく、とにかく自然の恵みに感謝し自然の脅威に畏怖するという、人々の信仰の内容としては同じものだということがわかります。民俗学は、そのような神社と寺の信仰について、現実的な事実を観察しながらその特徴を読み解いていきます。

（新谷）

【参考文献】

新谷尚紀『両墓制と他界観』吉川弘文館、２０１７年
新谷尚紀『神道入門――民俗伝承学から日本文化を読む』ちくま新書、２０１８年

新谷尚紀『神社の起源と歴史』吉川弘文館、2021年
新谷尚紀『神社とは何か』講談社現代新書、2021年
新谷尚紀『すぐ忘れる日本人の精神構造史』さくら舎、2024年
新谷尚紀『お葬式　死と慰霊の日本史』吉川弘文館、2009年
新谷尚紀『神々の原像　祭祀の小宇宙』吉川弘文館、2000年
新谷尚紀『日本人の葬儀』角川ソフィア文庫、2021年
新谷尚紀編『講座日本民俗学2　不安と祈願』朝倉書店、2020年
新谷尚紀監修『古寺に秘められた日本史の謎』洋泉社、2016年
辻善之助『日本仏教史』（全10巻）岩波書店、1969〜1977年
佛教史学会編『仏教史研究ハンドブック』法藏館、2017年

2　民俗信仰

日本人の日々の生活の中でご利益《りやく》があると信仰されているのは、街中でも赤い鳥居で目立つ稲荷や、路傍にたたずむ地蔵や道祖神、庚申塔などの石仏などへの信仰です。民俗学ではそのような信仰を「民間信仰」と呼んで研究してきました。

「民間信仰」から「民俗信仰」へ

「民間信仰」という語はもともと宗教学における「folk belief」の訳語として使われていた語でした。そこには異端の呪術《じゅじゅつ》や魔術なども含まれ、キリスト教世界では低級で危険な信仰群という意味に理解されやすい語でもありました。また、民間といえば西欧社会では下層民や庶民や農民などの社会階層の中だけの信仰という意味にもなってしまい、すべての社会階層をおおう信仰という意味で使うには不適切な語でした。

日本の民俗学ははじめその「民間信仰」という語をさかんに使っていたのですが、現在では、民間と宗教という語を避けて「民俗信仰」と呼んでいます。宗教と呼ぶのを避けているのは、教祖・教義・教団というような要素が特にないからです。あえて英語でいえばbelief in traditional life もしくは faith in traditional life でしょう。むずかしい仏教の教義とは関係なしに、稲荷や地蔵のように、とにかく商売繁盛とか心身の健康と元気を守ってもらえる、幼くして死んだ子どもを守ってもらえる神仏として、生活の中で広く信仰されているのが民俗信仰です。

ここでは、民俗信仰の神仏について、二つの方向から調べてみましょう。一つは稲荷信仰の中心である伏見稲荷大社の歴史と祭礼について。もう一つは民俗信仰の一例として稲荷信仰が日本各地にどのように広がっているか、具体的な各地の事例を調べて分析し紹介してみます。

伏見稲荷大社の歴史

まず、京都の伏見稲荷大社の歴史を紹介しましょう。

古い神社の名称には、現在では伏見稲荷大社とか春日大社とか、大社という名前の神社が多いのですが、それは戦後に神社が宗教法人として認定され、たくさんの神社が大社と名乗るようになったからです。歴史の上では、大社とは出雲大社、つまり杵築《きづき》大社だけでした。神宮というのも伊勢神宮だけでした。ですから伊勢神宮ではいまも神宮と名乗っていて、名前に伊勢とは付けません。神宮というのは一社だけだからです。

こういった古来の神社や寺院の起源を示す確かな歴史史料というものは、ふつうなかなかありません。信仰の対象であるために、むかしこのような不思議な霊妙なことがあったというような、霊験譚《れいげんたん》を語る縁起がその始まりとされているからです。いつどこで誰がどうしたという事実の記録が残っているのは後の時代のもので、古代の、そもそもの起源にまでさかのぼって確かめることがむずかしいのです。

伏見の稲荷社の起源についても同じです。伏見稲荷大社の祭神が、後背の稲荷山の三ケ峰に降臨したのが和銅4年（711）2月初午《はつうま》の日で、その2月の初午の日を祭日とするという伝承が伝えられています。現在の祭礼でも、前々日の辰《たつ》の日に稲荷山の杉と椎の枝で作った青山飾りを本殿以下摂社末社に飾り、初午前日の巳《み》の日からは福詣でといって、商売繁盛、家内安全を願う参拝客で社殿と境内は埋まります。初午の当日にはとくにご利益があるという「験《しるし》の杉」が参拝客に授与されます。全国各地の稲荷社でも初午祭が行なわれ、稲荷詣での参拝客でにぎわいます。

このように稲荷信仰というのは、文字通り稲作を守る神さまへの信仰であると同時に、商売繁盛の神としても、また広く芸事や芸能、鍛冶《かじ》職などの職人のあいだでも、篤い信仰を集めている神さまでもあります。

その歴史を訪ねてみると、確かに古くからではあるのでしょうが、記録としては縁起のたぐいが中心で、確かな歴史という意味ではやはり微妙です。先に記したように、神社も寺院も霊験譚を語るのが中心ですから、確かな歴史を追跡するのはなかなかむずかしいのです。そこで、民俗学ではどう考えるか。

まず記録類をその時代順に整理してみます。すると一つ目は『山城国風土記』逸文にみえる、和銅4年（711）2月と書かれた稲荷神鎮座の伝承が古いものです。そこでは稲荷について、古代の渡来系氏族である秦氏《はた》・秦中家忌寸《はたのなかつえのいみき》たちの遠い先祖の秦公伊侶具《はたのきみいろぐ》が稲作をして裕福であったが、その彼が餅を的として弓矢を射たので、餅が白鳥に化して飛び去ってしまい、この山の峰に降りてそこに稲が生えた。それで「稲生り《いねなり》」「伊禰奈利《いねなり》」という名を神社の名とした。後に子孫の代になって先祖の過ちを悔いて、神社の木を抜いて家に植えて祈禱して祀った。その木を植えて根付けば福が来る、根付かず枯れれば福は来ないといわれている、と書かれています。興味深い内容ですが、『風土記』といっても『出雲国風土記』などのような奈良時代のものではなく、逸文といって、戦国時代に卜部（吉田）兼倶《かねとも》（1435〜1511）がその著『延喜式神名帳頭注』で紹介しているものですから、あくまでも参考史料ということになります。

二つ目は14世紀の南北朝期の『稲荷大明神流記』という記録です。空海（774〜835）の弟で弟子でもあった真雅（801〜879）の記すところと書かれています。

その内容は、弘仁7年（816）4月頃、空海は修行中に紀州熊野の田辺宿で偶然に常人とは思えない老翁に出逢《であ》った。身の丈は8尺、2・42mの立派な体軀《たいく》で威厳が感じられながらもそれを表に出さない品のある雰囲気の老翁であった。空海に逢えたことを喜んで語るには「自分は前に逢ったことのある神である、そなたには威徳がある、ともに修行して菩薩の弟子となるがよい」。空海は「霊山でお逢いした時の誓約は忘れません、姿形は変わっても心は同じです、密教の教えを広めたいという願いがあります、それを神として仏法を擁護する誓いを立ててともに密教の教えを弘めましょう。京都の西南の九条一坊に東寺という大伽藍《がらん》があります。そこで、鎮護国家のための密教の道場を興すのです、お待ちしていますので必ずお越しください」といった。老翁は「必ず参会しましょう」と答えた。弘仁14年（823）正月19日、空海は密教の道場を開くため嵯峨天皇から東寺を与えられ、法文や曼荼羅《まんだら》、道具等を請来し経蔵に納めて真言の道場とした。この年の4月13日、あの紀州の神が東寺の南門にやって来た。神は椙《すぎ》の葉を手にもち、稲を担いで、二人の女性と二人の子どもを連れていた。空海は歓喜しみんなも帰敬して米飯や菓子でもてなした。神と二人の女性と子どもは八条の二階堂の柴守《しばのかみ》の家に留まり、その間に空海は東寺の杣山《そまやま》に夜一七日《いちしち》、つまり七日間鎮壇法を修して神に鎮まっていただき、現在に至っている、というものです。

この『稲荷大明神流記』も中世の14世紀に書かれたもので、空海が活動していた平安時代初期の9世紀の本ではありません。ですから実際の事跡を語るものとしては確証のないものです。ただし、空海の事跡については自著の『三教指帰《さんごうしいき》』をはじめ『続日本後紀』や太政官符類などの史料によってよく追跡されており、嵯峨天皇の保護を受けて密教道場として東寺を開創したことは確実です。そして、その鎮守神として稲荷神との関係が古くからのものであったという伝承が早い時期から存在していた事実は、十分に想定できるでしょう。つまり伏見稲荷大社は、真言宗の中心道場であった空海の東寺の守護神とされていたという可能性は高いのです。

このような伝承以外に、歴史の上での稲荷神の初見はいつのものかということも民俗学では確かめてみます。

『類聚国史《るいじゅこくし》』天長4年（827）に、淳和天皇《じゅんな》の病気が伏見稲荷大社の樹木を伐採したことによるという記事があります。この記録は信頼度の高いものです。淳和天皇が体調を崩して心配される状態となったので、陰陽師に占わせたところ、稲荷神社の樹木を伐採した祟《たた》りだということでした。もともと嵯峨天皇が御願寺とした東寺の関係者がその塔の建材として伐採したところ、それが淳和天皇の身体に祟ったというので、勅使を遣わして稲荷神に従五位下という神階を与えて謝ると、天皇の容体は回復したというのです。

その後には、藤原忠平の日記『貞信公記』の延喜19年（919）11月9日条に、忠平が極楽寺の僧を稲荷社に派遣して、稲荷社の堂処の祟りだという自分の病の除災の祈禱を行なわせたと書かれています。また、天慶《てんぎょう》8年（945）7月5日条には、陰陽寮の占いによって祈雨のために賀茂社と稲荷社に奉幣を行なっています。伏見稲荷大社はしっかり祀らないと祟ることもあるという、霊験あらたかな神社として信仰されていたのです。

また、平安貴族の社会では社寺参詣が流行しましたが、稲荷詣《もう》でもさかんに行なわれていたことが『蜻蛉《かげろう》日記』に書かれています。右大将道綱の母が詠んだ歌として、「いなりやま　おほくのとしぞ　こえにける　祈るしるしの杉をたのみて」という歌があります。つまり、その頃にはすでに稲荷山の「験《しるし》の杉」のご利益への信仰があったことがわかります。清少納言も『枕草子』152段「うらやましげなるもの」で、稲荷詣でとは稲荷山への登り下りの山詣《まい》りであったことを記しています。それはたいへん体力の必要な参詣だったようです。稲荷詣では男性たちにも広まっていたことが『大鏡』や『今昔物語』の記事などからわかります。祟りを恐れられる神社というだけでなく、たいへんご利益のある神さまで、稲荷山は平安京の人たちにとって身分の上下も関係なく、多くの人たちの山詣りの名勝地ともなっていました。景観がとてもよい山だったのです。

稲荷の信仰と習俗

北海道・東北から九州まで、稲荷を祀る神社はひじょうに多く、稲荷を主祭神とする稲荷神社が約2970社、境内社なども含めると約3万2000社にものぼります。規模もさまざまで、街角の小さな稲荷社や家ごとの屋敷稲荷の例なども加えると、多すぎて数えきれないほどです。朱色の鳥居が何本も建てられているなどの場合にはよくわかりますが、そうでもない例も多くあります。

各地の民俗の伝承の中でも、稲荷といえば2月の初午の行事が有名です。初午祭には稲荷社におおぜいの参拝客が集まり、とくに都市部では稲荷は商売繁盛、芸能人のお守りの神様としても篤い信仰を集めています。ご眷属《けんぞく》とかお使いといわれる白い狐の像が安置され、油揚げや赤飯をお供えして、どうかご利益を得られますようにと熱心に拝まれています。稲荷というのは、名前のとおりもともとは稲作の豊作を守る神様だったようですが、江戸時代には「伊勢屋　稲荷に　犬の糞」などと失礼な言い方が流行ったように、江戸の町方ではあちこちに稲荷の小社が祀られていました。現在でも、会社のビルなどに商売繁盛の神様として赤い鳥居と小さな社が祀られている光景を見ることもできます。

また、それとは別に、関東地方の農村では地区ごとに近隣の十数戸で「稲荷講」という講を作って祀っている稲荷社もあります。初午には、稲荷の祠に「正一位稲荷大明神」と墨書した五色の色紙の幟《のぼり》を立て、赤飯や油揚げやめざしなどの魚を供えてみんなで祀ります。そして、毎年順番に決められているヤド（宿）に集まり、うどんを作ったりして宴会を開き、親睦をはかる例が多くあります。

稲荷への供物としては赤飯や油揚げが定番なのですが、おもしろいのは埼玉県から茨城、栃木、福島県南部にかけて「シモツカレ」と呼ばれるものがあることです。大根とにんじんをおろしたものに、節分の豆まきで残った大豆や油揚げや塩引き鮭の頭などを入れて、酒粕《さけかす》を混ぜて煮込んだものを藁苞《わらづと》に入れて供えるのです。栃木県ではそのシモツカレを郷土料理として宣伝してもいます。正月の残り物を使ったもので、懐かしい味だという人もいれば、あまり美味《うま》いものではないと苦笑する人もいます。

また、関東地方の農村部では、稲荷といえば、家々の屋敷の神様として祀られている旧家の屋敷稲荷の例がよく知られています。民俗学では早くから注目して研究してきていますので、本章の後半で紹介してみましょう。

狐の霊獣視

日本の稲荷神の信仰では、京都の伏見稲荷大社や愛知県の豊川稲荷の荼枳尼天《だきにてん》などが神社や寺院としては中心になっていますが、それとは別にもう一つ、別の展開があったことをはやくから指摘していたのが民俗学でした。柳田國男の「おとら狐の話」（1920）という論文がそれです。もともと稲作の神と関係の深かった狐がさまざまな霊験をあらわす霊獣として信仰されてきたことに注目したものでした。

日本では狐といえば、タヌキやイタチ、またムササビなどの動物とは異なり、狐に化かされるとか、きれいな女の人に化けているとか、さらには憑き物としての狐憑きというような霊妙な動物という考え方が強くありました。西欧の側から見てみると、それは日本に特有な感覚だということがわかります。日本以外では、狐もただの野生動物に過ぎないという考え方がふつうです。たとえばイギリスの貴族たちの伝統的な狐狩り（フォックスハンティング）の例を見ても明らかでしょう。貴族たちが馬を駆ってよく訓練した数匹の猟犬を使い野狐を標的に追い込む、狩りの技を競うスポーツです。捕えられた狐の肉は猟犬たちに褒美として喰わせていました。現在では残酷だとして法制で禁止されてはいますが、イギリスでは長い伝統でした。そこには狐を霊獣視する感覚はまったくありません。

一方、日本では狐は霊獣として特別視されてきました。一つにはこれまで見てきたような、ご利益の多いお稲荷さまや、そのお使いとしての信仰。もう一つには気味の悪い狐憑きという俗信があったからです。狐の霊が人間に憑依《ひょうい》し、乗りうつられた人は狐の所作をするなどして欲しいものを与えてやらねば暴れるなどと恐れられていました。伊那のクダ、本牧のオサキ、また出雲の人狐、阿波の犬神などと呼ばれ、日本各地にありました。

そのようなクダギツネやオサキギツネなどの憑き物のたぐいと、ご利益を与えてくれるお稲荷さまという神さま、その両者の差と関係を考える上で注目されたのが、関西地方で伝えられていた狐祭りや狐がえり、狐狩りという行事です。

霜月から師走にかけて、田に食物の乏しい時期に、篤志者が狐の好む小豆《あずき》飯や油揚げなどを準備し、稲荷下ろしの役の人、つまり稲荷に憑かれる役の人に同行してもらい、夜分に郊外に出て狐を接待するのです。一晩に三頭や四頭の狐と対話することも多く、まずはどこからお出でになったか、ご眷属が何人か、揚げ豆腐と赤飯はどちらがお好みか、さらに来年の世の中のことや、商売の上での取引はどの方角がよいかなどを尋ねたりします。そして、狐の眷属の数に合わせて相応の食料をそこに残して帰るのでした。これは非常に内密に行なわれていたのですが、政府や府県による民間の神子や行者の取り締まりが厳しくなった明治5年（1872）以降に次第に失われていく以前は、村の行事としてこのような狐の供養をしていたのだろうと柳田はいっています。その名残りとして、それに関連する民俗行事が伯耆《ほうき》、因幡《いなば》、但馬、丹波、若狭などの地方で行なわれていました。

柳田は、そのように村に専属の狐が長く住み、少しも悪いことはせず、大は吉凶禍福から小は明日の天気の変動まで、日々の生活の中で予報を与えて村民の生活を指導し、その代わりに初午などの日には丁重に祀られ、平素も姿を見ればお辞儀をされる程度の尊敬を受けた例が、諸国の田舎において折々あるといっています。このたぐいの狐の穴の上に祠を建てたり、その穴の手前に社殿を構えたりしており、それらが狐を祀るに相異ない田舎の稲荷さまにつながり、それゆえ田舎で祀る稲荷さまは平民の神であるといっています。そして、それらは決して伏見稲荷大社からの勧請によるものではなく、村々の人々の生活感覚の中での神様だった、といっていました。したがって、ある種類の狐憑きは、いわば歓迎すべき信徒の仕合せであり、ある種類の狐使いは、必要かつ有益な職業であったというのです。

そして、日本各地の初午の稲荷の信仰は、全国的によく知られている京都の伏見稲荷大社や愛知県の曹洞宗妙嚴寺の豊川吒枳尼眞天稲荷を中心として広まったというのではなく、それとは別に、日本各地の民俗の伝承の中に、古くから狐を霊獣とみる民間の信仰がその基盤としてあったということがわかるというのです。稲荷の信仰の背景には、古くからの民俗の中の野生の狐への霊獣視という信仰があったというのです。

（新谷）

【参考文献】
姉崎正治「中奥の民間信仰」（『哲学雑誌』130号）1897年
池上広正「民間信仰」（『現代宗教講座』第5巻）創文社、1955年
堀一郎『民間信仰』岩波書店、2005年
堀一郎『日本宗教史研究〈3〉民間信仰史の諸問題』未来社、1971年
宮家準『日本の民俗信仰』講談社学術文庫、1994年
島薗進「民俗宗教の構造的変動と新宗教」（『筑波大学哲学・思想学系論集』6）、1980年
島薗進「初期新宗教における普遍主義」（『神道とキリスト教』）春秋社、1984年
新谷尚紀『なぜ日本人は賽銭を投げるのか』文春新書、2003年
柳田國男・早川孝太郎「おとら狐の話」（『柳田國男全集』第22巻）筑摩書房、2010年
西谷勝也『季節の神々』（慶友社）1990年
山折哲雄編『神仏信仰事典シリーズ3　稲荷信仰事典』戎光祥出版、1999年

3　家で祀る神様

家に神様がいると言われたら、皆さんはどう感じますか。現在では、神様は神社にいるという感覚の方が強いかもしれません。しかし、古くから家で伝承されてきた暮らしの実際を振り返ってみると、家には神棚や仏壇があり、その他にも火の神である「竈神」、トイレに祀る「廁神《かわやがみ》」、台所で祀る「大黒」「恵比寿」の二神、敷地内の小祠《しょうし》で祀る「屋敷神」など、さまざまな神様が祀られていました。

家は人々にとって生活の基盤となる場所です。煮炊きをして食事をとり、夜には眠り、農山漁村では夜なべの作業も行なっていました。特に、農業や漁業などを主としていた時代には、現代よりもずっと長い時間を家とその周辺で過ごしたのです。家で祀る神様を知ることは、私たちの暮らしの歴史や信仰、考え方を知る上でも重要です。ここでは、先行研究にも簡単に触れながら家の神様の主だったものを紹介してみます。

神宮大麻を祀る神棚

ひと昔前までは、多くの日本の家庭では神棚と仏壇を設置していました。現在では都市化と核家族化、単身世帯の増加の中で、団地やマンションなどでは神棚も仏壇もない家庭も増えつつあります。現在の神棚といえば、伊勢の神宮の神札である「神宮大麻《おおぬさ》*」と地域の氏神の神札を祀るのが一般的で、それに加えて崇敬する神社の神札を祀る場合もあります。神棚は、来客を迎える部屋（デイやザシキ）、もしくは、家族がふだんの生活をおくる部屋（常居、広間、茶の間）に設置されることが多いです。毎月1日と15日に水を供える例が多く、神札は毎年年末に神社や寺に納めて新しいものと交換し、正月にはその新しい神札にあらためて鏡餅を供えます。

ただし、神宮大麻を家ごとに祀るのは古来の習慣とは言い難いでしょう。伊勢の御師《おんし》らが神宮参詣の信仰を広め、大麻を守り札として祀る風習を定着させたと考えられています。たとえば、民俗学者の平山敏治郎は「神棚と仏壇」という論文の中で江戸時代中期の学者天野信景《さだかげ》（1663～1733）の著わした『塩尻』を引用しています。その内容は、中世から大麻を国々に配り、その代わりに最花《はつほ》（初穂）を受け取る者が登場した、その活動は仏教の護持僧**が旦那に巻数《かんじゅ》***を贈ることに倣ったのだろう、というものでした。つまり、御師の活動と大麻の配布とは、仏教の影響を受けて中世以降に流行したもののようにこれまでは説明されてきています。

年棚は臨時の神棚か

一方、柳田國男は『先祖の話』で、常設の神棚以前に臨時の神棚があったのではないかと推測し、「年棚・年神棚」に注目していました。

「年棚」は新年を迎えるにあたって、その年の恵方に向けて吊《つ》った棚でした。日本各地の田舎には棚ではなく俵や逆さにした桶《おけ》に供物を上げて神を迎える地域もあり、こちらの方がより素朴なものだといえるでしょう。年棚に迎える神は「正月様」「年神様」「年徳神」などと呼ばれましたが、柳田はより古い信仰に着目しました。その資料となったのが、鎌倉時代末期の随筆『徒然草』の「晦日《つごもり》の夜いたう暗きに（中略）亡き人の来る夜《よ》とて、魂《たま》祭るわざは此頃都には無きを、東《あずま》の方には猶《なお》することにてありしこそ哀れなりしか」という記述や、民俗伝承の中で正月15日頃を「仏の年越し」と称して先祖棚へ雑煮を供えたり初墓参りをしたりする事例でした。柳田は文献史料と民俗資料を元に、古くは新年に際し

＊大麻：幣束《へいそく》（ぬさ）を敬っていう言葉、御幣。神前に供え、祓に用いる。現在広く知られている伊勢の神宮から配布される「神宮大麻《じんぐうたいま》」は神札のかたちをとる。

＊＊護持僧：天子加護のために特設された加持祈禱の僧職。また、将軍を護持する僧をもいう。

＊＊＊巻数：僧が願主の依頼で読誦した経文・陀羅尼などの題目・巻数・度数などを記した文書または目録。神道にもとりいれられ、祈禱師は中臣祓を読んだ度数を記し、願主に送った。

て亡き人の魂（＝先祖の霊）を迎え祀る習慣があったのではないかと考えたのです。

さらに正月行事の中には、年神と、先祖と考えられるミタマサマとが、ともに祀られる事例も分布しています。例えば、年神の祭壇を用意し、年神には鏡餅を供え、みたま様には白米の飯を供える（岩手県下閉伊《しもへい》郡岩泉町安家《あっか》）、みたまの飯を盛ったみたまの鉢を年神さまに上げると言って年棚の上に置く（長野県北部）などの事例です。ただ、『先祖の話』を執筆した昭和20年（1945）の時点ですでに、みたまの飯は仏壇に上げる事例が多くなっており、柳田は「是が魂祭を以て正月の行事と視ることの、どうしても出来なくなった明らかな理由である」と述べています。つまり、先祖の霊であるミタマサマと仏とが同じものとして捉えられ、また、家に仏壇が備わったことで、先祖への供物を供える場所が仏壇に集約されていったと推測していたのでした。神棚と年棚に歴史的なつながりが本当にあるのかどうか、年神様とミタマサマはどのような関係か、といった事実確認はまだまだ必要ですが、年棚に各家の先祖が祀られていた事例があったことは注目すべき事実です。

ただし、柳田の『先祖の話』の読み方には一定の注意が必要でしょう。『先祖の話』は太平洋戦争末期に書き上げられた重要な論文であることは確かですが、その研究対象はあくまでも先祖であり、さまざまな事例を交えながら「日本人の考えてきた先祖」の変遷と伝承とに迫ったものでした。その点に留意して先行研究として読み、今後の研究に活かしていくことが重要でしょう。

本尊と位牌を安置する仏壇

続いて、仏壇について見てみましょう。仏壇は先祖の位牌《いはい》や本尊持仏を安置する装置です。仏壇が一般家庭に定着した時期は明確にはわかりませんが、本章の1項でも触れた江戸時代の寺請制度の影響は大きいと考えられます。

一般家庭の仏壇を考える上で大事なのは、①本尊持仏を礼拝する役割と、②位牌を安置する役割とが混在している点です。そもそも位牌は中国の宋から伝わり、14世紀以降僧侶や武家の間で作られるようになった死者供養の装置です。①と②のどちらがより古い形なのか、もしくは併存してきたのか、その変遷を明らかにするためには、各地にあるさまざまな仏壇の実態を調査することが重要です。

一例として、和歌山県橋本市で南北朝時代以来の由緒を伝える旧家三軒を対象に行なった調査を紹介しましょう。

その調査では、伝承・系図・古文書・位牌・墓石を総合的に調査して世代継承の実態を明らかにすることが試みられましたが、とりわけ位牌に注目すると、元禄から享保年間の頃に作られ始めたことがわかりました。また、位牌が誰のために作られたかを確認すると、中心となったのは家督相続者とその妻、そして幼くして死んだ子どもたちでした。嫁の実家の両親や養子の実家の両親の位牌も多く作られています。つまり、位牌は子どもや親といった身近な死者の供養のために作られた装置であったことがうかがえるのです。実際、位牌は三世代も経れば子孫であってもそれが誰のものか定かではなくなってしまいます。各地で三十三年の法事を済ませたら位牌を川に流す習慣が伝えられているのも、位牌が先祖代々の祭祀というよりも身近な死者の供養を目的とした装置であったという裏付けになるでしょう。

昔から伝えられてきたように思われている仏壇にも変化があります。例えば、明治時代には神仏分離令を受けて神葬祭を取り入れ、仏壇を廃して神棚に合併した家もありました。近年では仏壇がない、もしくは従来とは異なる〝ミニ仏壇〟を取り入れる家も増えてきたようです。また、少量の遺骨が収められる骨壺《こつつぼ》が登場し、本尊や位牌を必要とせずに骨壺に祈ることを選択する家庭もあるといいます。仏壇が変化もしくは消失していく中でその実態を観察することも、民俗学の研究と言えるでしょう。

火への信仰・竈神

暮らしに欠かせない火への信仰も重要でした。火は調理のほか、電気のなかった時代には照明や暖房としても必須でした。ただその一方で、扱いを間違えれば火事にもつながる恐ろしいものです。だから、大切に使われ、信仰の対象にもなったのでしょう。

家庭における火の神は、土間の竈（現代で言うところの台所のコンロ）や囲炉裏の付近に祀られ、民俗学では「竈神」の通称で呼ばれています。竈神の名称は地域ごとにさまざまで、「カマ神さま・オカマさま」（東日本、島根県東部から鳥取県、兵庫県、京都府の日本海寄り、山口県の一部と島根県の一部、九州の一部）、「荒神様」（茨城県、栃木県、埼玉県、神奈川県、山梨県、長野県、西日本）、土公神《どこうじん》を指す「ロックウさま・オドクウさま」（岡山県周辺から香川県北部）などと呼ばれます。また、東日本にはカマ神さまと荒神の双方を祀る事例も分布しています。形状もさまざまで、東北では土製や木製の憤怒相の男の面である場合もありますが、多くの地域では棚に幣束や神札を置きます。また、特には装置がない事例や、「囲炉裏の火の中に荒神様がいらっしゃる」（信濃）という事例もあります。

祭日もまた多様で、旧11月28日に竈を新たに塗り、味噌こしを冠《かぶ》り摺子木《すりこぎ》を持って踊る（壱岐島）、旧2月9日に「つぼさかの団子」や「団子のくいそめ」といって団子を作って供える（宮城県登米郡東和町／現・登米市）、旧暦正月3日に竈神と書いた紙を台所の羽目に貼り、その前に膳（団飯、ゴボウとニンジンを煮たもの、小皿に菜漬、もしあれば汁を添える）を供える（新潟県魚沼地方から長野県水内《みのち》地方）などの報告があります。そのご利益については、カマドの守り神、家の守り神、家の繁盛の神であるなどと言われ、また、子どものボンノクボの毛を残しておくと、子どもが火にはまった時に荒神様がそれを持って引き上げてくれる（長野県）、カマドの煤《すす》を顔に塗って水泳に出かけると水難に遭わない（岩手県）などとも言われ、子どもを守ってくれる神様だとも考えられているようです。

さて、民俗学の視点と方法で「竈神」を考える場合、全国の事例を集めて比較し、分析することが大切ですが、残念ながら戦後の民俗学では必ずしもそのような研究は行なわれてはきませんでした。ただし、文献史料と併せて確認することで、おおまかな新旧はうかがえるでしょう。

素朴なものは、祀る対象を単純に表した「カマ神さま・オカマさま」であり、その信仰の上に荒神や土公神といった神名が上書きされていったと考えられます。荒神と土公神がどのような神であったのか。土公神は陰陽道で土を司《つかさど》る神とされ、平安時代中期に成立した辞書『和名類聚抄』によると、「春三月在竈、夏三月在門、秋三月在井、冬三月在庭」（春は竈に、夏は門に、秋は井戸に、冬は庭にいる）と記されています。一方で、荒神は三面六臂《ろっぴ》（三つの顔と六本の腕を備えた姿）または八面六臂の憤怒形《ふんぬぎょう》の神で、悪の懲罰や厄除け、火の神として信仰されてきました。

平安時代後期には、源俊房《としふさ》（1035～1121）の日記『水左記』に承暦4年（1080）6月30日の夜に僧侶に命じて「荒神祓《こうじんばらい》」を行なったという記事が見られます。その後、戦国時代に記された「竈神祭文」には「竈神を信じれば、一切の仏菩薩の前では竈神が三宝荒神になり、息災延命、子孫繁盛、家内安穏などの利益を与えてくれる」といった旨が記されています。さらに降って、近世初頭の『日葡《にっぽ》辞書』では荒神を「台所のかまど、なべの加護を願う神」とし、その後『人倫訓蒙図彙《きんもうずい》』では「世間では竈を荒神と呼び、普賢菩薩を本地とする家内安全福貴の守護神である」といった旨が記されています。つまり、竈神としての土公神と荒神は、陰陽道や仏教の影響が広がるなかで一般の家庭に受け入れられ、火の神様や家の守り神として、いわばその神格が上書き保存されていったことがうかがえるのです。

大黒(左)と恵比寿(右)

大黒と恵比寿

七福神でおなじみの「大黒」と「恵比寿」も福の神として広く定着し、台所の高いところや大黒柱のそばに二体並んで祀られています。

戦国時代末期に公家によって書かれたとされる説話集『塵塚《ちりづか》物語』には「世間ではこぞって一対の大黒と恵比寿の木造や絵を安置して、富貴を祈っている」といった内容が記されています。当時すでに大黒と恵比寿が家々で祀られていたことがわかりますが、公家によって記された文書であることから、一般庶民にまで恵比寿・大黒の信仰が広まっていたとは言い難いでしょう。また、この文章の続きには、吉田神道、唯一神道を大成した神道家の吉田兼倶（１４３５～１５１１）の説が記されており、大黒は元は大国主命であり、大己貴命《おおなむちのみこと》と同様に天下を治めた神であること、大国主命《おおくにぬしのみこと》が天下を巡る際に用いた袋の中身の食物が尽きなかったことが、後に福神と呼ばれる様になった謂《いわ》れだとしています。そして、弘法大師が大国の字を大黒と改めたとも記されています。いずれも吉田兼倶による牽強付会《けんきょうふかい》の説なのですが、それが広まってしまい、現在のように大黒と大国主命が同一視されていったことがうかがえるのです。

そもそも大黒はヒンドゥー教の神で、三面六臂の憤怒形で表現されていましたが、密教に取り入れられ、日本には寺院の食堂《じきどう》に祀られる金嚢《きんのう》を持った像として伝わりました。その後、江戸時代初期の仮名草子『宗祇諸国物語』や江戸時代後期の雑書『近代世事談』には大黒のご利益が描かれており、その頃には庶民にまで信仰が広がっていたと考えられるでしょう。

一方で、エビスという言葉は海の彼方の異郷の地として認識されたり、沿岸部の漁村では海中の石や水死体、鯨や鮫《さめ》を指して大漁をもたらすものと考えられたりしてきました。その恵比寿の信仰を広めたのは、古くは兵庫県西宮市の廣田神社の末社であった西宮神社（旧称は西宮戎社《えびすしゃ》）です。

蛭児《ひるこ》大神を祀る神社の総本社とされ、由緒によれば、その御神像は漁師の引き上げた網にかかったもので、その漁師の夢の中で「蛭児の神である」つまり、伊邪那岐命《いざなぎ》と伊邪那《いざな》美命《み》の間に生まれながらも骨のない神だったために葦船で海へ流された子であると託宣をしたとされています。その恵比寿への信仰は「世を救ふゑびすの神の誓ひにはもらさじものを数ならぬ身も」（承安2年（1172）廣田社歌合二四番　安心）などと歌にも詠まれ、どのような身分の者も救う神として信じられたことがうかがえます。

西宮神社では1月10日を中心に三日間行なわれる「十日えびす」の祭りが知られますが、『絵本江戸風俗往来』によると、江戸の町では10月20日を「恵比須講」と称して商家ではこの上ない大祭のように心得ていたとあります。民俗事例を調べてみると、農村部の一般家庭での恵比寿の祭日は10月20日と1月20日頃が多いようです。例えば、10月は恵比寿様が福を背負って稼ぎから帰ってくる日、1月は福を求めて稼ぎに出かける日として、尾頭付きの魚、そばや餅、けんちん汁などを供え、五穀豊穣や家内安全などを願う。さらに、お金がますます入ることを願って小銭を入れた一升枡《ます》を置き、膳を下げる時には「千両で買います、万両で買います」という縁起のよい言葉を唱えた（栃木県宇都宮市）などの報告があります。このように、恵比寿は福やお金をもたらす神として町方でも農村部でも定着しています。

ただし農村部では、大黒と恵比寿は田の神としても信じられたようです。たとえば、刈上げ後の稲束の上で一升枡に米飯を載せて祝う「大黒上げ」という祭りがあったり（北九州）、苗取りの日に家の恵比寿に供える地域（愛知県北設楽《きたしたら》郡）があったりします。これらは福や豊穣をもたらす大黒と恵比寿の性格が、農業においても豊作をもたらすと信じられた結果でしょう。恵比寿と大黒は、正月を寿《ことほ》いで人家の門口で芸能を見せる門付《かどつ》け芸人の題材にされたり、民俗芸能の神楽に取り入れられたりと、その信仰の定着には複雑な経緯があったことが想像できます。今後も文献史料や民俗芸能、民俗資料を複合的に参照しながらその歴史を明らかにしていくことが大切でしょう。

家の敷地で祀る屋敷神

屋敷神とは、家の敷地内もしくはその付属地に祀られている神です。とくに関東地方の農村部でよく見かけることができるのですが、木製や石製、もしくは藁の小祠の形状をしており、家の裏手で祀られていることが多いです。屋敷神には地域によってさまざまな名称があります。おおまかには、東北地方から関東地方にかけては「ウジカミ・ウチガミ（氏神・内神）」、関東地方から中部地方にかけては「チジン・ヂノカミ（地神）」、長野県を中心に「イワイジン（祝神）」、九州を除く西日本では「ヂヌシ・ジノッサン（地主）」、岡山県と島根県を中心に「コウジン（荒神）」、などが挙げられます。

屋敷神を研究対象とした早い時期の論文には、社会学者の鈴木栄太郎による「屋敷神考」（1939）があります。鈴木はそこで、

①祀り方の違い：村内の旧家だけに屋敷神が祀られており一般の家には祀られていない

例がある。その一方で、村内のほとんどの家々で屋敷神が祀られる例がある。

②神の性格の違い：屋敷神は家族の生活の守護神だと考えられている例がある。その一方で、家屋と屋敷の守護神だと考えられている例がある。

という二つの差異に着目しています。①と②についてそれぞれ新旧があるのか、それとも屋敷神ははじめからそのような二つの違いを具《そな》えていたのか、その点を考察していく必要がある、という重要な指摘をしていました。

それを参考にしながらも、ここでは私自身が行なった関東地方での研究結果を一例としてご紹介しましょう。

まず、聞き書き調査を行なうに当たって客観的な情報を収集し比較するために、調査項目として、①呼称、②祭神、③位置、④形状、⑤祭日、⑥供物、⑦本家分家関係、⑧由来・いわれ、⑨ご利益を設定しました。そして調査地は、関東地方の近郊農村地帯である埼玉県東松山市上野本《かみのもと》、農村地帯である栃木県真岡《もおか》市中間木堀、元農村地帯で現在は離農が進んだ東京都東久留米市小山、埼玉県和光市上新倉上ノ郷にて行ないました。その結果、以下の内容が指摘できました。

まず呼称は、上野本ではウジガミとイナリ、間木堀ではウジガミ、小山と上ノ郷ではイナリでした。祀る由来は、ウジガミとして祀る上野本と間木堀では家の守り神、イナリとして祀る小山と上ノ郷では農耕神でした。ただし、間木堀では稲の収穫時期のスイクンチ

	東松山市上野本	真岡市中間木堀	東久留米市小山	和光市上ノ郷
(1)呼　称	ウジガミ・イナリ	ウジガミ	イナリ	イナリ
(2)祭　神	ウジガミ・稲荷	ウジガミ	稲荷	稲荷
(3)位　置	後方西北隅	後方西北隅	後方東北隅	後方東北隅
(4)形　状	木製	木製・石製・藁竹製	木製・藁竹製	木製
(5)祭　日	年末正月	末九日（旧9月29日）	2月初午	2月初午・正月
(6)供　物	餅・雑煮	赤飯・けんちん汁	赤飯・油揚げ	赤飯・油揚げ／餅・雑煮
(7)本分家	本家は必ず	本家は必ず	本家は必ず	本家は必ず
(8)由　来	家の守り神	家の守り神	農耕神	農耕神

表10　屋敷神の聞き取り調査

（末九日：旧暦9月29日）に祭日が設けられており、農耕神としての性格もうかがえました。ここから関東地方の屋敷神には、ウジガミとイナリの二つの系統があることと、それぞれが要素ごとに対応していることが分かります（表10）。

前項で説明した通り、稲荷は江戸時代の江戸の町方で盛んに信仰されたものです。そこで、関東地方においては古くからの屋敷神の呼称および祭神はウジガミであったが、のちに江戸の町方からイナリの信仰が流布してきて上書き保存されたのではないかという仮説が立てられます。

続いて、天正18年（1590）から明治6年（1873）までの江戸の市井の出来事をまとめた斎藤月岑《げっしん》（1804〜78）の『武江年表』を参照して、稲荷信仰に関する記述を確認したところ、18〜19世紀にかけて稲荷の記述が多く、後年になるにつれて近郊の事例も増えていくことがわかりました。また、文政年間

（1818〜30年）には、遠く現在の埼玉県東松山市の箭弓《やきゅう》稲荷神社のことも記述されていました。

　四地域の聞き書き調査と『武江年表』の確認作業の結果を関東地方の屋敷神のサンプルとして考えると、二つのことが指摘できます。第一に、屋敷神は古くはウジガミと呼ばれていたが、江戸の町方で流行していた稲荷信仰の影響を受けて、イナリという呼称に上書き保存されていったこと。その上書き保存の過程を示すように、両者の併存と混淆の状態を呈する上野本の事例が存在しています。第二に、ウジガミにイナリが上書き保存されていくことができた理由としては、ウジガミの「家の守り神」であり「農耕神」であるという二重の性格に、これまたイナリの「商売繁盛、福の神、転じて家内安全的性格」と「農耕神」という二つの性格が共通していたためではないかということです。

　屋敷神に祖霊的性格を見出す先行研究もあったのですが、それは柳田國男の家と先祖霊を重視する考え方をそのまま流用していたからでした。民俗学を創った柳田自身も折口信夫も言っていますが、仮説をそのまま流用するのではなく、自分で事実を集めて再検討し、間違いがあれば正していくことが、後進の者たちのつとめでもあります。具体的な関東地方の事例からは「家の守り神」であり「農耕神」であると位置づけるのが自然でしょう。屋敷神は早くから研究対象にされているものの、まだまだ研究しがいのある対象なのです。

（岸澤）

【引用・参考文献】

鈴木栄太郎「屋敷神考」(『民族学研究』1―2)1939年
山口麻太郎『壱岐島民俗誌』一誠社、1934年
柳田國男『歳時習俗語彙』民間伝承の会、1939年
柳田國男『先祖の話』筑摩書房、1946年
平山敏治郎「神棚と佛壇」(「史林」32(2)(125))史学研究会、1949年
小池直太郎「竈神考」(『夜啼石の話』)筑摩書房、1956年
岩崎敏夫「竈神(宮城県玉造・登米・本吉地方)」『東北民俗資料集1(巫女の仏おろし・ほか)』万葉堂書店、1971年
山村民俗の会「竈神様」(「あしなか(152)」)1977年
石塚尊俊「民間の神―とくに納戸神と竈神―」(『日本民俗研究大系 第2巻(信仰伝承)』)1982年
飯島吉晴『竈神と厠神 異界と此の世の境』人文書院、1991年
新谷尚紀『柳田民俗学の継承と発展』吉川弘文館、2005年
宮田 登『宮田登 日本を語る6 カミとホトケのあいだ』吉川弘文館、2006年
岸澤美希「関東地方の屋敷神―ウジガミとイナリ―」(『民俗伝承学の視点と方法』)吉川弘文館、2018年
黒田迪子「鍛冶の神々とふいご祭りの民俗伝承」(『民俗伝承学の視点と方法』)吉川弘文館、2018年

4　生と死に関わる信仰

人間はこの世に生まれて、子どもから若者へ、そして大人へと成長し、社会でのしごとやつきあいなどの役目を果たしながら悲喜こもごもの日々を過ごして、やがて年を重ねて老人となり、ついにはこの世を去っていきます。その一生の間、人生の節目ごとに、さまざまな儀礼が行なわれます。結婚、出産と育児、厄年や長寿祝い、そして死と葬送、墓や死者の供養などの習俗や儀礼について、民俗学では早くから研究されてきました。

生と死の対応

とくに誕生と死亡をめぐっては、よく似た儀礼の組み立てがあることが注目されています（図10）。産飯《うぶめし》と枕飯、産湯と湯灌《ゆかん》、お七夜と初七日、初宮参りと四十九日、食い初めと百ヶ日、初誕生と一周忌、などです。とくに生と死の境目で重要とされているのは、「米飯」「温湯」「丸石」という三つの要素です。人間にとってもっともだいじなものが

産育		葬送
帯祝い	年祝い	
出産（産飯）	当日	死亡（枕飯）
		（湯灌）・（死装束）
		葬儀（戒名）
（産湯）		
（湯初め）・（産着）	3日	しあげ
お七夜（名付け）	7日	初七日
お宮参り	33日	
	35日	五七日
	49日	忌明け（四十九餅）
食い初め	100日	百ヶ日
初節句・初正月		初盆
初誕生（誕生餅）	1年	一周忌
オトビキ	7年	年忌
	33年	忌上げ

図10　産育と葬送の儀礼の対応

「食べ物としての米飯」「身体清浄のための清水と温湯」「霊魂の安定のための丸石」であると、むかしから考えられてきたということをあらわしています。日本人にとって、目には見えない霊魂の存在が大切であり、その安定が必要だと考えられてきたことがわかります。

妊娠と出産

夫婦にとって元気な赤ちゃんを授かることは、いちばんの喜びでした。ですから「子授け祈願のまじない」はいろいろと伝えられています。その方法は、たとえば多産の女性にあやかるものや、神仏に祈願するものがあります。他の産婦の腹帯や腰巻を借りてきて身に着けたり、子授けのご利益があるという神社やお寺に参り柄杓《ひしゃく》や袋物を奉納したり、子授けの効能があるといわれている温泉につかったり、などといったものです。なかには三重県熊野市の産田神社の白石や、神奈川県三浦半島の久留和海岸の子産石のように、海辺や河原の丸い石を拾ってきて身近に置いておく「子授けの石」のたぐいの例も、日本各地にありました。

これらの伝承からは、「子授け」とその言葉があらわしているように、人間の営みだけではなく自然や神仏からの授かりものだという考え方があったことがわかります。一方で、むかしは「貧乏人の子沢山」といういい方もありましたし、生まれても貧しさの中で残念ながら育て養うことのできない子がいたことも事実です。

避妊や堕胎、間引きの伝承があったことも、民俗学では注目しています。柳田國男は「小児生存権の歴史」という文章で、そのような悲運の生命に対する民俗の伝承についても注意をはらっていました。悲運な子でも抹殺してしまうという考え方ではなく、今回はむずかしいけれど次によい機会を得てもう一度生まれてきてほしいという思いがあったことで、民間には「もどす」、「かえす」といういい方の中に伝えられていたといっています。

私自身も若い頃、岩手県の山間部で民俗調査をした折、そのような事例を聞きました。

戦後の「優生保護法」（１９４８〜９６）、それに続く現在の「母体保護法」により人工妊娠中絶が合法化されるよりずっと前のことです。農村の古老数人が、両手をねじる所作をしながら「ひねる」という言葉を使っていたのが印象的でした。また、ふつうの出産の場合でも、産婆さんが育ちにくいかもしれないと判断した新生児の場合、姑や産婦に「どうするか」と尋ねたものだという話も広島県の山間部では聞きました。

出産の医療化

近代日本の出産の歴史と民俗を整理してみると、明治から大正昭和戦前期、そして戦後の高度経済成長期を経る中で、大きく次のＡ→Ｂ→Ｃという変化があったことがわかります。

Ａ：姑やトリアゲ婆さんと呼ばれた近隣の手慣れた老女の介護による、産小屋や家での出産

Ｂ：助産婦教育を受けた産婆さんの介護による、家での出産

Ｃ：男性や女性の産科医と看護婦*の介護による、診療所や病院での出産

Ａは明治大正昭和の時代に一般的であった出産の習俗で、柳田の指導を受けた瀬川清子たちの世代の民俗学者が調査していたものでした。Ｂは昭和の戦後に一般化したもので、Ｃが１９６０年代から新たに普及してきた行政指導による出産の医療化というものです。

Aの時代の出産と育児に関する調査と分析は早くから行なわれてきましたが、BからCへという変化にともない、出産の医療支配ともいうべき状態についての問題、産む立場から産ませられる立場へ、産む側の人間の尊厳の問題、合法下に中絶手術を行なってきた医師と助産婦と遺胎処理業者の意識、そして中絶未生児の供養と慰霊、その水子供養と寺院の関与の問題など、民俗学で考えるべき問題はさまざまあります。

そして、かつて大きな危険をともなうものであった出産という営みが、近代医療の関与によってより安全で衛生的なものになってきた一方で、その半面では妊産婦やその介護にあたるトリアゲ婆さんや産婆さんなど、人間の生命の誕生という不思議に直接たずさわっていた人たちの意識にも変化が見られました。

かつては自分を取り上げてくれたトリアゲ婆さんや産婆さんをみんなよく覚えていて、お盆や正月にはお礼の品を贈るのが習慣になっていました。しかし、現在では医療費を支払うだけで、そのような縁が結ばれることはありません。また、新生児の胎盤はエナ（胞衣）と呼ばれ、かつてはその処理を間違えると新生児が病弱になるだとか若死にするなど

＊看護婦：古くから女性の職業で「看護婦」と呼ばれていたのが、男女共同参画社会実現へという施策のもとに男女とも「看護師」という呼称に変更、昭和23年（１９４８）制定の「保健婦助産婦看護婦法」も、平成14年（２００２）から「保健師助産師看護師法」へと改められた。

といってその扱いには多大な注意が払われました。多くは床下や玄関の敷居の下や墓地などに埋めていましたが、同じ玄関でも敷居の横木の真下で人が踏まないところという例と、逆になるべく人が踏む玄関口の土のところへという例とがありました。前者は埋めた上を最初に通ったもの、たとえば蛇や蟻やネズミや犬や猫などが一生苦手になるからとか、逆に後者は、父親が威厳を保つために最初にしっかり踏んでおくなどといわれていました。胞衣は新生児を母胎の中で包んで育ててくれた袋であり、その扱いが悪いと新生児が産まれた後もその影響を受けるという考え方がその基本にはありました。その上で、はじめは何ものにも踏まれないように→何かに踏まれたら最初のそれを一生恐れる→最初に父親が踏む→多くの人に踏まれて忍耐強い子にする、という、人々の柔軟な考え方の展開があったことがそれらの事例の比較の視点からわかりました。

新しくこの世に生まれてくる子どもを直接とりあげていたAの時代は、人々が生命の不思議さを強く感じていました。Cの時代となった現在、出産は産科医療の対象領域に取り込まれ、妊産婦自身および家族の意識は変化し、習慣や習俗もまた失われ、新しい方法や意識が生まれてきています。妊娠と出産という、人間の誕生をめぐる行為と生命にまつわる民俗の伝承について、その実態を観察して分析することは、これからも民俗学にとってはだいじなしごとといえるでしょう。

厄年や厄払い

無事に生まれてきた子どもたちは、少年少女の時代から、多情多感な若者の時代を過ぎ、大人になって社会で仕事をしながら一生を進んでいきます。しかし、その間にいろいろと不満や不安が多いというのが人生です。厄払いや願掛けなどの習俗や信仰は民俗学の主要な研究対象のひとつです。

まず、災厄とは何かについて考えてみましょう。災害、災難、厄病、厄年などという言葉があるように、安全で健康な生活をおびやかす自然災害や人間の事故、また病気や怪我、不運や不幸などのことを「災厄」と呼んでいます。私たちの生活はそのようなさまざまな災厄に見舞われることが多く、それらから逃れるために、習俗や信仰においても、いろいろな工夫が積み重ねられてきています。

「厄除け」「厄払い」というのは、不運なことが続いたり、商売がうまくいかなかったり、勝負ごとに負けてばかりいたりするときに行なわれます。予防として行なわれる例もあります。飲食店などで見られる店先の清め塩などもその一例ですが、ふだんから神棚や仏壇に手を合わせてその日その日の無事を祈るのも同じ意味なのです。神社では「祓え清め」、寺院では「厄除けの祈禱」などにあたります。

また「厄年」というのもあります。厄年には二つのタイプがあり、一つは語呂合わせです。女性は19歳、33歳、男性は42歳が、「苦が重なる」「散々な目にあう」「死にそうな」

米寿の祝い。家の前に飾る長寿の老人の手形や、米を測る升の形の紙札。それが家のお守りとなる（奈良県から和歌山県の一帯）

などと、災厄を連想させる数字の年齢です。もう一つは、12年ごとの干支のめぐりです。古くからは「数え年」で、現在では満年齢の例も多くなっています。12歳、24歳、36歳、48歳、60歳など、年男や年女になる年齢で、干支の一区切りの年に運気が変わるかもしれないという考え方によるものです。それについては人類学や民俗学では、「境界liminality」という概念で、その年齢が新旧のどっちつかずの年齢であることの、曖昧さと不安定さに由来する不安からきていると説明されています。

60歳は還暦の祝いですが、そのあとは70歳の古稀《こき》、77歳の喜寿、80歳の傘寿、88歳の米寿、99歳の白寿などの「長寿祝い」で、いずれも現実の加齢による肉体年齢にあうようになっています。

厄年の男女は、小正月の行事の際などに、集落のみんなにお餅やお菓子やミカンなどを振舞って厄払いとしている例が多く見られます。「餅撒き」などにも厄払いの意味があるのです。年齢の数の餅を撒くだけではなく、餅よりもみんなが欲しがるお金を撒くという例も、三重県の神島や大分県の米水津村《よのうづむら》（現・佐伯《さいき》市米水津）などで１９９０年代までさかんに見られました。還暦60歳なら6万円、米寿88歳なら8万8千円など、年を取るのもたいへんだなどと、みんな笑って参加していました。

厄払いには「贈与」、つまり振舞いがつきものなのです。貯めた財物を不特定多数に贈与することが厄払いになるという考え方が、民俗の伝承の中には根強く存在しています。神社や寺院での厄除けや厄払いの祈願でも「ただで」ということはなく、必ず一定の金額の祈禱料を納めることになっています。厄払いの基本は「贈与によって災いを祓う」という点にあるのです。

お守りや護符とは何か

安全と幸運を願い、魔物や邪気を依《よ》りつかせないようにと、人々はよくお守りを身に着けたり護符を家屋に貼ったりします。多くは神社や寺院から受けてくるもので、平安時代中期の第18代天台座主《ざす》良源（元三《がんざん》大師）が疫病神を退散させたという伝承をもとにした角《つの》大師や豆大師の護符が有名です。他にも注連縄《しめなわ》と蘇民将来《そみんしょうらい》子孫之門の木札、府中大國魂《おおくにたま》神社の烏団扇、武州三峯神社の大口真神の狼のお札などを家の玄関に貼っている例も多くみられます。危険なスズメバチの巣を掛けている農家もあります。

お守りや縁起かつぎの品々には奇妙なものが多くあるのです。漁船の安全と豊漁を願う船玉様《ふなだまさま》のご神体のもっとも素朴なものは、八丈島の末吉村（現・八丈町末吉）の例に見られますが、少女の髪の毛三本です。かつて、兵隊の弾丸除けのお守りには看護婦さんの毛をもらうのがよいといわれていたことにも通じるでしょう。古くから、毛には不思議な力があるという信仰がありました。ちょっと気味が悪いですが、財布に蛇の抜け皮を入れておくとお金が貯まるという話もあります。

他にも歳末の酉《とり》の市の熊手、初詣の破魔矢などもありますが、お守りや縁起物のたぐいというのは、概して汚穢《おわい》なものに由来してきました。汚いものだからこそ逆に力があるという考え方です。

そのような民俗の伝承に興味をもって各地の調査をしてまとめたのが、自著の紹介で恐縮ですが、『ケガレからカミへ』（木耳社・新装版　岩田書院）という本です。ケガレが逆転していくメカニズム、つまりケガレ（死の力）の逆転がカミ（生の力）になるという法則性を導き出している論なのですが、それは柳田國男の「ハレとケ」、折口信夫の「まれびと」「よりしろ」に加え、新たに「ケガレとカミ」という対概念を、民俗学の分析概念として提示したものでした。

四十九日の間は、家の裏手に北向きに死者の着物を表裏逆さにしてかけ、毎日水をかけて供養する（埼玉県新座市）

死と葬送

次に、死と葬送について、民俗学で考えてみましょう。

まず、人間の死と葬送についてもっとも早くから関心を払い解説を試みてきたのは宗教です。日本では主に仏教の教えが、死にゆく者への念仏供養と冥途《めいど》での安心と幸福、そして極楽浄土への成仏を祈ることを教えてきました。一方、死を学問の対象とした早い例は、日本では民俗学の柳田國男の「葬制の沿革について」という論文からでした。その後、多くの民俗学関係者が参加して日本各地の葬送や墓制の調査や研究が蓄積されてきました。*

日本の民俗学が注目していったのは、まず具体的な葬送儀礼の構成についてでした。

①死の前兆、②枕直しと魔除けや枕飯、③葬式組、④通夜・湯灌・入棺、⑤葬式・穴掘り・野辺送り、⑥埋葬や火葬と墓地、⑦四十九日などの忌明け、⑧盆や彼岸や年忌の墓参や供養、⑨三十三年忌と弔い上げ

そして、それにともなうものとして、

⑩死者と死霊と先祖など遺体と霊魂の観念、⑪死の穢《けが》れの観念、⑫死者供養と極楽往生、⑬この世とあの世の交流

などという霊魂観念や他界観念について注目してきました。

一俵香典の例（福井県、小林一男氏提供）

死の前後の①②における作法や観念から見てみましょう。

身体から霊魂が離れていく不安定な時期には、邪霊や悪霊が近寄ってきて危険である、不安定な死者の霊も危険である、死が発散する穢れも危険である、それを抑え防ぐ力があるのは火・刃物・米飯である、という考え方でした。

③④においても、葬儀に際しての役割分担から、「血縁・地縁・無縁」という三者の関係性の中で死体と死霊とが送り出されるという、基本的な仕組みがあることがわかりました。血縁的な関係者というのはいわゆる家族や親族で、遺体に密着する枕直しや湯灌や入

棺や通夜の夜トギなどの役割を果たします。地縁的な関係者というのは隣組や葬式組、念仏講などと呼ばれる近隣の互助集団で、装具作りや台所仕事などの役割を果たします。無縁の立場というのは檀家寺の住職などの僧侶です。宗教的な職能者であり、謝礼として貨幣が必ず介在するので、無縁と位置づけられます。

血縁・地縁というのは相互扶助の関係で、その労働や作業の奉仕はおたがいさまです。貨幣も必要最小限の相互提供であり、謝礼や報酬としての貨幣は介在しません。近年の貨幣を包む「香典」というのは何かといえば、もともとは葬式の期間の食材として米や野菜を持ち寄ったのであり、「葬式三日」といわれたように三日間の葬式の手伝いとして参加者たちの飲食に充てるものでした。それが、葬儀に参加はしても共同の飲食には参加しないという関係者が増え、その変化によって近年のような香典が生じたのです。「香典返し」という習慣がそれをよく反映しています。

＊フランスの社会学者ロベール・エルツ Robert Hertz（１８８２〜１９１５）の「死の集団的表象の研究への貢献」“A contribution to the study of the collective representation of death”（1907）という論文で、のちに人類学者ロドニー・ニーダムによって“Death and the Right Hand”『死と右手』（１９６０）に収録され、日本でも『右手の優越—宗教的両極性の研究—』として多くの読者を得ています。死への対処として遺体の処理、霊魂の処理、社会関係の処理という三つの処理が不可欠という指摘などで、いまでも死をめぐる研究に大きな影響を与えています。

葬儀の基本構成とその変化

葬式というのはもともと、「共同参加」と「共同飲食」という二つの事柄が基本的な構成要素とされてきました。しかし1960年代からの高度経済成長期を経る中で、農村の人々の都市移住、農村の過疎化、職業の変化と職場の遠隔地化、乗用車の普及などにより、地縁的関係者に加えて個々人の勤め先や学校など、いわゆる社縁的な関係者がおおぜい葬式に参加する状態へとなり、「共同飲食」さらに「共同参加」という基本もくずれてきたのです。

およそ2000年代から一気に変化が進み、先に述べた②から⑥の多くの作業が、「血縁・地縁・無縁」という三者から、葬祭業者によって代替されるようになりました。葬祭業者というのは新しい関係者ですが、役割分担からいえば、僧侶と同じく無縁というカテゴリーです。職能に対する報酬を必要とする貨幣が介在する存在だからです。僧侶が宗教的職能者とすれば、葬祭業者は世俗的職能者として位置づけられるでしょう。

このような葬儀の急速な変化に対して、国立歴史民俗博物館では平成9年度（1997）とその翌年度に全国47都道府県の60名の調査委員の参加を得て、1960年代と1990年代の同じ家もしくは同じ地区の具体的な葬儀の実例の調査と比較を行ないました。* 民俗学で考える基本は、あくまでも具体的な事実をもとに考えることだからです。それらによ

日程	A　血縁	B　地縁（社縁）			C　無縁
	家族・親族	クミ・ムコウサンゲンリョウドナリ	講中	友人・仕事仲間その他	僧
当日	末期の水				
	北枕				
	枕飯・枕団子	諸役手配			
		帳場・死に使いなど	装具作り		
↓	（親戚からは香奠）	クミからのお金	シッセニ	香奠	
翌日	湯灌 納棺	台所仕事			
↓	通夜（夜トギ）	通夜（下働き）		通夜	通夜（読経）
3日	葬式	葬式	葬式	葬式	葬式
	野辺送り（白装束）		野辺送り（ふだん着）	野辺送り（喪服）	
			床取り		十三仏供養
		勝手念仏	講中念仏		
7日	ひと七日	ひと七日			ひと七日
49日	四十九日	四十九日			四十九日
1年	一周忌	一周忌			一周忌
33年	三十三回忌				三十三回忌

表11　人々の葬送儀礼への関与と作業分担

ると、1960年代の葬式では古くからの葬式のやり方が残っていたのですが、1990年代にはそれがずいぶんと変わっていたことがわかりました。

血縁者をA、地縁者をB、無縁者をCと設定します（表11）。

たとえば、遺体の湯灌の担当者はAだという例が60年代の葬式では49事例でしたが、1990年代には30事例に減少し、そのかわりにCが担当するという例が20事例へと増加していました。死に装束を縫って作るのが60年代にはAが31事例、Cが10事例だったのが1990年代に

＊『国立歴史民俗博物館資料調査報告書9』（全4巻）としてその成果が刊行されており、『葬儀と墓の現在―民俗の変容―』（吉川弘文館）、『民俗学が読み解く葬儀と墓の変化』（朝倉書店）などでその成果をふまえた論文が公開されている。

はAが5事例、Cが34事例へと変わるなど、多くの項目で同様の変化がこの30年間に起こっていたことがわかりました。

とくに注目されたのは、土葬から火葬へという変化です。1960年代では30事例だった土葬は、90年代には6事例に減っていました。火葬は25事例から51事例に増えています。そしてもう一つ、亡くなる場所も、60年代には家で39事例、病院で12事例だったのが、90年代には家で24事例、病院で33事例へと大きく変わっていました。

つまり、旧来のA家族と親族、B地域社会の人たち、C檀家寺の住職という三者のあい

土葬の墓地の埋葬地点（福井県）
野犬などの獣害除けの三叉竹と、その中に魔除けの鎌が吊るされている。

土葬の墓地の埋葬地点（栃木県）
棺桶をすえてイヌハジキをめぐらしてある。

だで培われていた「相互扶助」の関係を基本とする葬式が、1960〜90年代までの約三十年間に、経済的に一定の費用を必要とする病院や葬祭業者、公営私営の火葬場の職員の参画による葬式へと、全国的に大きく変化していることがわかったのです。その後の継続調査から、とくに平成12年（2000）前後を境に変化はさらに加速し、病院での死亡、葬儀業者による葬祭場セレモニーホールでの葬儀、公営や私営の火葬場での火葬というかたちが一般的となってきていることが明らかになっています。

死と葬儀の商品化

つまり、死と葬儀が「商品化」されるという問題が急激に起こってきているわけです。この変化について具体的に掘り下げた詳しい説明はここでは省略しますが、農村部や葬祭業者などを対象にして実地調査し、過去現在未来という時間幅のなかで、何が変わりやすく何が変わりにくいのかを考察することは大切です。同時に、新たな葬儀のかたちと、そこから生まれる新たな死への考え方についても洞察を試みてみるのもよいでしょう。

人の死をめぐる民俗の伝承において、長い歴史の中で重要とされてきたのは、遺体の処理と、霊魂の処理の二つです。遺体の処理については、近親者による遺体洗浄から葬儀式へ、土葬から火葬へ、納骨や散骨へ、という便利なかたちへと変化してきました。一方で霊魂の処理はどうでしょう。喜怒哀楽の人生を共にしてきた関係者にとって、先に送ることとなった死者の生命や霊魂に対する思いは、新たな変化の中でどのように配慮されているでしょうか。

かつて「共同参加」と「共同飲食」が基本だった葬儀の形は、現代においてはさまざまに簡略化されたり、「故人を偲《しの》ぶ会」や「初盆での供養」なども一般的になったりしています。そういった状況の中で、人の死を前にしたとき、人間と霊魂という問題に対する想像力は、現実の死者の身体と対面する機会が減ったことにより、やせ細ってきているのではないでしょうか。そういったことも、民俗学で考えるべき重要な点だと私は考えています。

死者の霊魂は息を引き取ってもしばらくは家の中にいて、天井や屋根や、自分の家を見ており、近所を歩いたりしている、それが見えるといっていた老婆の話を、かつて私自身も岡山県の山間部の村で聞いたことがあります。村の人たちも同じように語っていました。柳田國男が佐々木喜善から聞いた話を記した『遠野物語』にも、そのような死者をめぐる不思議な興味深い体験談が収められています。それらは人間の死と霊魂をめぐる歴史と、民俗の中の霊魂観について考察するときの重要な情報となるでしょう。

このように、従来は死者の霊魂はしばらくこの世に留《とど》まり、初七日や四十九日という節目を経て送り出されていったのですが。そこには、徐々にこの世から切り離されていく死者への弔意がありました。一方で、現代の葬儀を見ると、身近な人との死別に対する考え方は変化しつつあります。たとえば、平成に入った頃から遺族の死別の悲しみを支えるグリーフケアの考え方が広まり、死者を悼むと同時に近親者を亡くした自分への愛に慰めをもとめることに重きが置かれるようになりました。さらに近年では、読経供養や告別式を省いた直葬も行なわれるようになっています。民俗学はそういった状況にも冷静な観察眼と分析眼をもつことによって、人間の生と死という大きな問題を伝統文化の中で考えていくということが大切ではないかと考えています。

（新谷）

【参考文献】

新谷尚紀『死と人生の民俗学』曜曜社出版、１９９５年
新谷尚紀編『講座日本民俗学２　不安と祈願』朝倉書店、２０２０年
新谷尚紀「出産と育児」（『講座日本民俗学４　社会と儀礼』）朝倉書店、２０２１年
新谷尚紀『日本人の葬儀』角川ソフィア文庫、２０２１年
新谷尚紀『お葬式―死と慰霊の日本史―』吉川弘文館、２００９年
新谷尚紀『葬式は誰がするのか―葬儀の変遷史―』吉川弘文館、２０１５年
新谷尚紀・岩本通弥編『都市の暮らしの民俗学３　都市の生活リズム』吉川弘文館、２００６年
柴田純『日本幼児史―子どもへのまなざし―』吉川弘文館、２０１２年
瀬川清子『女の民俗誌』東京書籍、１９８０年

谷川健一・西山やよい『産屋の民俗　若狭湾における産屋の覚書』国書刊行会、1981年
藤田真一『お産革命』朝日新聞社、1988年
伏見裕子『近代日本における出産と産屋』勁草書房、2016年
吉村典子『お産と出会う』勁草書房、1985年
大林道子『お産　女と男と』勁草書房、1994年
大林道子『出産と助産婦の展望』メディカ出版、2001年
佐々木美智子編『21世紀のお産を考える』岩田書院、2003年
鈴木由利子『選択される生命　子どもの誕生をめぐる民俗』臨川書店、2021年
関沢まゆみ『現代「女の一生」　人生儀礼から読み解く』NHKブックス、2008年
関沢まゆみ編『民俗学が読み解く葬儀と墓の変化』朝倉書店、2017年
国立歴史民俗博物館編『葬儀と墓の現在』吉川弘文館、2002年
安井真奈美編『産む・育てる・伝える　異文化のお産に学ぶ』風響社、2009年
安井真奈美編『出産環境の民俗学』昭和堂、2013年
白井千晶編『産み育てと助産の歴史』医学書院、2016年
大出春江『産婆と産院の日本近代』青弓社、2018年

コラム　「鬼に金棒」――柳田國男と折口信夫

柳田國男とならんで知られる民俗学者が折口信夫です。二人の最初の出会いは大正4年（1915）、『郷土研究』誌上の「柱松《はしらまつ》考」と「髯籠《ひげこ》の話」という二つの論文でのことでした。

柳田は手間をかけて多くの関連資料を集め、総合的に情報を整理しながら分類比較をし、多様な民俗伝承の中にも通貫する分析概念の発見をめざしていました。また、それぞれの民俗伝承の差異の中に、生活変遷の段階差があることを追跡しようとしていました。一方で折口信夫は、多様な民俗伝承の中に重要な共通点を鋭敏な感覚で見つけ出し、明晰な分析概念を抽出しようとしました。依り代、常世《とこよ》、まれびと、予祝、もどき、外来魂などの民俗学における貴重な分析概念は、折口によって見出されたものです。

真逆ともいえる分析方法をとった二人ですが、柳田のまわりくどいほどの資料情報収集と分類比較研究という視点と方法とをもっともよく理解していたのは、ほかならぬ折口でもありました。

昭和4年（1929）の「民俗学学習の基礎」で折口は、『民俗学では（中略）我々の断片的な知識を継ぎ合はせて元の姿を見る事が出来るのである。民俗学はこういう点でも少し歴史と変わっている」といい、学生たちに次のように教えていました。「材料は多く集めなければならぬ。多く集めると共に、その材料が学者の皮肉の間にしみこんでいなければならぬ。何かの時に一つの戸を開ければ、それに関係ある事が連繋して出て来なければならぬ。それにはどうしても我々自身が体験し、実験して見なければならないのである」そして、「断片をつなぎ合して一つの形を得るのは、我々の実感・直感（実感・直感＝洞察力：筆者注）である」と。続いて折口は、自ら材料を訪ね探すことの重要性を説きます。採訪を疎かにして実感を深くとり入れないと、「連繫的な物」に出会っても「本道な感じ」が浮いて来ない。自分で歩いて採訪するのが本道で、それが出来ない時には本から材料をカードに記入しておく。「採訪」と「カード」の二つは必須だといい、その点で「柳田先生は鬼に金棒」であるというのでした。

また、昭和9年（1934）の「生活の古典としての民俗」では、民俗の変遷についてさまざまな段階差が生活伝承の中に残っていることに注意することの大切さを指摘したうえで、次のような事例を挙げています。

「さらに、これに関連して考えられる事は、偶然ある地方に残った事から、それが、元は一般に行われた事であろうと、たった一つの事に普遍性を認める事が出来る場合のある事だ。すなわち、地方のある古典（古典＝民俗：筆者注）として残ったもので、その地方にだけしか見られない事でも、それに似た事が過去にもあって、この二つに繫がりがあるとしたら、それはかつて一般に行われた事だと認めていい様だ。もちろん、それには、理会力が必要である。理会力は出し過ぎてはいけず、観察は常に鋭くなければならないのである。一例を挙げると、信州・三州の山間には、今でも、しゃちという語が残っている。猟師の鉄砲弾丸の中にあるもので、最後の一つに残ると信じられ、それを射ってしまうとしゃちを失う事になるので、必ず、その一つを残す。しゃちをつなぐと言うている。これは、今では鉄砲弾丸にあると言われているが、必ず、弓矢の頃からあったものに相違ない。その頃には、弓矢のどの部分にあったかは訣らないが、とにかく、弓矢なら古代へも続くわけで、その時代にまで持って行くと、この意義が訣る。古事記に、海幸彦・山幸彦の話があるが、これは、幸の字をあてた為に訣らなくなってしまうたのであるが、万葉集には既に得物矢《サツヤ》があてられている。すなわち、ものを得る事・獲物をする事に関係のある語で、猟をする威力の根源がさち・さつであった。古代には、この威力を持った者が社会で力ある人だったので、山の獲物をする威力を持った人が山幸彦、海の獲物をする威力を持った人が海幸彦であったのだ。元は、體に入る―外来魂の密着―と感じたのであるが、それが弓矢にも着くと信じた。その外来魂が、さち・さつで、それのついた矢がさつや・さちやであったのだ。それが鉄砲にまで伝ったのである。この様に、今では理会の及ばない信仰となって残ったしゃちが、実は、大昔の海幸・山幸にまで繫がっているのである。たった一つの例ではあるが、この比較研究はなり立つと思う。民俗学では、採訪と研究とが一つなのである。論理でつながるか否か、それを判断するものは、採訪の際に得た実感（実感＝洞察力：筆者注）である。すなわち、単なる知識として受け入れるのでなく、自己の生活の内容にまでするのが実感である。同時に、比較の材料が豊富でなければならない。それには、読書万巻が必要だという事にもなるのである」。

ここで注目されるのは、第一に、折口が柳田に学び、その比較研究法の有効性とその解読力について驚くほどよく理解していたということです。そして第二に、その一例として挙げた、「しゃち・さち・さつ」という語の深い意味世界についての折口ならではの鋭い洞察力です。猟をする威力の根源が、さち・さつであり、その猟の威力と獲物の獲得とが外来魂の密着であり、その体に入る外来魂が、さち・さつである、というのです。そのさち・さつに、古事記では「幸」の漢字があてられていますが、万葉集では「得物矢《サツヤ》」の漢字が充てられています。

大夫《ますらを》の　得物矢《さつや》手挿《たばさ》み　立ち向ひ　射《い》る圓方《まとかた》は　見るに清潔《さやけ》し　［巻1　61］

このようなさち・さつの古語の意味するところからすれば、幸《さち》とは自然の恵みを獲得する威力であり、それを体内化していく生命力である、ということになります。折口のこのような視界から想定するなら、現代人の口にもしばしばのぼる幸運であれ、とか幸福であれ、という意味の応援の言葉、「幸あれ」という言葉のもとの意味とは、人間の生活を豊かにしてくれる自然界の山の幸や海の幸を獲る霊威力のことであり、それを生命力としていく力のことであったと考えられるのです。

日本の民俗学を学ぶ上では、柳田國男のまわりくどい民俗伝承に関係する資料情報収集へのこだわりと、その柳田をもっとも深く理解し終生尊敬していた折口信夫の鋭敏な洞察力の両方に学ぶことができれば、もう誰でも「鬼に金棒」といってよいでしょう。

（新谷）

第５章　民俗学で考える「祭礼行事と芸能」

1 毎年行なう行事（年中行事）

毎年巡る季節の中で、定められた時期に行なわれる行事を、民俗学では「年中行事」とか「歳時習俗」と呼びます。皆さんにもなじみ深いものとしては、「お正月」や「お盆」、「ひな祭り」や「こどもの日」などが挙げられるでしょう。これらの年中行事の特徴は、日本人の信仰と生産労働に密接に関連しているという点です。現在、私たちの暮らしの変化によって年中行事が変化し消失しつつありますが、昔から伝えられてきた季節ごとの信仰と労働についての考え方を理解するために、年中行事を知ることは大切なことです。

年中行事と歳時習俗

「年中行事」というのは、元々は宮中で使われてきた言葉で、天皇と公家の間で行なわれてきた行事を指していました。宮中の年中行事は、朝廷と公家による政治組織と政治権力とを、一年という循環の中で維持し活性化させ続けるための仕組みです。つまり、成員の参加によって組織の集結力を確認するという機能がありました。一年の季節ごとの行事を行なうにはそのための知識と儀礼とが必要であり、それらは有識故実《ゆうそく》と呼ばれ、習熟することが公家たちには求められました。宮中での行事を指していた年中行事は、時代が降る中で、武家や寺社の年中行事という意味でも使われていきます。

一方で、農山漁村や町方に住む一般の人々の毎年の季節ごとの行事は、古くは「歳時習俗」という言葉で説明されてきました。民間の歳時習俗を紹介した早い例は、江戸時代前期の本草学者・儒学者の貝原益軒とその甥《おい》である好古《よしふる》が民間の歳時習俗をまとめた『日本歳時記』（1688）です。民間の歳時習俗の解説を試み、たとえば、小正月の粥杖《かゆづえ》*や盆の生見玉《いきみたま》**などの歴史記録を紹介し、それらの事例が地方ごとに異なりながら民間にも伝えられている点を指摘しています。

その後、江戸時代の歳時習俗の記録として有名なものには、幕臣であった屋代弘賢によって各地に発送された質問状『諸国風俗問状』と、それに対する答えの『諸国風俗問状答』があります。いわば日本各地の風俗に関するアンケート調査で、その中には歳時習俗

＊粥杖：小正月の粥を煮るときに、かきまわす棒。これで女の腰を打つと、懐妊して男子を産むといわれた。
＊＊盆の生見玉：盆に先祖を祀ることに対して、生きている親に食物を勧める習慣。

に関する内容も含まれていました。また、江戸時代後期の天保年間には、斎藤月岑《げっしん》が『東都歳事記』を著し、江戸の町の祭礼や歳時習俗の様子を伝えています。そこでは「端午の鯉のぼり、七夕の七夕飾り、当時の柚子湯など、いずれも近年のならはしなり」と記されており、歳時習俗の内容にも新しく起こったものや変遷があるという重要な情報を記していました。

年中行事と暦の関係に着目した柳田

各地に伝えられた歳時習俗は、民俗学において「年中行事」として研究されるようになりました。折口信夫「年中行事」や柳田國男「民間暦小考」などが早い例です。

柳田國男は、各地の年中行事は新旧さまざまの過程を伝えており、古い民間暦をうかがい知るためにも重要だと考えていました。昭和6年（1931）の「民間暦小考」での指摘をまとめてみましょう。

①年中行事に該当する恒例のハレの行事を指す言葉として、「セチ」や「オリメ」などがあった。

②暦の制定は中央（朝廷や幕府や政府）によって行なわれていたが、一方で各地では生活のための民間暦が墨守されてきた。

③紙に刷られた暦が一般にも普及し、年中行事の由緒が文字を以て解説されるようにな

ったことで、各地で主に口頭によって伝承されてきた民間暦は衰微していった。
④広い範囲で同じ項目について調査を行ない、その結果の比較から前代の社会やものの考え方を探る必要がある。

明治時代は暦においても大きな動揺があった時期でした。明治6年（1873）に新暦（グレゴリオ暦）に改められると、従来よりも約一か月、暦が前倒しとなったのです。人々は季節感のズレに困惑しながらも農作業との折り合いをつけて、時間をかけながら新たな暦を受け入れていきました。「民間暦小考」が書かれた当時はまさに新暦の受容・定着の最中でした。

年中行事の繰り返しに注目した折口

また、柳田の学問の深い理解者であった折口信夫も、昭和5〜7年（1930〜32）にわたって雑誌『民俗学』に「年中行事」という文章を掲載しています。その中でその後の研究への重要な指摘としては次のようなものがありました。

①民間の生活に書物は乏しかったが、田舎には昔からの風俗習慣が必要であり、年中行事が人々の生活を支配しそれを進歩させていった。毎年繰り返される年中行事は昔を伝えるものであるために〝生活の古典〟と言える。
②年中行事の根本の理論は繰り返しであり、春に行なったことを夏や秋にも繰り返し行

なっている。

③年中行事の多くは、神迎えと神送りで構成されている。古くは神の来臨の時期は初春のみだったが、人々がそれだけでは心細いと思うようになると、神の来臨の度数を増やし、さらに臨時にも願うようになった。年中行事を確認すると、定まった神迎えと後からできたものとがあることがわかる。

④年中行事の研究では民俗資料を細かに採集し、合致した点と相違した点とを比較研究する。それによって資料の新旧を知り、価値を定めることができる。

柳田と折口の意見には異なる部分もありますが、ともに年中行事の調査結果を比較研究することでその変遷を明らかにし、日本人の暮らしや考え方への理解を深めていこうとしていたのでした。

月の形を目安にした行事

すべての年中行事の解説は、限られた紙幅の中ではとてもできませんが、ここでは特徴的なものを紹介しておきましょう。

まず、8日・15日・23日などに行なわれるものです。これらは月の形を目安にしたと考えられます。明治5年（1872）まで用いていた旧暦（太陰太陽暦）では、一か月がそのまま月の月齢（満ち欠け）に対応していたからです。月は約29・5日の周期で満ち欠けするので、30日の大の月と29日の小の月とを配分して十二か月配置することで一年としていました。ただしその場合、一太陽年（地球が太陽を一周するのにかかる時間＝365日）には約11日足りないため、次第に季節とのズレが大きくなってしまいます。ですから旧暦では19年7閏《じゅん》といって19年に7度の割合で、閏月《うるうづき》を設けて一年を十三か月にすることで対応していました。

そのような旧暦では、1日は必ず新月から始まり、7日には上弦の月、15日には満月、22日には下弦の月と、月は決まった形を見せました。その月の形を目安にしていたので、8日・15日・23日頃に行なう年中行事が多く報告されています。具体的には、2月8日に厄神除けを行なう「コト八日」、1月15日にその年の豊作を願ったり占ったりする「小正月」、11月23日に小豆粥を供える「大師講」などが挙げられます。

柳田國男は、晦《みそか》と朔《さく》の境は自然観察からはわかりにくいことから、古くは満月を以て一か月や一年の変わり目としていたのではないかと指摘していました。田舎には、「オオトシ」と称する大晦日から元旦への年越しと、「ワカトシ」と称する1月14日から15日への年越しが併存している事例があるからです。また、月の1日を重視する風潮は新暦が普及して以降に定着したもので、1日に行なわれる年中行事も比較的新しいものではないかともいっています。

一年両分

柳田と折口がともに指摘したものに、正月の行事と7月のお盆の行事との類似性があります。

お正月とお盆は、ちょうど一年十二か月を六か月ずつ両分するように行なわれています。現在のお盆は、改暦による季節のズレに対応して月遅れ*の8月に行なう地域が多いのですが、古くはお盆は7月13～15日に行なわれていました。小正月も1月14日の夜から15日にかけて行なわれます。

折口は一年両分の理由として二つの事柄を挙げています。秋の実りが危ぶまれたり悪疫が流行したりした際に、悪い状態を脱するために6月前後に「仮作正月」をする習慣があること。そして、正月と盆の霊祭《たままつり》が共通していることです。一方で柳田は、正月と盆の要素が類似していることを理由に挙げました。たとえば、春の最初の満月である「小正月」と秋の最初の満月である「盆」、正月の「年神棚」と盆の「精霊棚」、そして、ともにミタマサマの供物として握り飯を供える地域のあることなどです。一言でいえば、一年十二か月のうち六か月ごとに、ミタマやショウリョウ、センゾなどと称される霊的存在を迎えて祀り、また送ることを繰り返してきたことに、ふたりとも注目したのです。

生産労働に紐づいた年中行事

年中行事は、一年の生産労働とそれにまつわる信仰にも大きく関係しています。初春には豊作を祈り、初夏の田植えに神を迎え、秋には新穀を以て豊穣を感謝するなど、農作業の大切な時期に神を迎え祀ることが行なわれてきたのです。

たとえば、初春には「ナマハゲ」（秋田県男鹿《おが》市）や「アマメハギ」（石川県輪島市・鳳珠《ほうす》郡能登町）、「トシドン」（鹿児島県薩摩《さつま》川内《せんだい》市下甑島《しもこしきしま》）といった神や精霊や妖怪のようなものが訪れる行事が各地で伝承されています。彼らには怠け者を戒《いまし》め、豊穣や幸福をもたらすとの伝承があり、人々はその年の豊作を願うのです。また、「春田打ち」や「田遊び」と称して一年中の稲作の様子を演じて、予《あらかじ》め今年の豊作の出来をほめる行事もありました。

田植えに神を迎える事例としては、中国・四国地方では初田植に田の神を迎える儀礼を「サンバイオロシ」と呼びます。また、田の畦《あぜ》に米・鰯《いわし》などの供物を柿やつげの葉に載せて供え「千石も万石もとれるように」「くろとり安うするように」などと唱えたりします（愛媛県伊予三島市上猿田／現・四国中央市）。そして、秋の刈り上げの際にも神の来臨を乞

＊月遅れ：明治6年（1873）の改暦によって一か月のズレが生じたために、新暦の日付から一か月遅らせて行事を行なうこと。特に、新暦7月は稲作の繁忙期に当たるために、東京都を除いた多くの地域で月遅れの8月にお盆行事が行なわれている。

い、収穫のお礼をし、また来年の豊作を頼みました。全国的に9～10月に祭りが多いのは、収穫感謝のためなのです。

江戸幕府が式日と定めた五節句

五節句とは、1月7日の「人日《じんじつ》」、3月3日の「上巳《じょうし》」、5月5日の「端午」、7月7日の「七夕」、9月9日の「重陽」の総称です。五節句は江戸幕府によって式日（儀式を行なう日）として定められました。

五節句に共通するのは、身の穢れや災いを取り除くことです。人日には春の七草粥を食べることで年中無病になると信じられていました。上巳には自身の罪穢れを人形《ひとがた》に移して水に流して清めました。端午には家々の軒端に香りの強い菖蒲《しょうぶ》や蓬《よもぎ》を葺き、菖蒲酒を飲むことなどで邪気を払いました。七夕には汚れがよく落ちるといって、その日に洗髪をしたり、一日に七度水浴びをしたりしました。重陽には菊花酒を飲み、菊に降りた朝露を真綿に移して顔や身を拭《ぬぐ》うことで長寿を願いました。

ここで「民俗学で考える」うえで重要なのは、文献を以て説明される五節句の中にも変遷があるということです。6世紀に古代中国の長江中流域の歳時習俗を記した『荊楚《けいそ》歳時記』などが、日本の奈良時代以降に貴族たちに大きな影響を与え、それらの情報が武家にも伝わり、五節句として定められることで広く民間にも定着していったようなのです。ただし、民俗の事例を調べてみると、中国から伝わったもの以前に、日本で行なわれてきたと思われる素朴な行事が下敷きとして存在していたことがうかがえます。

たとえば、平安時代の宮中では上巳に、庭の流水に盃を浮かべ、自分の前を通り過ぎる前に和歌を読むという風流な「曲水の宴」が催されていましたが、現在ではほとんど行なわれていません。また、人形《ひとがた》は自身の罪穢れを移して水に流し捨てるものでしたが、それと同時に平安時代中期には公家の子女の間で人形《にんぎょう》を使ったひな遊びが定着していました。江戸時代初期頃にはその人形を女の子に贈る習俗もおこりました。さらに、江戸幕府によって五節句のひとつに定められて以降は、裕福な商人たちなどにもひな飾りが徐々に広まっていったのです。

華美なひな飾りが定着する一方で、民間の女性たちには「浜降り」や「山遊び」といって浜辺や山野で一日飲食して遊び、川の水で身を清める行事が伝えられていました。春になると川の水も温まってくるからでしょう。その春の初めに身を清める行事に、人形を流す行事が重なっていき、現在のようなかたちへと発展していったようなのです。

ものごとが伝わっていく過程においては、徐々に新しいものがオーバーラップして定着していきますが、元々あった伝承がすべて消えるわけではありません。混合され、取捨選択されながら、現在まで伝えられています。それは、昔から連綿と続いているように思える年中行事も例外ではありません。伝承のなかにも変遷があることを観察するのが、民俗学においては大事な視点です。

年中行事は私たちの暮らしに密着しているために、暮らしの変化の影響を受けざるを得ません。とくに、高度経済成長期を経て産業構造が変わり、また農業においても機械化が進んだことで、農業に関わる年中行事の多くは消失しつつあります。さらに、少子高齢化を受けて継続が困難な行事も各地に多くあります。

ただし、子どもの成長を願う行事、商業活動に関連する行事は継続される傾向にあります。たとえば、上巳の節句や端午の節句は人形メーカーなどによって伝統ある行事として説明され、現在でも子どもの初節句のお祝いとして、女の子にはひな人形が、男の子には鎧兜《よろいかぶと》飾りが贈られます。近年では、現代のインテリアに合わせたコンパクトかつモダンなデザインの人形も販売されており、そういった人形メーカーの商業努力も継続の理由のひとつと言えるでしょう。

変化し続ける現代社会において、年中行事をどのように研究していくかは、まさに現在と次世代の研究者に委《ゆだ》ねられています。

（岸澤）

【参考文献】

柳田國男「民間暦小考」（『新たなる太陽』）修道社、１９５６年

折口信夫「年中行事」（『折口信夫全集』第15巻）中央公論新社、１９７６年
田中宣一『年中行事の研究』桜楓社、１９９２年
新谷尚紀・波平恵美子・湯川洋司編『暮らしの中の民俗学２　一年』吉川弘文館、２００３年
新谷尚紀「年中行事」（『講座日本民俗学３　行事と祭礼』）朝倉書店、２０２１年
新谷尚紀『日本人の春夏秋冬』小学館、２００７年

2 祭りを行なう意味と、祭りがもたらすもの

四季のめぐりの中で、日々の生産と生活の安定のために工夫され伝えられてきたのが、労働の合間に行なわれる年中行事や歳時習俗でした。とくに天然自然の八百万《やおよろず》の神々に豊作祈願や豊漁祈願、また疫病退散などを祈願するのが祭りでした。一口に祭りといっても、京都の祇園祭のような盛大なものから、各地の町中に屋台のならぶ夏祭り、地域の人々を中心に行なわれる秋祭りなど、内容はさまざまです。ですが、祭りの根幹は神々へごちそうを作って供えるとともに、人間にとっても休みの日であり遊べる日でもあるということがいえます。稲作の労働と休息という循環によって営まれる生活において、その休息の中に神々への祈願と祭りとが組み込まれていたのでした。そのような働くことと休むことのくり返しの関係を民俗学ではハレとケと呼んでいます。

神社の祭り

日本の祭りは、稲作を中心とする生活から生まれました。稲作の平穏を自然の神々に祈念するのが、日本の祭りの基本です。古代の「神祇令《じんぎりょう》」*の規定では、次の祭りが記されています。

・仲春（なかのはる）　2月　祈年祭：五穀豊穣を祈願
・孟夏（はじめのなつ）　4月　大忌祭：風水害の災難除けを祈願
・孟秋（はじめのあき）　7月　風神祭：風水害の災難除けを祈願
・季秋（すえのあき）　9月　神嘗祭《かんなめさい》：収穫を感謝し、新穀を伊勢神宮の天照大神《あまてらすおおみかみ》に供える
・仲冬（なかのふゆ）　11月　新嘗祭《にいなめさい》：収穫祭。新穀で炊いた飯と醸した酒を、宮中で天皇もみずから飲食して祝う

新嘗祭では、臣下も豊明節会《とよのあかりのせちえ》と呼ばれる直会《なおらえ》に参列してともに祝いました。宮中とは別に、庶民も自分たちの村や町で、秋の収穫のあとには同じく、新米や新粟を炊いた飯と醸した酒を飲食して神を祭り祝います。

宮中ではこれに加えて一年を二分する6月と12月に、稲作と季節の順調な運行を祈願す

*神祇令：奈良時代から平安時代にかけて国家の基本法であった律令の中で、神祇信仰にもとづく公的な祭祀の基本を定めた部分をいう。

出雲大社の龍蛇さまの神迎え

る二度の月次祭《つきなみさい》が行なわれていました。そのようにして毎年、一年を通じて稲作に災害がないように、豊かな収穫が与えてもらえるように、自然の神霊と精霊へ祈願してきたのが日本の祭りの基本でした。

日本各地の古代の首長たちによる神社の祭りも宮中の祭りと連動してはいましたが、一方で、古くからそれぞれ特徴のある神事や祭りも行なわれていました。各神社に伝わる「古伝祭」と呼ばれるものがそれです。

たとえば、出雲大社で旧暦10月に行なわれる神在祭《かみありまつり》があります。旧暦10月は「神無月」と呼ばれているように、全国各地の神々がみんな出雲に出かけてしまい地元にはいなくなってしまうといわれるのですが、出雲では逆に「神在月」といい、毎年荒れる日本海から来臨する龍蛇さまと呼ばれる海蛇を出雲大社や佐太神社では、丁重に神社に迎えて祀ってきています。

島根半島の東端の内浦の良港、美保関に鎮座する美保神社では、一年のうちの最大の祭りは4月の青柴垣神事《あおふしがきしんじ》と、12月の諸手船神事《もろたぶねしんじ》です。明治18年（1885）までは、旧暦3月3日と旧暦11月の初午日に行なわれていた神事でした。いずれも古代の国譲り神話にちなむものと言い伝えられています。

また、長野県の諏訪大社も古い由緒を伝えている神社ですが、毎年の正月元旦、蛙狩《かわずが》りの神事といって蛇の好物の蛙を供える神事があります。御柱祭もよく知られてます。6年ごとに、4月から5月にかけて樅《もみ》の木の巨木を上社の本宮と前宮、下社の春宮と秋宮の社殿地の四隅に建てる祭りです。上社前宮で行なわれる御頭祭《おんとうさい》という祭りでは、鹿の頭や肉や雉子《きじ》の生贄などが神饌とされています。伊勢神宮をはじめ日本各地の神社では供物として獣肉は避けられるのがふつうですが、諏訪大社の祭りでは、むしろ獣肉が神前に供えられるのです。

諏訪大社の鹿の頭の神饌

このように古い神社の祭りには、宮中の稲の祭りとは異なる系譜と考えさせるような、さまざまな特徴があります。それらの歴史を調べると同時に、現在行なわれている祭りを調査することで、古くから伝えられている祭りの意味を読み解いていくことができるでしょう。

一方、日本の祭りとしては、各地の村や町ごとに祀られている氏神さまや鎮守さまの祭りが圧倒的に多いでしょう。それらの神社の多くは、土地在住の氏子たちと、宮司や禰宜《ねぎ》と呼ばれる神職、神主が一緒になって祭りを執り行なっています。祭りは祭礼ともいわれますが、それはあらたまった言い方で、神社の神職を中心とした神事の部分と氏子や信徒が参加する神輿《みこし》の渡御や山車《だし》の巡行、それに神楽や田楽などの芸能も加わり、参拝客や観光客なども集まるような規模の大きな祭りをとくに祭礼と呼んでいます。

以前、神社とは何かということで、日本各地の氏神や鎮守の歴史をたどってみたことがあります。それらの神社は、地域の農民たちが安心して稲作ができ、領主も豊かな年貢を取り立てることができるように、平安後期から鎌倉にかけて武士の支配のもと創建されたものが多くありました。室町から戦国時代を経て整備が進みますが、江戸時代になると、支配者であった武士たちが幕藩体制のなかに組み込まれ、ほとんどが所領から離れて各地の藩に移らされてしまいます。そのため、次には農民たちが中心となり、氏子として地域の五穀豊穣と村内安全を祈願する現在の形の神社へとなっていきました。ですから、日本各地の氏神や鎮守の祭りは、稲穀の生産と年貢の納入のための稲作のリズムに沿ったものので、春の祈年祭と秋の収穫祭を基本に、とくに秋の収穫祭が中心になっています。

収穫を感謝する秋祭り

秋祭りの中には、神主よりも村の長老が中心になって氏神を祭る例もあります。奈良市の市街地から東方の山間部に入った東山中《ひがしさんちゅう》と呼ばれている地域に、大柳生《おおやぎゅう》という村（現・大柳生町）があります。その氏神である夜支布山口神社《やぎゅうやまぐちじんじゃ》の例祭は10月で、やはり秋の収穫祭です。

注目されるのは、祭りを担う集落の男性たちが参加する「宮座」と呼ばれる祭祀組織がしっかりあるという点です。氏子の家の男子が数え年の15歳になると、その宮座に「座入り」し、神社では長老衆を頂点とする年齢順の座席に座り、祭礼の準備をその年齢によって分担して務めます。ふだんの神社の掃除なども宮座の座員のしごとです。年齢順に座員としての下働きを務め、45歳になると初老、50歳になると中老、60歳になると老中と呼ばれます。60歳から63歳までは奉行家《ぶぎょうや》と呼ばれ、先輩の長老衆のための食膳を整える台所仕事などの奉仕を三年間務めます。県庁の管理職とか会社の重役であるといった世俗的、社会的な身分はこの地区の宮座では関係なく、とにかく年齢が大事なのです。80歳代後半の最長老が一老、次が二老、そして三老で、その三人を最高位とし、それにつづく上位八人の年長者である八人衆とで、氏神の神社の祭りを総括しています。

かつて八人衆に入れてもらえる頃には、大きな役割が回ってきました。「当屋《とうや》」の役です。氏神さまの分霊である夜支布山口神社の明神様のご神体を自宅で一年間預り祭る役です。先の当屋から受け継ぎ、その務めを担うことは家族や親族一同にとって、とても光栄なことなのです。明神様と呼ばれる神聖なそのご神体の箱は、家の座敷に特別な棚を高く設《しつら》えて祭り、その下で当屋は寝起きし、肉食が禁止なだけでなく、妻や娘であっても女性はその部屋には入れません。掃除なども自分でします。当屋役は一生に一度だけ、氏神への奉仕に徹底する一年間を過ごすのです。体験者や家族はみな、晴れ晴れとした気持ちで身体も元気になるといいます。

当屋の家では10月の例大祭を迎える前の8月に、大勢の近親者により盛大な宴会が催され、地区の若者も集まって太鼓踊りが座敷に祀られている明神様に向けて奉納されます。宴会の費用はおよそ300万円以上と莫大なのですが、近親者が出し合い、当屋として明神様を預かることができた老人の長寿の祝いを込めてまかなわれます。収支は身内で精算され、外部の業者を立ち入らせない経済感覚は現場でしっかりと伝えられています。

つまり、こういった宮座を作り伝えているような村落では、氏神の祭りは氏子の長寿を祝うというのが基本であり、長寿を授けられた長老衆は、毎年の稲の魂を氏神から年玉として与えられた証《あか》しとしての存在と位置づけられているのです。そして、氏神さまからその年玉を多く与えられた老人に対する尊崇の気持ちが、氏子たちにとっての希望にもなっています。稲の祭りと延命長寿とが基本となっているわけです。

悪霊や疫神退散を目的に始まった夏祭り

京都の祇園祭に代表される夏祭りは、人口集中による衛生不安と疫病の蔓延《まんえん》という危険に悩まされる都市の祭りとして発展してきたものです。古くは疫病の原因は悪霊や厄神だと考えられていたので、華美な装飾でそれらの厄神や魑魅魍魎を引き寄せて、鉦《かね》笛太鼓のにぎやかな祇園囃子《ばやし》の音曲とともに退散させ、災厄から免れようとしたのです。その祇園囃子の音曲自体も魅力的で、都市の多くの見物者を集めて楽しめたことから、さまざまな芸能を生み出す母胎にもなりました。夏祭りは、先にみた五穀豊穣の秋祭りとは違い、災厄を祓え清めて、安全な生活を守るためというのが基本でした。

祇園祭の流れを少し見てみましょう。祇園社の三基の神輿の御旅所への渡御はもとは旧暦6月7日が神幸、14日が還幸でしたが、新暦となった現在では前祭が新暦7月17日、後祭が7月24日です。前祭の7月17日午前、まず各町の山鉾《やまぼこ》が四条烏丸《しじょうからすま》に勢ぞろいし、長刀《なぎなた》鉾を先頭に二十三基もの山や鉾が所定のコースを巡行します。そのあとに、祇園社から出る三基の神輿の四条通寺町の御旅所への渡御があります。観光客には山鉾巡行が中心に見えるかもしれませんが、この三基の神輿の渡御が、平安時代から伝えられてきた古くからの祇園祭の基本です。

巡行する山鉾の数は年によって異なりますが、令和5年（2023）には前祭で二十三基、後祭で十一基でした。民俗の伝承ということでいえば、古くから別々であった前祭と後祭が、昭和41年（1966）に一時期合同されたこともありました。つまり17日にすべての山鉾が同じコースを巡行していたのです。しかし平成26年（2014）からは後祭が復活して古いかたちに戻り、現在に至っています。

都市祭礼

一方、そのような伝統的な祭りとは別に、現在多くの人たちに知られているのは「都市祭礼」と呼ばれるたぐいかもしれません。これらの祭りは比較的新しいものです。たとえば、平安神宮の時代祭り（1895）、金沢の百万石まつり（1952）、名古屋まつり（1955）、甲府市の信玄公祭り（1970）、神戸まつり（1971）等々です。観光化された祭りはマスコミによる宣伝効果もあり、それが「日本の祭り」だと思っている人も多いことでしょう。もちろんそれぞれ地域の活性化などの大切な役割がありますが、それらはむしろイベントといった趣でしょう。民俗学ではそれらの新しい祭りと、古くからの神社の祭りとを分けて考えます。

都市祭礼の特徴は、観客動員に伴う経済効果が主な目的であることが多く、行政や商工会や企業などの動員によって運営、宣伝されることです。神社や神を必ずしも必要としません。ただし一方で、都市祭礼には観客という要素が重要であり、不可欠です。また、現代社会においては、神を祭る伝統的な神社の祭りであっても、観光資源としての意味を活用する工夫が盛り込まれている例も多くあります。その収益の多くは神社の維持経営を援《たす》けるためというのが基本で、それはそれでよい工夫です。

民俗学では、古くからの祭りも新しい祭りも、その歴史と伝承、移り変わりの実際について、人員の参加や資金の提供という基盤を見定めながら、どのような人員参加をめぐる力学的な関係の中にそれらの祭礼が存在し、社会の中で機能しているのかを考えていきます。

祭りの四つの役割

さて、これまで祭りの意味とその内容について見てきましたが、祭りは担い手たちに何をもたらしているのかについて考えてみましょう。

現代の都市に暮らす人々にとっては、祭りは観客として楽しむものであり、自分が担い手として参加することなど考えられないかもしれません。しかし、その一方で、地方では過疎化の中にあっても祭りを継続するために工夫を重ねている担い手の人々が多くいます。伝承されてきた祭りの担い手にとっては、祭りはけっして単なる娯楽ではないのです。祭りや行事が私たちの生活にもたらす効果を、四つ挙げて説明してみましょう。

第一には、人々の生活を慢性化から救い出して再活性化し、持続させるという役割です。日本各地の祭りや行事をみると、祭礼や行事がその地域を活性化し、その町や村を元気づけているという例をいくらでも見出すことができます。

第二には、祭礼や行事にはその準備が必要であり、参加者たちの人間関係が磨かれるという役割です。資材や道具、設備の設営などの細かい計画と実行のためには、多くの参加者や協力者が必要です。しかも無報酬の奉仕の人たちです。また人数を集めるだけではなく、知識と技能と経験を積んだリーダーが不可欠です。リーダーのもとで参加者が役割分担をして実行に移す、いわばシステマティックな運営が、どのような祭礼や行事でも実現されています。

第三には、その人間関係、知識や技術が、一緒にやり遂げたという共通体験とともに貴重な記憶の財産となり、受け継がれていくという点です。それには無報酬という点こそが重要で、お金が絡むとどうしてもその意味や伝承の仕方は異なってきます。長老や先輩から新米までの幅広い年代の参加者たちの間で、各自がそれぞれの役割を果たしながら、必要な知識や技能が次の世代の担い手へと継承されていくのです。

第四には、参加することによって自分の意識が変わる、自覚が芽生える、つまり知らず知らずのうちに、参加者たちの自己変革をうながすという役割です。地域で伝えられてきた祭礼や行事は、古い先祖の代から脈々と伝えられたものだという自覚が生まれたり、地域の歴史や文化の価値を再確認する機会となったりしています。それによって、いまの自分の人生が自分だけのものではないことを感じ、責任感が涵養《かんよう》され、それが世代交代の中で伝承されていきます。そのような具体的な事例を、私たちのような民俗学を学ぶ者は日本各地の現場で観察し、さまざまな大切なことを学ばせてもらっているのです。

御神穀祭

一つの例を紹介してみましょう。高知県中土佐町久礼《くれ》は鰹の一本釣りで知られる町ですが、氏神の久礼八幡宮に毎年収穫されるお米を奉納する「御神穀祭《おみこくさん》」という祭りが伝えられています。

久礼には漁師町の浦分、商店街の町分、周囲の農村部の郷分と三つの地区がありますが、祭礼の中心は農村部の郷分の家々で、それに浦分と町分の家々が協力しています。八幡宮ですから京都の石清水八幡宮の放生会《ほうじょうえ》と同じく例祭は旧暦8月15日、それに合わせて、旧暦7月30日の御籠祭《おこもりさい》から8月16日のホウドウ休めまで、15日間かけて行なわれます。祭礼の装置は、八幡宮の拝殿と本殿、そして「ホウドウ」と呼ばれる現在では十八カ所残っている聖地です。そのうち、その年に頭屋《とうや》に当たった家が祭る一カ所のホウドウの聖地に祭場が設営されます。

祭礼の担い手は神社と頭屋、そして地域の三つの関係者で、それぞれの立場から所定の

久礼八幡宮の御神穀祭　佾（いち）による神楽

役に奉仕します。神社の関係者としては、宮司や禰宜はもちろん、神事の遂行を手伝う社人と呼ばれる役もありますが、とくに重要な役は佾《いち》と呼ばれる巫女《みこ》の役で、小学高学年から中学生の少女たち三名が選ばれます。準備から終了までの祭りの期間中、とくに八日間は一日に何度も神楽の奉納があるため、佾《いち》の三人の少女の負担はたいへんなものです。また、佾《いち》の役の一人が担う重要な役として、頭屋から奉納される米飯を手で麴と混ぜて一夜酒に醸すというものがあり、これは宮司にも禰宜にもできません。

頭屋に当たった家の関係者もたいへんです。久礼地区には、前項でのべた近畿地方の「宮座」のような、祭祀の所役を分担する組織は特にありません。地元の家々や親戚関係の協力はもちろん、付き合いのある友人知人の関

頭屋から神社への御神穀奉納の行列

係者までが、男女を問わず協力します。就職して県外にいる同級生たちが休暇を取って帰省してまで手伝ったという例も聞きました。

例祭当日、15日午前0時から暁近くの午前4時頃まで、およそ三～四時間かけて、頭屋から神社へと御神穀奉納の行列が到着します。巨大な松明《たいまつ》と小松明の火とともに大太鼓の音が鳴り響くなか、参加するのは総勢四十人以上の男性です。協力する女性たちの姿もあります。

御神穀祭は長く地域の人々の生活に活気を与え続けてきた祭りですが、近年の人口減少の問題、そして平成31年（２０１９）の年末から続いた新型コロナの感染流行のなかで、祭りの存続自体が危ぶまれました。しかし規模や日程を縮小することでかろうじて継承され、令和４年（２０２２）に復旧しました。

関係者たちの苦労は並大抵のものではありませんでした。とにかく、伝統行事を守り伝えていくには何よりも人手が必要です。

祭礼や行事がもたらすものとは何か、という問いに答えるなら、先祖の代から子孫の代まで、ながい歴史と伝承の中に自分たちは生きているのだという自覚を、地域に生きる各自がもち、その意識を強くしていくものなのではないでしょうか。

（新谷）

【参考文献】

萩原龍夫『祭り風土記（上）（下）』社会思想社、1965年
関沢まゆみ『宮座と墓制の歴史民俗』吉川弘文館、2005年
新谷尚紀『氏神さまと鎮守さま』講談社選書メチエ、2017年
新谷尚紀編『講座日本民俗学3　行事と祭礼』朝倉書店、2021年
新谷尚紀『政治の米・経済の米・文化の米』山川出版社、2025年
『久礼八幡宮御神穀祭―久礼八幡宮御神穀祭調査報告書』中土佐町教育委員会、2023年

3　日本各地で伝承される芸能

行事や祭りの中には、獅子舞や神楽といった「民俗芸能」が奉納されるものも全国各地にあります。その担い手はそれぞれの地域に生きる一般の人々です。そして、いくつかの民俗芸能を見てみると、獅子舞など似たようなものが多く行なわれている地域があったり、また、田遊びや田楽など距離を隔てた地域にも分布していたりすることに気付きます。なぜ、日本各地に似たような民俗芸能があるのか、また、それぞれ特定の範囲に分布しているのか。そして、そもそも民俗芸能とは何なのか。ここでは民俗芸能の代表的なものをいくつか見ていきましょう。

芸能の意味

現在、「芸能」というと一般的には俳優やタレント、歌手など、いわゆる芸能人の活動を想像する人が多いでしょう。しかし、歴史をさかのぼってみれば、江戸幕府の法令「禁中並公家諸法度」には「天子諸芸能之事、第一御学問也」と書かれています。天皇の役割や能力にはさまざまな「芸能」があるが、そのうちの第一は「学問」であるというのです。「芸能」という語の意味は歴史の上ではいろいろと変化がありました。

民俗学では次のように整理されています。戦前の昭和2年（1927）に民俗芸術の会が発足し、「郷土舞踊」「民謡」という呼称が使われました。戦後の昭和25年（1950）には「郷土芸能」という呼称にかわり、昭和27年（1952）に民俗芸能の会が発足すると、「民俗芸能」という語が使われるようになります。そのような「郷土芸能」「民俗芸能」という呼称のもとに、各地の農村の祭礼で演じられる神楽や能の翁舞、三番叟《さんばそう》や歌舞伎などを民俗学は研究の対象としてきました。

歌舞伎や能や狂言、また人形浄瑠璃や文楽といった伝統芸能は熟練したプロの演者による商業的な演劇であるのに対し、民俗芸能は生活者である素人によって農山漁村の年中行事や祭礼の場で演じられている芸能です。雨乞い踊りや虫送り踊り、念仏踊りや盆踊り、神楽や田楽や獅子舞など、神社仏閣などで行なわれる奉納芸であり、同時に地域社会における娯楽芸でもあるという点がその特徴です。

神楽

民俗芸能の例を、具体的にまず神楽から説明してみましょう。神楽は日本各地に数多くあります。あれも神楽、これも神楽、何でも神楽といわれるほどです。東京には新宿区に神楽坂《かぐらざか》という地名もあります。その由来は、近郊に位置する穴八幡宮（新宿区西早稲田）の祭礼で神輿がめぐってくる御旅所があり、そこで「里神楽」が演じられたからだと伝えられています。

江戸の町方ではかつて里神楽が流行し、春秋の祭礼やとくに年末年始の行事の厄払いなどには、神楽社中の演者たちが活躍していました。町々や家々をめぐり、里神楽の獅子舞や曲芸などがさかんに奉納されていたのです。その影響で、いまでも関東地方の各地には、獅子舞におかめひょっとこの芸で知られる里神楽のたぐいが多く伝えられています。千葉県などでは、年末になると演者たちは江戸の町を回って神楽を演じ、ご祝儀をもらってひと稼ぎしていたものだということも語り伝えられていました。

里神楽はもともと、伊勢の「太神楽《だいかぐら》」の系譜を引くものでした。太神楽というのは、神楽を奉納するときの報賽《ほうさい》、つまり神楽料が多いか少ないかにより、小・大・大大と等級を分けた区別による呼称です。渡来系の散楽《さんがく》の系譜を引く獅子舞や軽業、曲芸などを特徴とし、町や村での門付けや厄払い、お札配りの芸能として、桑名など伊勢地方から新興都市の江戸の町へと伝えられてきた芸能でした。伊勢の太神楽の系譜を引くものとしては、現在ではその三重県桑名市にのこる太神楽がよく知られています。

ではそもそも「神楽」とは何でしょう。もとは古代の「宮中御神楽《きゅうちゅうみかぐら》」の意味で、天皇の鎮魂と長寿を願う神事儀礼にともなう芸能でした。それが平安時代に上賀茂《かみがも》・下鴨《しもがも》神社や石清水八幡宮の祭礼の中に取り込まれていき、その後、もとのものとはまったく異なる展開を見せたのでした。古代以降、中世から近世における日本の神社の祭祀は、神祇信仰に仏教や密教、陰陽道の信仰などが加わった混淆《こんこう》した状態でした。そこで祭神や祭礼でも、神霊や自然界の精霊、鬼神などといった多様な霊的存在を祀り、その恩恵と除災を祈願するということを基本としながらさまざまに変遷していきました。神社の奉納芸である神楽は、神前での奉納芸であるとともに、参拝者への娯楽芸として、それぞれの現場で伝承されていき、新しいものも次々と派生していきました。

神楽の五つの分類

具体的に民俗芸能として現在にまで伝えられている神楽の例を整理してみると、これまで次のような五つに分類されています。

①巫女神楽（春日社の巫女舞など）
②湯立《ゆだて》神楽（三河の花祭など）
③採物《とりもの》神楽（佐太神社の七座神事など）
④能神楽（宮崎県の銀鏡《しろみ》神楽など）
⑤獅子神楽（三重県桑名の太神楽、岩手県の山伏神楽、青森県の権現舞など）

これらの分類はたしかに参考にはなるのですが、ただその分類の基準とされている①巫女、②湯立、③採物、④能、⑤獅子、というのが、構成要素の一部をとりあげての命名であり、それらの発生や歴史の変遷を示すには十分ではないことから、私は次のようなABCDという四つの枠を設定して分類する方がよいのではないかと提案しています。

Aタイプが「巫女神楽」です（古い巫女舞の系譜を引く美保神社の巫女舞、対馬の命婦《みょうぶ》の舞、志賀海神社の八乙女舞など）。

Bタイプが伊勢神宮への奉納神楽から展開した「太太神楽《だいだい》」の流れです。手に取る採物と神楽歌をともなう神楽で、江戸の町方へと広まったのは採物と神楽歌とを省略したもので、むしろ獅子舞と曲芸とで構成されており、年末年初に家々を回り門付けと厄祓いを行ないます。

Cタイプが出雲の佐太神社の佐陀神能と呼ばれる「七座神事・神能・出雲神楽」の内の出雲神楽の部分。つまり記紀神話の天岩戸開きや八岐大蛇《やまたのおろち》などを脚色した神話劇からの流れです。

Dタイプが中世以来の修験道《しゅげんどう》や仏教神道や密教や陰陽道との混淆の中で生まれてきていた「神楽」です。修験道系の山伏や陰陽道系の法者たちが広め、陰陽五行説や密教系の信仰を含んでいます。山伏は祈禱の神楽歌や祭文《さいもん》、湯立ての行法や神楽舞や仮面舞、そして陰陽道の法者も民間の神子と組んで託宣や祭文や神楽を広めました。

大元神楽（島根県桜江町／現・江津市）　中国山地の一部では土地の精霊が神懸かりして託宣をする神楽が伝えられている。萩原秀三郎氏の撮影による貴重な「託舞」の神懸かりのシーン。

戸下神楽（宮崎県諸塚村）　宮崎県の山間部の諸塚村には古風な神楽が伝えられている。その中の戸下神楽において「山守」が山中から採取してきた榊を神主に授けるシーンを渡辺伸夫氏が撮影した貴重な写真。

この四つのうち古いのは、宮中の御神楽の系譜を引くAタイプで、民間神楽の古いものはDタイプです。唯一神道の影響を受けたCタイプや太神楽のBタイプは新しいものと位置づけられます。ただ、神楽も芸能として伝承の中に変遷を続けていて、Bの中にも古い散楽の要素が混入していたり、古いDにも新しいCの要素が混入し上書きされていたりしています。

神楽とはその歴史が古いだけに、印象的な一部の要素だけを取り出して分類することはもともと無理なことだと考えて、神楽という枠組みの中にどのような新旧の要素が入り込んでいるかを注意してみることが、民俗学が神楽を見て分析していく視点になるでしょう。ちなみに、新宿区の神楽坂という地名もBの太神楽を演じる神楽社中が存在していたことに由来している地名です。

民俗芸能のいろいろ

民俗芸能を分類してみると、神楽以外にも田楽、風流芸、祝福芸、その他、など実にさまざまなものがあります。

まず、田楽系の芸能を見てみましょう。一言でいえば、稲作に関する芸能を指し、大きく四つのタイプに分類できます。

A田遊び：旧暦正月または二月にその年の五穀豊穣と災害除けを祈願して一年間の農作業を模擬的に演じるもの。五穀豊穣を先取りして祝うという意味で、予祝の芸能と呼ばれています。

B田囃し・田植神事：旧暦五月の実際の田植えに際して、笛太鼓で囃しながら田植えをして豊作を願うもの。

C田植踊り：AとBをもとにし、それが芸能化して舞踊となったもの。

徳丸の田遊び（東京都板橋区）　男根が特徴のヨナボウと呼ばれる赤ん坊の誕生を喜ぶ　稲の精霊を祭り祝う意味もあり、黒い面が太郎次で妊婦姿が安女（やすめ）。（写真：芳賀ライブラリー）

D田楽：AとBが渡来系の散楽などを吸収して芸能化したもの。

それぞれよく知られている例としては、東京都板橋区の徳丸の田遊び（A）、広島県壬生《みぶ》の花田植や大阪の住吉大社の御田植神事（B）、青森県東通村の「もちつき踊り」と呼ばれる田植踊り（C）、静岡県水《みさ》窪《くぼ》の西浦《にしうれ》田楽（D）などがあります。

A田遊びとB田囃し・田植え神事は稲を作る人々によるもので、Aはその年の豊作を祈る予祝儀礼の意味合いが強く、Bは実際の田植えの中で行なわれます。対して、C田植踊りとD田楽は芸能の側面を強めたもので、実際の稲作の現場からは離れて観客に見せることに重きを置いているといえます。そのために、開催時期や場所は多岐にわたります。

壬生の花田植（広島県）　手前が早乙女による田植え、後ろでは囃し方の男たちが撥（ばち）を派手に振り上げながら太鼓で囃し、ササラを手にしたサンバイ役の男が音頭をとり、早乙女と田植歌を掛け合いながら植えていく。先に田の代掻きをした数頭の飾り牛の姿もみえる。（写真：芳賀ライブラリー）

次に風流芸の系統の芸能です。疫病や災厄をもたらす疫神や悪霊の退散と攘却《じょうきゃく》を祈願する芸能で、華麗な意匠や衣装で悪霊邪霊を誘い寄せ、大勢で乱舞しながら祓えやらうということをします。例えば、お盆に迎えた精霊を送り出す「盆踊り」や、太鼓・鉦などを打ち鳴らし、節をつけて念仏や和讃《わさん》を唱えながら踊る「念仏踊り」、獅子頭をかぶって舞う「獅子舞」、祭礼での飾り物や山車を指す「作り物」などがあります。

獅子舞には二人立ちと一人立ちの二つの系統があります。二人立ちは西日本に多く、北陸の富山県など中部地方にも広がっていますが、一人立ちは東日本に多く見られます。東北地方では鹿の頭で鹿踊《ししおど》りと呼ばれるものが中心で、関東から甲信、東北にか

西浦田楽（静岡県）　ビンザサラと呼ばれる楽器でジャッジャッという素朴な音を発しながら舞う田楽の曲目。五穀豊穣と無病息災を祈願する芸能の一つ。（写真：芳賀ライブラリー）

けては獅子頭を被《かぶ》り、腹部に羯鼓《かっこ》と呼ばれる小さい太鼓の一種をつけて、それを叩きながら舞うものが中心です。三匹獅子などと呼ばれて二匹の雄で一匹の雌を争うというようなものも、関東地方には多くあります。このように獅子舞に二つの系統があるのは、一人立ちは日本の古くからの動物を模倣してできた芸能で、二人立ちは渡来系の伎楽《ぎがく》の流れをくむ芸能であるということが考えられます。二人立ちのものは平安末期の「年中行事絵巻」にも祇園会の場面で描かれているように、平安京を中心として広まっていった演劇的な獅子舞と考えられます。

作り物については、京都の祇園祭の山鉾などが典型的です。日本各地の神社の祭神の巡行の仕方についてみると、風流芸系統の祭礼の多くは「山車」と「神輿」の二つのタイプに分かれますが、京都の祇園祭ではその両方があるのです。

社伝の「祇園社本縁録」によると、貞観11年（869）に天下に大疫が流行したため、卜部日良麻呂《うらべのひらまろ》という人物が全国六十六ヵ国を表わす六十六本の鉾を立て並べ、洛中の男児や郊外の百姓を率いて神泉苑へと神輿を担いで行進し、悪霊退散を祈願したのがはじめであったと伝えられています。平安末期に後白河院（1127〜92）が描かせたという「年中行事絵巻」（原本喪失、現在は江戸中期の模写本が伝わる）には、祇園社の三基の神輿は描かれていますが、山車はまだ描かれていません。現在よく知られている長刀鉾などの華麗な山と鉾が加えられたのは、南北朝の内乱が終息してからのことでした。中原師守《もろもり》の日記には、貞治3年（1364）に鉾や久世舞《くせまい》（曲舞）の山車が出ていたことが書かれています。

このように、一つの祭礼の歴史と現在を観察して分析してみるだけでも、祭礼の変遷の跡をたどることができます。例えば、夏祭りは主に悪霊退散を祈願する風流芸のひとつですが、神輿の巡行をメインにしている例と、山車を「だんじり」などと呼んでそれをメインにしている例とが見られます。博多の祇園山笠、姫路市灘のけんか祭り、「ふとん太鼓」というような山車の変形例もあります。同じ風流芸系統の夏祭りでも、それぞれの地域社会で工夫し変化させていくというのが芸能のもつ特徴です。ただ真似しただけではない、という気概が含まれているのが興味深いところです。

そのほかの民俗芸能としては、能の「翁舞」や「三番叟」のたぐいも各地に伝えられて

翁舞（西浦田楽の中の一演目としてのもの）
長寿と五穀豊穣と無病息災を祈願して演じられる貴重な演目で、翁面とともに神聖視されている舞。（写真：芳賀ライブラリー）

います。能はもともと、農作業に由来する田楽や、都市の娯楽芸として物真似芸から発展した猿楽、渡来系の散楽などの諸要素が混淆しながら、中世に京都や奈良や近江を中心に有力寺院や幕府などの保護のもとに洗練されていきました。やがて観阿弥や世阿弥によって大成されるわけですが、「能楽」というのは実は近代以降の呼び名で、当時は「猿楽の能」と呼ばれていました。

各地で民俗芸能として伝えられている「翁舞」や「三番叟」は、そうした洗練された「猿楽の能」が形成される以前の、古い芸能に見られる諸要素が各地方で形を変えながら伝えられている例が多く、能の歴史を研究する上ではたいへん貴重です。また、その一方では、京都を中心に磨かれた芸術的な「能楽」の主要な演目として、逆に地方に広まっていった例もあります。また、民俗芸能には農村歌舞伎や人形芝居のように、近世に京都や大坂や江戸でヒットした商業演劇としての歌舞伎や人形浄瑠璃などの都市芸能が模倣されて地方に伝わっているものもあります。

以上は一例を紹介したにすぎませんが、このように、古い歴史をもったさまざまな民俗芸能が日本各地には伝えられています。民俗芸能は民俗信仰と一体となって、各地に広められ受け入れられて伝えられてきたからこそ、多様な広がりを見せているといえるでしょう。

（新谷）

【参考文献】

新谷尚紀『政治の米・経済の米・文化の米』山川出版社、２０２５年
本田安次『本田安次著作集』（全20巻）錦正社、１９８３〜１９９９年
後藤淑『日本芸能史入門』社会思想社、１９６４年
後藤淑『能楽の起源』木耳社、１９７５年
後藤淑『中世仮面の歴史的・民俗学的研究』多賀出版、１９８７年
渡辺伸夫著・渡辺良正写真『椎葉神楽』平河出版社、１９９６年
渡辺伸夫『椎葉神楽発掘』岩田書院、２０１２年
山路興造『中世芸能の底流』岩田書院、２０１０年
山路興造『近世芸能の胎動』八木書店、２０１０年
近藤大知「西浦田楽の伝承と構造」（『伊那民俗研究』28号）柳田國男記念伊那民俗研究所、２０２１年
近藤大知「西浦田楽における別当と能衆」（『山岳修験』72号）日本山岳修験会、２０２３年

第6章　民俗学で考える「言語と語り」

1　日本語とは何か

私たちは言葉によって、さまざまな情報や意志、感情を互いに伝えあい、一つの社会を形成しています。言葉が社会を作っているといっても過言ではないでしょう。ただ、この社会という語はだいじな語なのですが、もともと日本語にはなかった語です。そのことについては、コラムで説明しましょう。言葉というのは変遷し続けています。地方ごとの方言もあります。ここでは私たちの「日本語」がどのような言語であるのか、その変遷を眺めつつ、考えてみましょう。

共通語としての日本語

日本語は日本に住んでいる人が日常的に話したり書いたりしている言葉です。明治時代、近代の国民国家という、国民一人ひとりを統合するという意味での国家体制が整備されていきましたが、そのときに重要視された政策の一つが共通語としての日本語の整備でした。

とくに江戸時代までは東西南北に広がる地方ごとにさまざまな言葉が流通していました。それらを「方言」と呼び、そのような地方にだけ通じる言葉ではなく、全国に共通する言葉としての日本語教育と普及がはかられたのです。江戸時代の寺子屋でも「読み書き算盤」といわれたように、言葉と計算の学習はそれまでも奨励されていましたが、近代の学校教育の現場では、読み書きは「国語」、算盤は「算数」と呼ばれるようになりました。私は小学生の頃、夏休みの宿題だった絵日記を地元で話している方言のまま書いたことがあります。担任の先生が母親に国語の成績は悪くないのにちょっと変わった子だといって笑っていたそうです。国語の授業では標準語をつかうようにと教えていたのですね。

漢字は政治・仮名は文学

古代の日本にも話し言葉はありましたが、文字はありませんでした。しかし政治には記録として文字を用いる必要がありましたから、中国の漢字と漢文を輸入して使っていたのです。律令制度のもとでは、行政のしくみや法律、税制など、すべて漢字によって運営され、それゆえ官僚貴族にとって漢文を自在に使いこなせる能力は必要不可欠でした。

ですが、生活の中の言葉は中国の言葉とは違います。そこで、日本の言葉を文字にするために、平安時代になると、漢字に加えて仮名が作られました。仮名とはひらかなとカタカナです。漢字はそれぞれの字に意味がある表意文字ですが、その部首やくずし字などを使って作ったのが「かな文字」でした。発音を表わす表音文字です。

日本人が漢字とかなの二種類の文字を得たことは画期的でした。平安時代からさかんになる物語や和歌はそこから生まれた文化です。『源氏物語』や『枕草子』、そして『古今和歌集』から『新古今和歌集』、西行の『山家集』などは、当時の貴族や上流階級の人々の感情や思想がひらがなの力を存分に活用して書かれています。説話物の『今昔物語集』や軍記物の『平家物語』『太平記』などは、ひらかなやカタカナに漢字を交えた書き方でダイナミックな歴史の世界を描き出しており、日本人の歴史好きという風潮へとつながっています。

また、江戸時代には、武士や庶民の間にも滑稽《こっけい》で機知のきいた句を連ねて詠む俳諧連歌が流行しました。その発句である五七五だけを一句とした俳諧が元禄期の松尾芭蕉からはじまり、現在の俳句へと受け継がれています。風刺を込めた狂歌や川柳も根強い人気を得ました。そこには世の中や権力に対する風刺という力も発揮されていました。

世の中に蚊ほどうるさきものはなし　ぶんぶぶんぶと夜もねられず
白河の清きに魚も住みかねて　もとの濁りの田沼こひしき

これらは老中松平定信によって行なわれた「寛政の改革」（1787〜93）のきびしい取り締まりを風刺した狂歌です。作者は大田蜀山人《しょくさんじん》だとかつてはいわれていましたが、現在では不明とされています。しかし、言葉には風刺の力があることをよく示しています。松平定信の前の田沼意次《おきつぐ》の時代には賄賂が流行ったことで知られていますが、

役人の子は　にぎにぎをよく覚え

と、江戸時代にも賄賂が有効であったことを風刺する川柳もありました。文学的な評価などかまわず気持ちをストレートに言葉にし、庶民がいろいろな不満をぶつけられるのも言葉の力でしょう。古くには1334年頃の建武政権の混乱ぶりを風刺した「此頃都ニハヤル物　夜討、強盗、謀綸旨《にせりんじ》、（中略）、天下一統メヅラシヤ　御代ニ生レテ　サマザマノ事ヲミキクゾ不思議共　京童《みやこわらわ》ノロスサミ　十分ノ一ゾモラスナリ」という「二条河原の落書」の例も知られています。

ことわざの力

もうひとつ、日本語の言葉がその力を発揮しているものに「ことわざ」があります。時には学校で習うむずかしい勉強よりも、生活のさまざまな場面で知らず知らずのうちに覚えていて発せられることわざの方がずっと役に立つこともあります。古くから伝えられている生きていく上での知恵を教える短いひとことは、まさに言葉の技ともいえます。

例えば、健康に毎日を過ごすには「早起きは三文の徳」、日々の心構えとしては「笑う

門には福来《きた》る」、仕事を進める上では「急がば回れ」、材料や用具などを選ぶときには「大は小を兼ねる」、情報を得るには「百聞は一見に如かず」、相手に腹が立ったときでもすぐにカッと怒りを顔に出さないための「短気は損気」、自分が傲慢《ごうまん》になっていて相手を傷つけるかもしれない時には「一寸の虫にも五分の魂」、その逆に圧迫で苦しい時の自分を勇気づけてくれるのもその「一寸の虫にも五分の魂」です。他にもたくさんありますが、いずれも、その時々の場所と場合によって役に立ってきた言葉の力があるからこそ、いまに至るまで伝えられているといえるでしょう。

方言は話し言葉

日本語にも地方によっていろいろな方言があります。方言はひらかなの「話し言葉」です。江戸時代までは各地にとくに多く存在し、その土地の人々の間ではよくわかる言葉でしたが、少しでも違う地方に行くと通じにくかったり、ほとんど通じない言葉になったりしていました。おそらく陸奥の人たちと薩摩の人たちとでは、お互いにチンプンカンプンで話が通じなかったと思われます。そこで、行政文書などは公用の漢字まじりの「書き言葉」で書かれ、幕府の役人や各藩の下級藩士に至るまで、共通して理解できるようになりました。参勤交代で江戸の町に滞在した経験のある各地の藩士たちにとって、お互いの言葉の違いはなかなかのカルチャーショックだったようです。

そして冒頭に述べたように、明治以降の近代化の中で言語の統一政策がはかられます。小学校などの学校現場を中心に、方言の撲滅と標準語の普及運動が進められ、東京の山の手言葉を基準とする標準語が国語教育などで推奨されました。また、軍隊生活の中では命令の伝達を円滑化する意味で共通語が必要であり、「自分は〇〇〇であります」というような軍隊特有の言葉も生まれていました。特定の集団や組織の中で使われ、仲間意識を固くするという、言葉のもつ役割の一つの現れです。現代にも残っている隠語や業界用語に通じるものでした。〇暴、ガチンコ、タニマチなどの隠語や符牒《ふちょう》のたぐいもありましたが、やがてそれらは世間に流出していきました。もともとテキヤや盗っ人の言葉であった「ヤバイ」は、その意味を変えながらいまではすっかり流通しています。言葉というのは形を変えて増殖していく、まさに生き物なのです。

とはいえ、生活に密着していた古い言葉、とくに方言は根強く残りました。現在でも民俗調査で言葉が通じないという経験を私はよくしています。

昭和54年（1979）の夏、青森県三戸郡五戸町《ごのへまち》上豊川という山間部の集落を訪れた時のことです。正月行事である、カラスを呼んで餅を投げてやるという習俗について、地元の角浜孫市さん（当時73歳）たち三人の老人の男女からいろいろと教えてもらっていました。私の質問の言葉は通じていたようなのですが、角浜さんたちの言葉は私にはちんぷんかんぷんだったのです。調査には地区の小学校の分校で校長先生だったという方と、その先生を紹介してくれたもう一人の八戸市のご老人が同行してくれていて、結局、角浜さんの言葉をまず校長先生が聞きとって八戸のご老人に通訳し、さらに八戸のご老人が私に通訳してくれるという、二重の通訳で理解できたのでした。私の質問に対する肯定の言葉も否定の言葉も、私には同じく「ウンダ」と聞こえてきました。校長先生や八戸の老人から「ウンダ」「ウゥンダ」という微妙な違いがあると言われても、私にはよくわかりません。方言とはおもしろいものだとみんなで笑いあったものでした。東北弁、とくに八戸弁と呼ばれている方言でも、こまかくみれば地区ごとにずいぶんと違っているのだということを知りました。

ちなみに、上豊川で行なわれていた正月の行事でカラスに餅を与える習俗というのは、民俗学では「カラス勧請《かんじょう》」とか「カラス呼び」、「御鳥喰《おとぐい》神事」などと呼んでおり、全国各地にさまざまなかたちでおよそ戦前まで伝えられていました。私が角浜さんたちに「その行事を何と呼んでいますか」「もしカラスが餅を喰わないと不吉の前兆だと思いますか」といった民俗学でよくある質問をすると地区の老人たちから大笑いされました。彼らにとっては実に変な質問だったからです。「いちいち名前なんかない、カラスが餅を喰わないわけはない、冬は一帯が深い雪に埋もれてカラスは食べるものがなくてお腹がぺこぺこなんだから」と。

民俗の伝承というのは、それを現地で伝えている人たちには、ふつうのことであり、とくに名前など必要ないのです。研究というのは、名前をつけて分類していくということなのですが、それはあくまで便宜的なものだということに気をつけなければいけない、ということをそのとき、しっかりと学んだのでした。民俗学を学ぼうとしていた私にとって、たいへん貴重な経験になりました。

方言周圏論と方言区画論

民俗学で方言に早くから注目していたのは柳田國男で、「方言周圏論」というのがよく知られています。それは日本各地の「かたつむり（蝸牛）」の呼び方から導き出した論です。まず、近畿地方を中心に「デンデンムシ」と呼ぶ地域が多く、その東西の外周部の関東地方や中国地方などには「マイマイ」系列の呼び名が多く分布し、さらにその外側の中部・東北地方と四国・九州地方には「カタツムリ」系統の呼称が多く分布していたことに注目したのです。それはちょうど、池に石を落とすと水の輪が広がるように、中央の都市で新しい名称が発生すると、それが地方に伝播《でんぱ》していくという関係があるからではないか――つまり、都市は新しい言葉の発生しやすい場所であり、地方ではそれを真似ていくという動きがあるのではないか、と考えたのでした。

たしかに古い記録の上でも、平安時代中期の京都の源順《したごう》の『和名類聚抄』（931～938）には「加太豆布利（かたつふり）」という記事があり、同じ京都の江戸前期の黒川道祐の『日次紀事』（1676）には児童たちが「出出蟲蟲（でででむしむし）」と呼んでいるという記事があります。方言の分布から見れば、新しい呼称が「デンデンムシ」、古いのが「マイマイ」系、さらに古いのが「カタツムリ」系だったと考えられるのです。しかし、さらにその名前を集めてみると、カタツムリ系の呼称の分布圏よりさらに外側の東北地方の一部と九州地方の一部には、ナメクジ系統の呼称が伝えられていることにも柳田は注意していました。つまり、「ナメクジ」系がいちばん古い呼称だったと考えられるのです。記録の上では『和名類聚抄』より古い呼称は残っていません。だから文献歴史学の考え方では、カタツムリ系統の言葉がもっとも古い呼称と考えられてしまいがちで、それ以前の呼称はなかったものと見なされてしまいます。しかし、それよりも古い呼称がナメクジ系統の呼称であったことが、民俗の中の呼称の分布から考えられるのです。

ナメクジというのは雨上がりに木の葉っぱや土手などにみるあのヌメヌメした生き物です。それが殻を被っているカタツムリのおおむかしの名前だったというのです。ちょっと信じがたいなとも思っていたのですが、実際に耳にする機会がありました。平成24年（2012）夏に青森県北部の陸奥湾にある、夏泊半島の集落で、お盆の行事の調査と映像記録をしていた時のことでした。話を伺っていた三津谷信一さんと奥さんの秀子さんがふと、小雨の中で「あれナメクジだ」といったのです。案内してくれていた町役場の若い方は「カタツムリだよ」と言ったのですが、「まだ若いから知らないんだね」と奥さんは笑っていました。奥さんの年齢を聞くと実は私と同い年でお互いにもう古老ですね、と笑いあいました。

このナメクジの例のように、民俗の伝承を歴史的な資料として収集して分析し、解読することによって、文献記録には残されていない過去の事実がはじめて発見されるということがあるのです。この方言周圏論と呼ばれる視点と方法は、戦後、言語学などの影響により残念ながら疑問視され否定されるようになりますが、言語学でも馬瀬良雄「方言周圏論再考」(『言語生活』312)など、一部では有効な見方だということも具体的に指摘されてきています。言葉や民俗の地域差がその言葉や民俗の変遷史を示しているのではないかという視点は、私は自分の民俗調査から、やはり有効な部分があると考えています。

もうひとつの例として、今ではほとんど見られなくなってしまいましたが、土葬の時代に多く見られた「両墓制」の調査でのことを紹介しましょう。一人の死者に対して遺体を埋葬する墓地と、それとは別に石塔を建ててその死者を供養するという二つの墓を設けている墓制です。近畿地方に濃密な分布を見せていました。

埋葬墓地の呼称としては「ミハカ(身墓)」と「サンマイ(三昧)」とがありますが、前者は遺体(身)を埋めてある墓を意味する新しい呼称で、後者は念仏三昧という仏教用語に由来する古くからの呼称でした。近畿地方とその周縁地域では、同心円状の分布の中で新しいミハカが内側に、古いサンマイが外側に広がっていました。まさに前述のデンデン

凡例
黒色　デデムシ系
茶色　マイマイ系
赤色　カタツムリ系
青色　ツブリ系
緑色　ナメクジ系

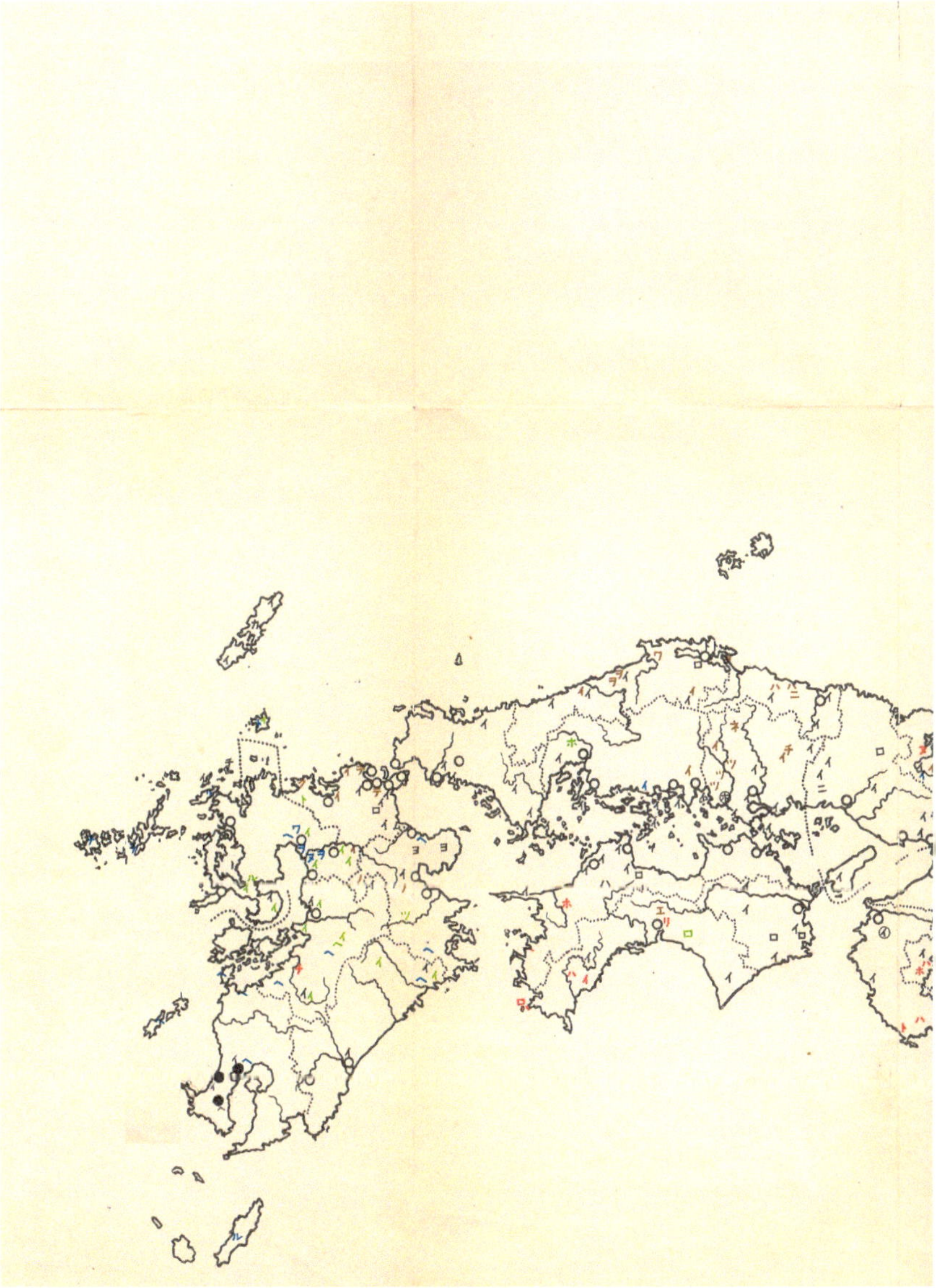

図11　柳田國男『蝸牛考』掲載の「蝸牛異称分布図」（国立国会図書館蔵）

ムシとカタツムリの分布傾向と同じです。そしてもう一つ、古いサンマイという呼称が分布しているさらにその外側の周縁部へと遠くなるにつれて、サンマとかサンメ、シャンマンなどと訛《なま》っている例が目立っていました。つまり、中央に新しい言葉があらわれて周縁に古い言葉が残っているという例だけではなく、地方に広がるにしたがってそれが訛ってしまうという例もあることが指摘できました。

方言周圏論は、かたつむりの呼称という語彙《ごい》について試みた仮説です。柳田自身も、何でも周圏論で片付けることなどできないことはあたりまえで、それは一つの民俗の見方だと言っていました。

『蝸牛考』は単語のみの比較でしたが、方言についてはその後、国語学の立場から、語彙だけでなく文法・音韻・アクセントなどを基準に方言の差が分類されてきました。東日本と西日本の違いのみならず、東北、関東、東海、北陸、中国、四国、九州、さらに各地域ごとの細かい違いなどに注目し、それぞれ分布圏があることから「方言区画論」などと呼ばれています。私たちにとっても身近に体験することのできる方言の分布論です。

言葉について、方言について、民俗学で考えてみるということの意味は、ひとつには何がよく残り伝わっていて、何が失われていったのかを調べてみる、そして言葉の変化の歴史を知るということです。たとえば新しい言葉というものは、最初のうちはちやほやされますが、その意味を少しずつ変えながら流用され、やがて飽きられたりして忘れ去られていく、時には下品な言葉になってしまうという特徴も、これまでの民俗学の研究では多く例を通してわかっています。

余談ですが、昭和42年（1967）に東京に出てきた私が、約五十五年後の令和5年（2023）年に中学や高校の同窓会に出席して、1960年代にふつうにしゃべっていた田舎の言葉を話したら、「まだそんなむかしの言葉を使っているのか」とみんなにめずらしがられて笑われました。故郷を遠く離れていたせいで、田舎でもテレビの影響をうけて言葉が変わってきていることを体験しておらず、ひとり時間が止まった人間のようだったのです。

ひらかなの日本語からは理論は生まれにくい

日本語の特徴は、それがひらかな言葉であるということ、そして抽象的な概念をあらわす名詞がないということです。たとえば梅《うめ》や桜《さくら》、花《はな》もですが、それらは具体的な物であり、ひらかなでも漢字でも名詞としてあらわせます。しかし、それらの「きれい」とか「美しい」という抽象的な概念としての「美《び》」という名詞は漢字になります。古代の政治権力を行使していった日本人はたとえば租税とか年貢など抽象的な概念としての名詞を漢字やその熟語であらわすことで、それらが効率的であることを学んで漢字熟語をどんどん使っていったのでした。

そうした中で、あらためて注意されるのはひらかな言葉の日本語を使いながら、柳田國男や折口信夫は、ハレとケ、まれびと、などの学術的な分析概念を独自の研究成果として提出してきていたことです。

日本語でありがたいという気持ちは「感謝」という漢字で表現します。好きだとか惚れているという気持ちを「愛情」とか「ラヴ love」という言葉であらわすようになったのは、近代の言語教育の中でのことでした。「しあわせ」という語ももとの日本語では「仕合せ」、つまりよいめぐりあわせ、運がよい、という意味でした。江戸時代後期の日本初の英和辞典『諳厄利亜語林大成《あんげりあごりんたいせい》』（1814）では、英語の happy や happiness の訳語として、漢語では「幸福」、和語では「サイハヒ」と翻訳されています。

「さいわい」という和語は、平安時代の『伊勢物語』や『宇津保物語』にもみえる古くからの日本語でした。一方、民俗の伝承の中では狩猟の場での「さち」という語が古く、「山幸彦」「海幸彦」のように山や海の獲物を獲る威力のことであったと、折口信夫は指摘しています。言葉の変化はその意味の変化につながっており、一つの言葉に新旧のすべての意味が含まれているところがおもしろいのです。江戸時代の本居宣長が注目した日本の文学の中に流れる「もののあはれ」という大切な感覚は、漢字にも英語にもしにくい言葉ですが、下手に翻訳しない方が誤解を生まないでいいのかもしれません。

古代からつづく政治権力の行使とそれを理念的に支える儒学や仏教の世界では、それまで日本語になかった言葉と概念を、漢字の習熟によって学んでいき、また日本語にあったひらかな言葉を漢字で抽象的な概念として表現していきました。勉学を通して、漢字熟語や、近代以降は英語やフランス語を自分のものとし、その抽象的な概念と言語を駆使して自分たちの考えを主張し人々を納得させてきたのが、知識人であり、政治家や経営者や学者たちであり、かれらが社会のエリートとなっていきました。

政治・経済・文化の各分野では名詞の学術用語が必要不可欠です。学術の研究の上でも、それぞれの理論を提示するのは名詞であらわす概念です。ひらかな言葉で生活してきた人々の間では、残念ながら、なかなか学問や研究が発達することが困難でした。一般の人たちの生活の中の知恵や知識は、だからこそ、前述したようなことわざなどを通して普及していたのです。

江戸時代までの漢字の熟語、明治時代以降に英語やフランス語、ドイツ語も加わり、それらの名詞と概念を駆使することによって、日本でも学問が発達しました。現代の国際化社会においては、漢字の熟語よりもむしろ英語を中心として膨大な量の言語が流通しています。カタカナ語の蔓延《まんえん》です。そのような中で、私たちが使う日本語がどのように変化していくのか、残り伝わっていく言葉、新しく生まれてくる言葉、それが人々の生活にどのように影響していくのか。また、意味もわからないままに流行しているカタカナ語も今の日本には多くあります。それらの現象も併せて観察し、分析していくことも、民俗学の役割でしょう。

（新谷）

【参考文献】

柳田國男「蝸牛考」「方言覚書」「標準語と方言」（『定本柳田國男集』第18巻）筑摩書房、１９６３年
新谷尚紀「しあわせとは何か」（『宗教研究』３８０号）日本宗教学会、２０１４年

2 昔話や伝説にはどんな意味があるのか

昔話や伝説は、民俗学が早くから取り組んできた研究対象です。昔話は「むかしむかし、あるところにおじいさんとおばあさんがいて……」というような、いつの時代とも誰のことかもわからない話で、「桃太郎」や「一寸法師」や「舌切り雀」の話などがよく知られています。それに対して、いつの時代かそして誰のことかが語られる話が伝説です。「弘法大師の清水」、「西行法師の笠懸の松」、「虎御前の虎ガ石」などがよく知られています。

昔話

民俗学がどのように昔話を見てきたか、「三枚のお札」と呼ばれる昔話の例で説明してみましょう。

あるお寺の小僧が、和尚さんから仏さまに供える花を摘んでくるようにといわれます。小僧が山に入っていくと、きれいな花がたくさん咲いており、夢中になって摘んでいくうちに時間がたってしまいます。夕暮れ近くになって帰る道がわからなくなり、小僧は迷子になってしまいます。遠くの方に家の明かりが見えます。そこを訪ねていくとお婆さんが出てきて、もう遅いから泊っていくとよいといってくれます。夜になり、寝ていた小僧がふと起きると、お婆さんが大きな包丁を砥《と》いでいるのが見えます。怖くなった小僧は便所に行かせてくれといって便所に入ります。すると便所の神さまから、ここは鬼婆の家だ、早く逃げないと食べられてしまうぞといわれて、三枚の札をもらい急いで逃げ出します。小僧が逃げたことを知ったお婆さんが恐ろしい形相《ぎょうそう》で追いかけてきます。つかまりそうになると、神さまからもらったお札を投げて「川になぁれ」というとそこが川になり、小僧は逃げていきます。ふたたび追いつかれそうになる、またお札を投げて「山になぁれ」というとそこが山になり、小僧は何とか逃げられます。三枚目のお札でまた逃げることができて、ついに夜があけ鬼婆は消えていきます。小僧はなんとかお寺に帰りつき、和尚さんに隠してもらいます。

このような昔話は日本各地で語り伝えられています。* ここではこの「三枚のお札」について興味をもった大学院生が取り組んだ研究の例を紹介しておきましょう。

青森県から沖縄県まで、合計561例ほどの具体例を集めて整理し、お婆さんには鬼婆と山姥の二つの系統があることにまずは注目しています。そして、話の構成要素として「寺」―「小僧」―「山」―「鬼婆・山姥」―「便所」―「三枚のお札で逃走」というものが基本となっていることを指摘しています。その上で、「山姥」の場合には、この山が自分の領域で、勝手に入って栗やキノコや花を採ってはだめだと小僧を責めるのに対し、「鬼婆」の場合には、とくに責めることなくただ子どもを取って喰おうという話になっていることに注目しています。

それ以外にも柳田國男の『遠野物語』116話の「ヤマハハの昔話」を参考にしています。116話では寺や小僧、栗拾いや花摘み、便所という要素はありませんが、ヤマハハが里の娘を追いかけてその娘が逃げるという要素が共通していること、他にもそのような昔話の例もあることから、次のABCの三つに分類して比較しています。

A　寺―小僧―山―花摘み（盆・彼岸）―鬼婆―便所―逃走（三枚のお札）
B　寺―小僧―山―栗拾い（行事なし）―山婆―便所―逃走（三枚のお札）
C　□―娘―山―□―ヤマハハ―□―逃走（三度の難を逃れて）

そして、柳田國男の論文「山人考」を参照し、この昔話には、古代から中世へ、近世近

＊多くの人が聞き取って採録した情報は『日本昔話通観』に収録されており、昔話に興味がある人たちにとって重要な参考資料となっている。

代へという日本の歴史の展開の中で、山人と里人との交流の歴史が反映されているということを想定しました。もっとも素朴で古い話はCタイプ、続いてBタイプの山姥の話、新しくAタイプの鬼婆の話へ展開したと論じています。その上で、中世の謡曲の中にも、このAにつながる「黒塚」と、Bにつながる「山姥」という作品が創作されているということを指摘しました。つまり、民間伝承としての「昔話」と、中世社会で創作された優れた文芸作品である「謡曲」とのあいだに、共通する部分があるということを見出したのです。

民俗学の昔話研究というのはこのような、日本の昔話の歴史的な展開過程を追跡しながら整理していくという柳田國男の方法から始まりましたが、柳田に民俗学を学んだ関敬吾は、国際的な比較研究へという姿勢をとりました。タイプ・インデックス(類型目録)*による分類を基準とする、話型の分類と整理を中心とする研究です。

しかし話型に分類するだけでは、それぞれの昔話がどのような社会で生まれ育ちどのように広まっていったのか、生き生きとしたその伝承と変遷の過程における事実を追跡するというだいじな点が見逃されてしまいます。変遷があればそれはどうして変わっていったのか、そしてそこにはどんな意味があるのか、ということを比較しながら明らかにしていくのが民俗学における昔話研究のおもしろさです。同じような話が何処どこにもあります、というだけでは研究に深まりがありません。たとえば同じような話が外国にあり、それがもとで日本にも伝来したと考えられる場合には、具体的な伝播の経路、つまり時間と地理の上での実証的な論証が必要です。

たとえば南西諸島の喜界島と沖永良部《おきのえらぶ》島で伝えられている「七羽の白鳥」という話の場合は、グリム童話の「六羽の白鳥」や「十二人の兄弟」と同系統の話で、その限られた分布から、おそらく南蛮貿易を通して伝えられた可能性があると考えられます。比較してみると、グリム童話では「魔女」や「魔法」というのがカギになっているのに対して、日本では「継子いじめ」の話になっている点がお互いの違いとして注意されます。このような点が文化を比較する上ではだいじです。また、もう一つ、その分布に一定の傾向がある「百合若大臣」**の話なども、早くに坪内逍遥《しょうよう》が論じているように、それぞれの物語の類似性に注目して、古代ギリシアのホメロスの叙事詩「オデュッセイア」が南蛮貿易に関連し

＊世界各地の昔話を収集整理する上で、フィンランドのアンティ・アールネによる分類にアメリカのスティス・トンプソンが増補改訂を加え、二人の名前の頭文字をとったAT番号と呼ばれる番号を振り当てたタイプ・インデックス（類型目録）による分類を基準とし、話型の分類と整理を中心とする研究を進めました。そして、その後も日本の昔話の研究はこのような国際比較をもとにして分類され、『日本昔話通観』では約6万話が1211話型に分類されています。
＊＊百合若大臣：怪力で弓の名手の百合若大臣を主人公とした英雄譚。百合若は逆臣によってあざむかれ無人島に置き去りにされるも、苦難の末に帰国して復讐を遂げるというのが基本的な筋。口承文芸として九州地方を中心に広く分布するほか、幸若舞曲や説経節、浄瑠璃、歌舞伎などにも取り入れられている。

て伝わったのではないかという解釈があります。それをめぐっては賛否両論がありますが、おそらくその可能性を完全に否定することはできないでしょう。

昔話の類型的な分類というのは重要な基本的作業です。しかし、それに加えて、語り伝えられている現場の状況とその意味を、歴史と民俗の中に実証的に探っていくことがだいじです。その一つの方法として、個々の昔話の構成枠組と構成要素に注目して整理し分類して、そのような昔話がどのような段階差をもって変遷してきているのかを具体的に追跡することが有効でしょう。

伝説

伝説については、日本各地に伝えられている「弘法清水」の例で説明してみましょう。弘法大師が杖を立てたところから、きれいな水が湧いてきたという由緒を伝えている伝説です。近年では、環境問題や水資源としての注目から、地理学や自然科学の分野でも研究されている弘法清水ですが、民俗学では伝説としての側面から考えていきます。柳田國男は「日本の伝説」で、そのような伝説が日本各地に多いことについて次のように読み解いています。

たとえば、石川県の旧能美《のみ》郡粟津村井の口（現・小松市の一部）というところの例では、むかしはこの土地は水の不自由で困っていたが、ある老婆が米を洗う水を遠くから汲んできたところへ、ちょうど大師さまが来合せて、喉が渇いたからその水を飲ませてくれよといわれました。老婆が大切な水を惜しげもなくこころよくさし上げたところ、そんなに水が不自由なら一つ井戸を授けようといって、旅の杖を地面に突き立てると、たちまちそこからきれいな水が流れ出して、それがいまの池になったといいます。

同じように、石川郡（現・白山市）島越村の花阪というところでも、良い水がなくて困っていましたが、ある家の老女が遠方から汲んできた水を大師さまに飲ませました。すると、また杖をさして、ここを掘ってみよといって行かれました。それがいまの花阪の弘法池だといいます。それに対して、近くの打越という村では、今でも水がなくて毎日河へ水汲みに行っていますが、それはこの村の老婆が、大師さまが水をほしいといわれた時に、腰巻を洗う水を勧めたその罰だといっています。また、隣の吉原という村では「吉原の赤《あか》脛《すね》」という言葉があり、村の人が股引《ももひき》をはくと病気になるというので冬でも赤い脚を出しているからなのですが、それはある姥《うば》が股引を洗濯しているとき、水を一杯くれといわれた弘法大師に、その洗い水を打ち掛けたからだといいます。

それらの伝説を集めてみると、旅の高僧は弘法大師の話がいちばん多いのですが、他にも空也《くうや》上人や性空《しょうくう》上人や親鸞上人や日蓮上人だったりしています。また、清水の湧く泉や井戸の話の他にも、温泉が湧いたという話もあり、摂津の有馬温泉では豊臣秀吉が杖をついて温泉を出したという話が伝わっています。関東では八幡太郎源義家の話になっている例も多くあります。

　そこで、柳田が指摘しているのは、自然の不思議を語るとき、その話の組み立てはほぼ同じなのにそれを構成している人物や事物がよく入れ替わる、ということでした。昔話はあらすじとしての一定の組み立て、枠組みというのがあります。その中で登場する主人公や場所や事物などの要素が、多くの昔話を集めて比較してみれば少しずつ異なっている例が多いのです。さっきの昔話の例でいえば、山姥から鬼婆へという変化は、共通する昔話が語られてきたその伝承の中で起こった要素変換の結果であると読み取ることができるということです。

　弘法大師が実際にそれぞれの日本各地の弘法清水の伝説の地に行くなど考えられないということは、誰でもうすうすはわかっているはずです。にもかかわらず、有名な高僧や英雄が訪れてきて杖を立てたのがいまある泉や温泉の起源だという話になっているのです。そこで、柳田はこれらの伝説を比較し、旅の高僧の相手が老婆や姥、たまたま若い身であってもことごとく女性である点を重要視しています。

　清水の湧く泉というのはもともと世俗の人間の所有物ではなく、ありがたい神の占有であったという考え方が基礎にあり、伝説ではその泉の水の恵みに対して神を祀った女性がおり、いわばその巫女の口から説かれた霊験譚が土着して、それぞれに成長したものであろうと推測しました。旅の高僧や偉人というのは、それがただの人ではないということを示しており、おそらくはもともと神のことで、弘法大師の大師というのはおそらく大子《だいし》で、長男をさす語であり、神の世継ぎという意味があったのだろうといっています。

民俗の伝承の中では、神はしばしば童児の姿で示現するという考え方が古くからありました。その神が各地を訪れたというのは、祀りを受けるためにその地に来臨したのだという考え方によるものだったろうといっています。

民俗学で伝説を考える、それは伝説の背景にある自然や歴史についての、人々の考え方の特徴を読み解いてみることです。全国各地の具体的な事例をたくさん集め、いつ、どこで、誰が、何を、どのように、そしてどうしたというのか、細かい点についてそれぞれの情報をよく整理し分析してみます。歴史の事実としては荒唐無稽な話の内容であっても、それが伝説として語り伝えられてきている理由と、その中でもさまざまな違いが生まれてきているということについて、何が残り何が消えていくのかについて、考えていきます。そして、語り伝えられているその話の枠組について、なぜなのかを分析していきます。その中からその伝説がながく伝えられてきた理由がわかってくるでしょう。

都市伝説

都市伝説のたぐいもまた、人々のあいだで語られ、伝わっているものです。1970年代末から80年代に流行った「口裂け女」や「トイレの花子さん」「人面犬」など、奇妙でちょっと怖ろしいような話はあっという間に流行し、いろいろと尾ひれがついていきながら、やがて収束します。「流行《はや》れば廃《すた》れる」のたとえがぴったりの現象で、一種の伝染病、流行病《はやりやまい》のようなものともいえるでしょう。

「都市伝説」という言葉のはじまりは、アメリカのフォークロリスト（民俗研究者）ジャン・ハロルド・ブルンヴァン（Jan Harold Brunvand １９３３〜）により１９８２年に『THE VANISHING HITCHHIKER : American Urban Legends and Their Meanings（邦題：消えるヒッチハイカー）』という著書が刊行されてからでした。１９７０〜８０年代にかけてアメリカ社会で流通していたうわさ話を題材としたこの著作で、rumor ではなく urban legends という新しい語が使われたのです。

この単語はブルンヴァンの造語で、当時の研究社版の『新英和大辞典』（１９５３）にも、小学館の『プログレッシブ英和中辞典』（１９８０）にも掲載されていない、まったく新しい造語でした。その訳語である「都市伝説」という語も、小学館の『日本国語大辞典』（１９７２）にも掲載されていない、やはり新しい翻訳用語でしたが、それでも当時の民俗学関係者たちによって目新しい語として受け入れられていったのです。

それはちょうど、日本で１９６０年代以降の高度経済成長期を経て、旧来の農林水産業中心の社会から重化学工業中心に労働力が集中する都市型社会へと、大きく転換していったあとのことです。それまで老人の語り手と子どもの聞き手という関係の中で伝えられていた昔話や伝説の語りの現場が少なくなり、民俗学の調査も研究も停滞していた時期でした。都市型社会化が進む日本でも1980〜90年代、奇怪な内容のうわさ話の流行現象が見られ、関心が高まっていましたから、それをそのまま「都市伝説」と呼ぶことによって研究していこうという動きがあらわれたのです。

「都市伝説」という語はまもなくマスメディアによって広まりましたが、一方で民俗学の研究としてはなかなか学術的にも理論的にも深まりませんでした。先に述べたように、ブルンヴァンの造語の訳語として充てられた言葉から始まったもので、研究にあたっての概念規定が十分でなかったためです。奇怪なうわさ話といった素材は多くの人たちの興味や関心を集めることができましたが、学術的な研究として内容を深化させるには、課題が多くありました。

オルレアンのうわさ

都市型社会へ向かう中でのうわさ話を研究した例としてはもうひとつ、社会学の分野からの研究がありました。フランスの社会学者エドガール・モラン（Edgar Morin 1921〜）の1969年の『La Rumeur d'Orléans（邦題：オルレアンのうわさ』）です。前述の『消えるヒッチハイカー』の日本語訳より十五年も早く、社会学で注目されたテーマで、伝統的な「昔話」「伝説」とは異なる、現代社会に生成する話群に注目して研究を試みたものでした。民俗学で都市伝説を考える上ではむしろその本の方が参考になると思いますので、紹介しておきましょう。

フランス中部の都市オルレアンで、1969年5月中旬、おしゃれなブティックの試着室に入った若い女性が次々と行方不明になっていくといううわさが流れました。うわさされたのは若い女性に人気があり繁盛していた六店舗で、いずれもユダヤ人が経営する店でした。根も葉もないうわさであったにもかかわらず爆発的な流行をみせたその現象に対して、モランはただ「オルレアンでなぜ、どのようにうわさが生まれたのか」ではなく、むしろ「同じような多数のうわさのうち、オルレアンでだけ異常なうわさの進展が生じたのはなぜか」を問いました。「他の土地よりもうわさがはるかに強い力を得るように媒介し刺激したメカニズムとは何なのか」を探ったのです。そして、うわさの発生から拡大や変化の過程について四つの段階を追って追跡しています。

第一段階は、うわさが卵からかえる孵化《ふか》という現象が思春期の少女や若い女性たちから起こったこと、第二段階はそれが大人たちへと拡大し増殖していき、大人の女性もそのうわさで語られる内容を危険なものととらえたことにより、かえってうわさの拡大を助長したこと、第三段階は「転移」に移行し、うわさを眉《まゆ》つばだとか冗談だといって信用しない人に対しては、具体的な店の名前を出して告発し非難するように変化し、警察も市長も新聞もすべてユダヤ人たちに買収されているといいはじめ、ユダヤ人への非難という攻撃的な面をもつようになったこと、第四段階では転換期がやってきて、そのような差別に反対する政治や組織の介入により中傷や偏見や策謀は終焉《しゅうえん》を迎えて収束する、というものです。

集めた情報をモランは以上の四段階で整理していきました。最後には解体されたはずのうわさは、分断されたままその「残留物」を残し、その後も小さなうわさを発生させる「病菌」を残します。うわさが沈静化してもなお、オルレアンのうわさは人々の間で完全に忘れ去られることなく、形を変化させるなどして残っていくというのです。

また、オルレアンのうわさに信憑性をもたせたはたらきをめぐっては、一つの特徴を指摘しています。一つ目は、誰が誰から聞いた話として、その情報源から信憑性を得るという点です。たとえば、麻酔をかけられた女性が運びこまれた病院の看護婦が、自分の伯母《おば》に話したところでは……などといった、確かな情報源による裏付けをもつものとして具体的に語られます。うわさを語り伝える人は、看護婦や婦人警官、行方不明となった女性の家族のごく親しい親類、友人、隣人などを「知っている」というわけです。新しい環をたぐりよせ、さらに二つ三つと鎖をつなげ、うわさの当事者、あるいは第三者から得た情報として語られることで「本当らしさ」が得られていくのだといいます。

信憑性をもたせる特徴の二つ目は、マスメディアの影響です。「ニュース」が想像的なものを刺激し、想像の方がニュースを促すというように、相互の働きかけがある。そうして、その二つはとてつもなく活発な現実と想像とのアマルガムのなかで、それぞれ他方に、自らのもつ性質を帯びさせていく」。うわさにおける人々の想像と、マスメディアにおける現実的なニュースとしての報道、その両者が互いに影響しあい、現実では起きそうにないオルレアンでの女性誘拐のうわさ話に信憑性が与えられていくというわけです。

オルレアンのうわさの背景には、「女性誘拐」「ユダヤ人」「女性解放」という要素とともに、「現代化・都市化」と「不安」という要素がありました。現代の都市は、いわば精神的・文化的中心ではなく単に社会的・経済的中心の場所であり、「定まった形はなにひとつもたない雑多なものの集合、頭脳ももたないごたごたとしたものの密集にすぎない」と分析しました。そうした現代的な都市の中で不安はかき立てられ、うわさを促したのです。フランスの首都パリに近いオルレアンという地方都市の位置にも、不安をかき立てる要因、うわさをうながす要因がありました。閉ざされた地方社会的な性格と最新の現代的性格とが共存していたからです。古くからの習慣をもちながら、パリに近く、現代化と都市化の影響を強く受けていた町であり、その結果、ファッションという枠の中でオルレアンのうわさが発生し拡大した、とモランは分析しました。

モランは分析にあたり、うわさに含まれる「女性誘拐」というテーマがもつ意味を明らかにしようとしましたが、その中でとくに主張したのはオルレアンにおける「現代化」と「不安」という問題です。「女性誘拐」や「ユダヤ人」といったテーマは中世から続くイメージであり、それが現代社会においてうわさとして表出したのだと指摘しました。「現代化」とは現代における「中世」化、つまり中世的な社会への回帰であり、その「現代化」には「不安」がともなっています。誘拐がいつでも起こるような無秩序で複雑な現代都市に対する不安、ユダヤ人に対する不安、新たな技術や流行によって慣習を変化させられることに対する不安などが、オルレアンにおけるうわさの現象に大きな影響を与えたのだといいます。

このモランの、近代的な都市化社会で生まれてくる根も葉もないうわさであってもそれが爆発的な流行をみせるという現象に対しての分析の方法は、日本の民俗学にとっても参考にすることができるものだと思います。

世間話

先にも述べましたが、日本社会でも昔話や伝説の語りについて直に調査し採集すること、それをもとに研究することが、高度経済成長期の大規模な生業変化と社会変化の中で１９６０年代後半からはむずかしくなってきていました。同時に根本的な問題となったのは、結局みんな年を取り、世代交代していくという必然です。日本各地の農山漁村の生活の中で老婆が孫たちに語って聞かせてくれていた世界はくずれていったのです。話し手が高齢化して亡くなっていき、聞き手も都会に出て新しい生活者となり、昔話や伝説を研究しようという若者たちも都市生活の中で育った者が多く、農山漁村の生活体験がない者ばかりになっていきました。そうした都市型化社会にあって人々の興味や関心を惹いたのが、日常生活の中で語られる現代社会のさまざまな語りとその流行でした。そうした中で旧来の「昔話」「伝説」とは異なる、そのような現代社会の語りを対象とする研究で使われるようになったのが「世間話」という言葉でした。

「世間話」という呼び名はもともと、高度成長期以前には、自分が住んでいる土地以外の地、つまり他郷のことを広く「世間」といっていた時代に使われていたものです。むかしは村里を訪れる行商人や遊歴の文人や行脚《あんぎゃ》の僧や旅芸人たちがいて、宿泊先の主人に世話になるかわりに、各地の旅先で見聞きしたことを誇張も交えておもしろおかしく語っていたという状況がありました。それを「世間話」と呼んだのです。柳田國男は、その世間話の特徴は「懐疑的信憑性と驚愕《きょうがく》的刺激性」だといっています。みんなが驚くほどの内容、嘘かもしれないけれど本当かもしれない、そんな自分たちが見たことも行ったこともないような他所の世界の話というのが、村里の人たちの想像力をたくましくして心を躍らせていったのです。そこにはいつの時代でも変わらないしくみがあるようです。

1960年代の大きな社会変化の中で、柳田に学んだ人たちにより、雑誌『西郊民俗』25号で「世間話」についての特集が組まれましたが、肝心の「世間話」とは何かについての概念規定はあいまいなままになっています。そして、その後は「世間話」「都市伝説」「現代伝説」「現代民話」などの呼称がそれぞれ思いつくまま、整然としないまま使われてきています。学術的な民俗学の観点からいえば、それぞれの概念規定をはっきりと示された上で、使われていくことが必要でしょう。

これから、民俗学を学び、昔話や伝説や世間話を研究したいという若い人たちには、まだまだたくさんの未知で未開の切り開いていくことのできる課題が待っています。昔話や伝説や世間話について、民俗学ではその歴史や伝承と変遷の動態について、そしてその構造的な分析へという視点をもって、それぞれの話が具体的にどのように語られ、さらにはその情報がメディアを通じてどのように発信され、どのような世論操作にも利用されているのかということまで含めて、語りと伝承の世界のしくみの解読を試みることがだいじです。それに挑戦することから大いに知的な刺激を与えられるにちがいありません。

（新谷）

【参考文献】
柳田國男「口承文芸史考」「昔話と文学」「昔話と文学」「昔話覚書」（『定本柳田國男集』第6巻）筑摩書房、1968年
柳田國男「世間話の研究」『定本柳田國男集』第7巻）筑摩書房、1968年
柳田國男「日本の昔話」「日本の伝説」（『定本柳田國男集』第26巻）筑摩書房、1970年
A・アールネ／関敬吾訳『昔話の比較研究』岩崎美術社、1969年
関敬吾『日本昔話大成』（全12巻）角川書店、1978〜1980年

稲田浩二、小澤俊夫責任編集『日本昔話通観』（本篇29巻・研究篇2巻）同朋舎、1977〜1998年
荒木博之ほか編『日本伝説大系』（全15巻・別巻2巻）みずうみ書房、1982〜1990年
松谷みよ子『現代民話考』（全12巻）立風書房、1985〜1986年／ちくま文庫、2004年
津金澤乃「昔話「三枚のお札」と謡曲「黒塚」「山姥」」（『国立歴史民俗博物館研究報告　第240集』）2023年
E・モラン／杉山光信訳『オルレアンのうわさ』みすず書房、1997年
J・H・ブルンヴァン／大月隆寛ほか訳『消えるヒッチハイカー』新宿書房、1997年
日本口承文芸学会編『こえのことばの現在』三弥井書店、2017年

3　妖怪と幽霊

本章の最後に「妖怪と幽霊」にも触れておきます。目には見えない、不思議で時に怖ろしいあやかしの存在に、私たちは昔から関心を寄せてきました。たとえば江戸時代には、さまざまな妖怪を画題とした「百鬼夜行絵巻」の類が数多く描かれ、江戸時代中期の上田秋成の『雨月物語』（１７６８）は怪異を題材にした文学作品の傑作の一つとされています。また、庶民の間で人気を集めたのは、さまざまな妖怪の話を収めた『百物語』でした。また、三遊亭円朝（１８３９〜１９００）の人情噺《ばなし》、怪談噺の「牡丹灯籠《ぼたんどうろう》」、「真景累ケ淵《しんけいかさねがふち》」、「番町皿屋敷」など気味の悪い恐ろしい幽霊話の傑作は、幕末から明治時代に大ヒットした作品でした。

なぜ、私たちは妖怪や幽霊に魅力を感じるのでしょう。妖怪や幽霊とは、私たちにとっていったいどういった存在なのか、人間はそれらをどのように捉えてきたのかについて、少し考えてみることにしましょう。

死の発見

そもそもなぜ、人間は霊的な世界を考えるようになったのでしょうか。

それは、はるかむかし、人類が進化の過程で「死」を発見したからです。アフリカ大陸で発掘されている化石人骨に加工の痕跡があったり、赤色マーカーが塗られていたりする事例から、少なくとも紀元前3万7000年位前には死が発見され認識されていたといえます。死の発見は、ホモ・サピエンスの精神世界にビッグバンを引き起こしました。死を発見したということは、つまり「生」を発見したということです。そして、人間は、いま生きている自分たちはやがては死ぬのだということを考えはじめました。

死ぬという恐怖、生きている喜び、死んだあとはどうなるのかという不安。そこから、この世とあの世という他界観念がめばえ、同時に、私たちを生かしている生命の根源として、霊魂の観念がめばえたのです。

霊魂観念と他界観念のめばえは、宗教の誕生を意味しました。人間にとっては目に見えない霊的な世界があるということを考えざるをえなくなったというわけです。その霊的なものが宿るもの、媒介するものとして、巨岩や聖樹、森や社や堂といった装置が生まれました。神社や寺院や教会やモスクなども同様です。それがない社会は地球上どこにもないといえるでしょう。

そして大いなる自然に対する畏敬や、人知の及ばない不思議さという感覚から、そこに宿る目には見えないもの――神々や精霊、妖精、妖怪といった存在を想定する観念がめばえ、人間の死を前にして、死者の霊魂や幽霊の存在を意識するようになったのではないか、と私は考えています。

井上円了の妖怪学

では具体的に、まずは妖怪について、私たちがその存在をどのように捉えてきたかを見てみましょう。

明治の文明開化の時代にあらためて妖怪の話にまじめに取り組んだのが、『妖怪学講義』を著した井上円了（1858～1919）でした。井上は妖怪学について、それは応用心理学の一部分であり、妖怪についての事実を収集してそれに心理学の上から説明を与えるもので、哲学や心理学の研究に志ある者にとって有益なはずだといっています。妖怪とは、すべての妖怪不思議に属するものの総称であり、洋の東西、世の古今を問わず、いわゆる道理や一般の規則では説明も解釈もできないもののことである、と。井上はまず、物理的妖怪（狐火・流星・不知火《しらぬい》・蜃気楼《しんきろう》など）と、心理的妖怪（奇夢・神感・狐憑き・予言など）とがあるとしました。そして、第一種が外界に現れるもの（幽霊・狐狸・天狗・鬼神など）、第二種が他人の媒介によって行なうもの（巫覡《ふげき》・神降し・人相・方位・卜筮《ぼくぜい》・祈禱など）、第三種が自己の心身に発するもの（夢・夜行・神感・俗説・妄想・精神病など）という三種類に分けて整理しています。

妖怪の研究の目的とは何か。それは古来、妖怪不思議として道理の外に置かれていたものを、道理の内側に引き入れること、「心理的妖怪を説明」しようとすることであり、「宇宙間には唯一の因果必然の規則あること」を知り、「学理にもとづきてその道理を考究する」ことである——それが妖怪の研究には必要であるといっています。

井上の見解の中でとくに注目されるのは、世間一般に妖怪だと信じられているものは真の妖怪ではない、といっている点です。真の妖怪とは、「絶対の大怪にして、その胎内に一切の妖怪も非妖怪もみなこれを包有せるをもって、世間普通の種々雑多の妖怪は、妖怪の一分子、一元素にも足らざるものなり」、真の大妖怪とは「精微至大の体、ひとたび動きて二象を現ず。その一はこれを心と名づけ、その二はこれを物と名づくこの二者互いに相接し相交わりて、その間に隠見するものは小妖怪に過ぎず」、「よろしく偽物妖怪を一掃して」、真の妖怪、大妖怪に接触することが第一であると説きます。「妖怪研究は万有普遍の規則にもとづき」、科学的で合理的な解釈こそが真の大妖怪を明らかにすることができる、それこそが肝要だというのです。しかし、その真の大妖怪を合理的に解釈できたのかといえば、そこまでには至っていません。その未解明の問題を残していたことと、円了が仏教研究と哲学とに精進していったこととの間には、やはり一定の関係があったことと思われます。

円了は、まず身近な例として、世間に流行っているコックリ（狐狗狸）さんの例に注目しました。

コックリさんでは、一尺四寸ほどの生竹を三本立てて緒で三叉《みつまた》に結び、その上に飯櫃《めしびつ》の蓋《ふた》を載せて、三人でそれぞれ向かいあって座ります。三人で片手あるいは両手で櫃の蓋をゆるく押さえ、そのうちの一人が「狐狗狸さま、狐狗狸さま、お移り下され。お移り下され」といって、コックリさんに三叉の竹と飯櫃の蓋に乗り移ってもらい、いろいろな伺いごとをして教えてもらうというまじないです。

円了はたくさんの関連情報を集めた上で、コックリさんの蓋の回転なども結局は人間の心性作用からきているものであり、主として不覚筋動と予期意向とによって生じるものであるとのべています。「コックリは狐狸のなすところにあらず、鬼神のなすところにあらず、電気の作用でもなければ、器械の装置でもなく、また故意をもってなすにもあらず、ただ器械の装置に心性作用を相合して生ずるものなり」。人間の心性作用がその主因であるがゆえに、心理学によって論じるべきものである、というのです。つまり、世間の種々雑多な偽物妖怪についてはすべて合理的な解読が可能なのであり、まずはそのような迷信からの開明が必要だと主張したのでした。

柳田國男の妖怪論

一方、柳田國男は民俗学の視点から、オバケや幽霊の話について、それを迷信だと決めつけて無用のものとしてしまうことはしませんでした。『妖怪談義』は戦後の昭和31年（1956）に刊行されたものですが、その序文では、井上円了のように妖怪不思議を合理的に解釈して解決しようというのではなく、まだ私たちにはわからないものでも気をつけていたら少しずつわかってくるかもしれないから、まずはよく似た話をたくさん集めておいて考えていこうという姿勢が記されています。大事なのは、そのような妖怪の話を集めて整理分析することによって、人々の人生観、とくに信仰の歴史とその推移を明らかにできる、そして畏怖というもののもっとも原始的なかたちはどんなものだったのか、ということを明らかにしていけるのではないか、という視点でした。『妖怪談義』の中には、大正3年（1914）の「川童の話」や大正8年（1919）の「ザシキワラシ」をはじめ、小豆洗いや一つ目小僧、天狗の話などもあります。

妖怪という目には見えない対象を考える上でも、近代の知識人である井上円了や柳田國男はやはり、その対象を分類し整理して考えていくという基本を示していました。柳田はまず、オバケと幽霊とを区別しています。オバケは出現する場所や時刻がだいたい決まっており、とくに夕暮れどきのたそがれの時刻が多く、相手を選ぶことなく出る。一方幽霊は、ただこれぞと思う者だけに思い知らせようとしてどこへでも出没し、時刻はだいたい深夜の丑三《うしみ》つ時というのが多い。この二つを区別することなく「怪談」などと呼んでいるような者は自分たちの学問の仲間には入れないとまでいっていたのでした。

目には見えない妖怪の研究にはさまざまな議論や考え方がありますが、民俗学で考えるということでいえば、私が柳田から学ぶとよいと思われるのは、たとえば『妖怪談義』の次の部分です。

柳田は、ウグメという怪が船幽霊のことであり、海で死んだ者の亡魂がウグメになったという伝承に注目しました。海上の妖魔を、九州沖縄地方ではもとは「シキ幽霊」「ソコ幽霊」と呼んでいましたが、それがいつの間にか「ウグメ」と呼ばれるようになり、化け物は名前までもが変幻出没していたといっている点です。幽霊と化け物とが交錯する例もあることに注目したのです。ウグメと妊婦が死んで化した「ウブメ」との比較などを通して、柳田はさまざまなオバケの伝承を収集整理することによって、その変遷の様相を見ていこうとしていたのでした。

河童

河童は日本の妖怪のひとつといえます。江戸時代には本草学者や絵師によってさまざまに描かれ、そのイメージが広がり普及していきました。寺島良安（1654～？）の『和漢三才図会』には「水虎《すいこ》」「川太郎」「一名川童」とあり、九州の渓澗《けいかん》池川に多く10歳位の

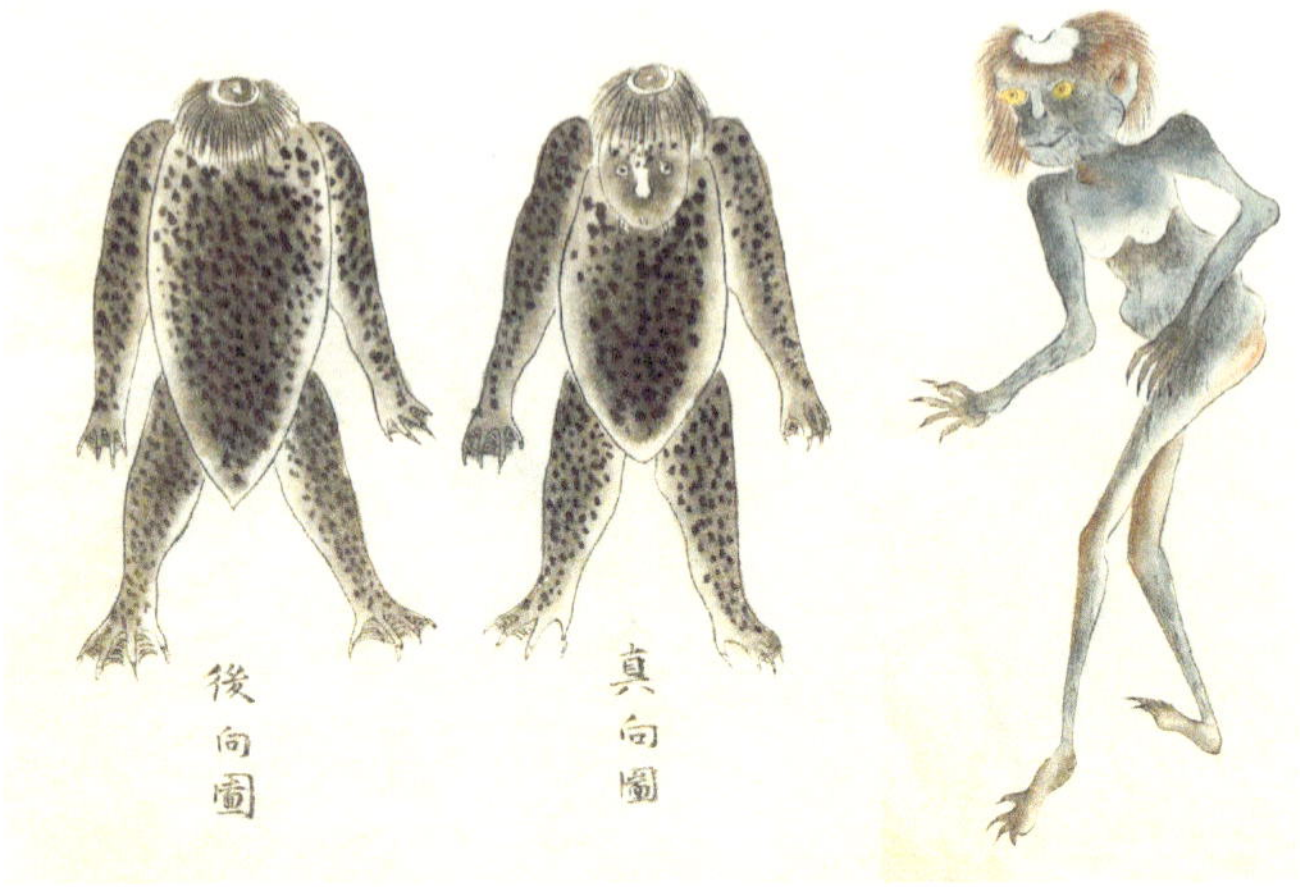

古賀侗庵『水虎考略』に描かれた河童

子どもの大きさで頭頂部に皿があり水が溜まっているといい、相撲を好み、金物を嫌うと解説しています。小野蘭山（1729～1810）の『本草綱目啓蒙』や、古賀侗庵《とうあん》（1788～1847）の『水虎考略』には、日本各地から河童の情報が収集されて豊富な水虎図が掲載されています。それら近世の図ではみんなグロテスクな妖怪の類として描かれています。近代から現代には小説や漫画の題材となり、企業や地域おこしのキャラクターともなりました。画家の小川芋《う》銭《せん》（1868～1938）による「河童百図」もありますし、芥川龍之介（1892～1927）は「河童」という作品で河童を通してみた痛快な社会風刺を描写し、7月24日の命日は「河童忌」とされています。

河童をたいへん有名にしたのは漫画家の清水崑（1912～74）と、それを引き継いだ小島功（1928～2015）でしょう。清水崑は『週刊朝日』に「かっぱ天国」を連載（1953～58）し、1955年からは黄桜酒造（現・黄桜株式会社）のCMキャラクターとして河童が広く知られるようになりました。小島功が1974年に引き継いだ黄桜酒造のCMキャラクターの河童では、かわいらしい河童のイメージと妖艶な女性のイメージも加えられて親しまれ、現在もそのイメージは定着しているようです。

民俗学では柳田國男と折口信夫が、文化人類学では石田英一郎（1903～68）が、それぞれ河童についての学術的な論文を書いています。三人の見解をまとめてみると、次のような八点を挙げておくことができるでしょう。

①河童は、水の神、水の精霊の表現の一つであった。

②水の精霊、河童は地下水脈の信仰からその通い路はどこへでも通じる水の世界でつながっていると考えられた。

③河童が馬を水に引き込もうとするのは、もともと馬を水の神へ供犠として供える儀式があったからである。

④馬を災厄や疫病から守るのは猿だという信仰があり、厩舎《きゅうしゃ》にはよく飼い馴《な》らした猿がつながれていた。

⑤猿まわしはもともと厩馬の安全を祈禱する職能者であった。日吉山王社の猿は琵琶湖

の湖水近くで水をよく見ていて、もっとも浄い水の到るのを待って神に告げて神の禊ぎを執り行なった。悪い水や水の中に邪悪が潜んでいることも猿はよく悟ると考えられ、屋敷の水を讃《ほ》めることを中心とする屋敷、建物の祝福や屋敷に入って来る邪悪・疫癘《えきれい》の退散のために猿を舞わせる風がおこった。

⑥河童から教えられた金創の妙薬、接骨の法というのが伝えられているのは多くが馬術の家であり、落馬した者への治療法、手足の骨接ぎの術であった。相撲の家にも同じく手足の骨接ぎの術が伝えられていた。河童は相撲が好きというのは相撲の家と関係があったからである。

⑦胡瓜は新しく異国からやってきた瓜であり他界から邪悪を携えてきた神の形代としてそれを川に流し送る風がおこり、夏祓への川祭りに胡瓜を用いるようになった。それがしだいに水の神への供物となり、河童の好物が胡瓜となった。

⑧河童の皿はもと下に向いており、富の貯蔵所、生命力の匿《かく》し場であった。皿の上に水という要素は後から加わったものである。鉢かづき姫の物語も、河童と同じく水の神の姿をそなえており、頭に皿を伏せて頂いていて、その下には数々の宝が匿されている。鉢かずきの鉢がこわれることで財宝が堆《うずたか》く出てきてめでたく解決がついたのである。

このような学術的な研究の成果は、一般の人たちや子どもたちには少し難しすぎるようで、触れる機会は少ないかもしれません。しかし、民俗学を学んでみようという人は、河童はそもそもなぜ日本の各地で不思議な妖怪と考えられてきているのか、実在するものかどうかそれすらはっきりしないのに、なぜそれに魅力を感じる人がいて話題になってきているのか、そういう問題について考えてみるといいでしょう。そのときにはやはり、これら柳田や折口、石田などのような先行研究の成果をよく学んでおいて、それに対して自分自身も調査して情報を集めて自分なりの新しい見解を発表していくこと、それが楽しいのです。

妖怪の商品化と学校の怪談

妖怪には、その不気味さや怖さとともに不思議な魅力、魅惑があります。いわゆる「怖いもの見たさ」の衝動もあるからでしょう。気味が悪いけど見てみたい、そしてその世界にいったんはまると抜け出せなくなる、というところがあります。多くの人たちの想像力をふくらませながら、またそれを誘導するような発信者たちもいます。伝染と感染と流行が妖怪ネタの特徴のひとつのようです。

日本が高度経済成長期を迎えて社会のしくみが大きく変わっていった頃、1960年代後半からブームになったのが、楳図《うめず》かずお（1936〜2024）の恐怖漫画『へび少女』や『漂流教室』、水木しげる（1922〜2015）の妖怪漫画『ゲゲゲの鬼太郎』（196

7）などです。『エクソシスト』（日本公開1974）をはじめとした海外ホラー映画も人気を呼びました。それらは新しい情報化社会における新たな「妖怪の商品化」ともいえる動きでした。水木しげるの漫画では、主人公の鬼太郎や目玉おやじとともに、「砂かけ婆」「子泣き爺」「一反木綿」「ぬりかべ」など、それまで各地の民俗伝承の中で語られていた妖怪たちも題材として取り入れられ、認知度を上げていきました。かつての農山漁村における農業や漁業を中心としていた社会から、新たに都市近郊の企業や役所への勤務と労働、その給与所得に依存する社会へと、家族親子ともども変化していく中で、妖怪の話題も新しい様相を呈していったのです。

妖怪の話は、古くから農山漁村では一定のある場所を舞台に語られていたのですが、次第にそこから離れて、学校や子どもたちの日常生活の中で異常な話として語られるようになっていきました。誰もいなくなった体育館や講堂、また理科室や音楽室など、人が集まるけれどもときには誰もいなくなるような一定の場所や、一定の時間を舞台に語られていったのも一つの特徴です。そういったさまざまな話を収集して「学校の怪談」として紹介していったのが、童話作家でもあった松谷みよ子さん（1926〜2015）です。

松谷さんは著名な童話作家でしたが、実際に語られている現代の民話を収集するために、熱心に現地に赴きました。当時は昔話や伝説のたぐいが、人々の生業の変化や生活時間の変化、そして語り手の高齢化によってむかしながらの語りのほとんどが廃れようとしており、民俗学の関係者の多くも新たな採集の機会を失って研究も停滞しはじめていたときでした。松谷さんはあらためて「民話」という枠組みで、人々の日常生活における体験や語りを貴重な資料として収集し、記録していたのでした。

「民話」という言い方は、１９５０年代の木下順二の「夕鶴」の上演をきっかけにして生まれた「民話の会」の名前に使われた言葉です。そのなかで使われた「民話精神」は、戦後の民主主義の原則をつらぬくという一定の思想性を帯びた名前でしたので、当時の民俗学ではなるべく使わないように避けていた言葉でもありました。それはそれとして、私自身は松谷さんの民話の採集というしごとぶりに関心をもち、平成11年（１９９９）に松谷さんの自宅兼仕事場で直に話をお伺いすることができました。１９５０年代まで行なわれていた日本の昔話の採集がすでに困難になっていた当時、話者がいると耳にすればすぐに出かけていったという、松谷さんは、採集現場の苦労と楽しさをよく知る方でした。私はそのような方との貴重な出会いに恵まれたことを、いまも感謝しているところです。そして「学校の怪談」についても、流行していった呼称の発信者であり当事者でもある立場から、いろいろと興味深い話を聞かせてくださいました。

その後、平成25年（２０１３）に発売されたのがゲームソフトの「妖怪ウォッチ」でした。ある夏の日、主人公が虫取り中に妖怪執事ウィスパーと出会い、妖怪を見ることのできる不思議な時計を手に入れたことから、至る所に出没する妖怪と友だちになり、時には彼らと協力して、町の人々の悩み・問題を解決しながら物語を進めていくというものでした。作中では、世の中の困った問題や不思議な現象はすべて妖怪のしわざとされており、妖怪と友だち契約をすると妖怪メダルが渡されて、妖怪を呼び寄せて協力を得ることができるのです。そのシリーズが爆発的な人気商品となっていることからも、私たちの日々の生活の中に、ふつうには目にも見えないけれども何か不思議や怪異や霊異の力が働いており、それをもつ霊的な存在がいるという感覚や意識が潜在し底流しているのであろうということを考えさせます。

さて、さまざまな妖怪のたぐいをただ集めてみるのも楽しいのですが、ここでも民俗学で考える視点と方法について少し説明しておきましょう。

一つには、歴史の中で古くから語られたり描かれたりしたものと比較して、それらとの共通点と相違点に注目し、どこが同じでどこが違うかその検討によって、そのような怪異の話の変遷と伝承の動態について分析することです。たとえば江戸時代の怪談集『怪談老の杖』や読本『絵本小夜時雨《さよしぐれ》』などと比較しても面白いでしょう。

もう一つには、怪談の内容とともに、それが流行りまた廃れていった時代の背景と、語られる場所について注目して分析してみることです。たとえば川奈まり子さん（１９６７〜）は、『八王子怪談』でいろいろな怪談を紹介していますが、それらは１９６０〜７０年代の大規模開発の時代を背景として語り出されていたものであると推測できます。１９

76年から81年までの五年間、彼女は八王子地区で勤務していたことがあり、その中での聞き取り体験をしていたからです。それまで身辺の安定していた地域社会の環境や秩序が土木開発により激変していくとき、潜在意識の中にあった霊異的な存在への感覚が呼び覚まされるというしくみです。それについては、私も先述の『ケガレからカミへ』で和歌山県下での事例で紹介していますので、よかったらお読みいただけるといいかと思います。

幽霊

幽霊の話がとくに文芸の世界で発展したのは江戸時代後期から明治にかけてです。「牡丹灯籠」「真景累ヶ淵」「番町皿屋敷」「四谷怪談」などは聞いたことのある方も多いでしょう。絵画としては、青森県弘前市の久渡寺《くどじ》に納められている円山応挙(1733～95)のいわゆる幽霊図がよく知られています(現在では、それらは「返魂香之図」と呼ぶのが正しく、最愛の妻妾《さいしょう》を亡くした弘前藩家老森岡元徳がそれを偲んで供養のために絵師に描かせて、天明4年(1784)に久渡寺に奉納したものであることが近年の研究によってわかりました)。

幽霊というのは、ただの亡霊とは違います。深い怨恨《えんこん》をいだいており、その恨みを果たすためにあらわれるのが幽霊です。その多くは若い男女の恋愛のもつれから、またその他の悪い男たちから非道な仕打ちをうけた女性が、そのまま黙ってはいませんよといって「うらめしやー」といいながら現れるのです。

「牡丹灯籠」の話というのは、多く人々の関心と興味をひいてさまざまに語られています。深い仲になった新三郎とお露の話です。夜ごと灯籠をもって訪れる亡霊となったお露、それを迎える若い男は楽しい逢瀬《おうせ》を重ねるごとにやつれていくのですが、それに気づかぬ新三郎。このままでは死ぬと教えられ、修験者にもらったお札を家中に貼って決して外に出てはいけないといわれて家に籠《こも》ると、毎晩、家の周りを回りながら中に入れず恨めしげに悲しげに呼びかけてくるお露。最終日、やっと夜が明けたと騙《だま》されて、自分の命よりお露への想いを断ち切れずにお札をみずからはがして出て行く新三郎――聞く者の多くを震撼させる話でした。

その他、「真景累ヶ淵」のお助、「番町皿屋敷」のお菊、そして「四谷怪談」のお岩さんなどもあります。お岩さんは、極悪非道の民谷伊右衛門に毒薬を盛られ、惨殺された貞女のお岩さんが幽霊となって復讐し、伊右衛門に天罰が下るという話です。それらの幽霊話は、歌舞伎や落語や講談などの文芸作品であると同時に、その当時の社会的な役割からいえば、一種の道徳や倫理の教えでもあった可能性があります。弱い立場の女性には優しくしなければいけない、男性の金銭欲や出世欲のために裏切ってはいけない、ひどい仕打ちをうけて怨《うら》みをもったまま死んだ人は化けて出てくるぞという話を、子どもたちが聞くことによって、非道な人殺しをしてはいけない、自分の欲望のために他人を犠牲にしてはいけない、ということが教えられていたと考えられます。「四谷怪談」はいまでは夏場のこわい話として上演されていますが、文政8年（1825）の江戸中村座での初演では「仮名手本忠臣蔵」とともに演じられており、武士の理想である忠臣蔵の大石内蔵助とは真逆の最低の男として描かれていたのが民谷伊右衛門でした。

そのような文芸作品とは別に、1960年代までの高度経済成長期以前の農山漁村、それに町場や都市部でも、人が亡くなった葬式の時には、亡くなったその祖父母や近所の老人たちの霊魂の話がさかんに語られていました。

柳田國男の『遠野物語』の中にも、そのような話がたくさん紹介されています。また、四国の高知県などの沿岸部では、水死した人は「七人ミサキ」になるといわれていました。七人ミサキは仲間を七人取らないと成仏できない、死者を七人連れて行くまではずっと海へ死者を呼び込むといって恐れられていました。

危な場所

また、明治大正昭和の時代、農山漁村には若者組とか青年団というものがあり、季節の行事や祭礼時には集まって準備や世話、後片付けまでもが彼らの役目だったのですが、そのような若者たちが集まる場ではよく「肝試し」がありました。多くは夜中に年少の者に墓地にいって何か拾ってこいとか、山の奥の神社や祠、またお寺やお堂にいって何か拾ってこいとかいうものです。そんなときによく語られていたのが、その場所や途中の峠、橋や崖などで、「あそこはよく出るぞ」などという目撃談でした。誰かが何か思いを残しているのだろうといって怖がり、祈禱師や寺の和尚さんに除霊を頼んだりしたといいます。

民俗学の現地調査で各地の農山漁村を訪れると、ふつうの場所とはちょっと違う危ない地点というのがあるということをよく見聞きします。普通の生活の場である村落や町場の中でも、そこは均質な空間というわけではなく、その中にポッカリと異界へとつながっているかもしれない穴のような不気味な地点、警戒されるような地点があり、よく「危《あぶ》な場所」などと呼ばれていました。昔話の「おむすびころりん」などは、人々のそのような心意を背景に語られてきたものともいえるでしょう。

民俗学で考える

妖怪や幽霊というのは、こちらからは見えないが向こうからはこちらが見えている、というような霊的な存在として語り伝えられています。もちろん各地の現場ではそれに強く関心をもつ人もいますが、そんなのはまったく迷信だといって全否定する人もいます。

いずれにしても、ただ妖怪や幽霊の話をいろいろ集めてそれを話題にするだけでは「民俗学で考える」ということにはなりません。実際の民俗資料や文献史料を自分でも集めて比較分類して考えてみること、そして、それらの妖怪や幽霊の話がなぜ関心を集めているのかという問いについて分析してみること。そうすることで、妖怪や幽霊の存在にどんな意味があるのか、自分なりの「妖怪とは何か」「幽霊とは何か」を考えることができると思います。

（新谷）

【参考文献】

井上円了『妖怪学全集』（全6巻）柏書房、1999〜2001年
井上円了『妖怪とは何か』講談社学術文庫、2023年
柳田國男「妖怪談義」（『定本柳田國男集』第4巻）筑摩書房、1963年
小松和彦編『妖怪学の基礎知識』角川書店、2011年
新谷尚紀『遠野物語と柳田國男』吉川弘文館、2024年
松谷みよ子『現代民話考』（全12巻）立風書房、1985〜1986年／ちくま文庫、2004年
川奈まり子『八王子怪談』竹書房、2021年

明治以来、西欧からたくさんの言葉が輸入され、それによって日本の学問や思想が磨かれ、発展してきました。しかし、言語の翻訳とその意味の翻訳とが一致していない例も、残念ながらたいへん多いのです。

たとえば英語のprivateとpublic、フランス語ではprivéとpubliqueですが、それを日本語では「私」と「公」と翻訳しています。しかし、英語のprivateと日本語の「私」は、意味がまったくちがいます。

英語のprivateやフランス語のprivéは、基本的人権の主体としての個人（individual）の権利という意味であり、権利の主体としての「私」という意味です。そして、publicやpubliqueは、その権利の主体である「私」（privateやprivé）が参加して作る、最大公約数的な権限という意味での「公」です。つまり、人々がprivate（私個人の権利）の一部を提供し合って作っているのがpublic（公）の権利なのです。

一方、日本語では、古代の公地公民（天皇の土地と人民）、中世の年貢と公事（稲米《とうまい》以外の産物、万雑公事《まんぞうくじ》）近世の公事《くじ》方御定書《かたおさだめがき》（基本法令と判例）、近現代の公立学校と私立学校、官尊民卑などとして使われている言葉が「公」であり、国家や官庁という上位の機関の意味になっています。また、日本語の「私」は、private（自主独立の私）ではなく、群れや集団の中における「私」です。古代から集団社会を重んじてきた日本において、「自分」という独自の基準はあまりありませんでした。各自が独自の基準をもったら集団の調和を乱しかねないからです。日本の「私」は内向き志向のものといえるでしょう。
英語のprivateとpublicは対概念なのですが、日本の「私」には対概念がありません。反対語があいまいな語ですから、「私」でないもの――「他人」「世間」「国」なども「私」に対応する言葉になっています。対語があいまいというのは、「私」という語自体があいまいだからです。

ですから、西欧発信のhuman rights（人権）という語も、「人間が生まれながらにしてもっている、人間らしく自分らしく生きる権利」「公権力に侵されない不可侵性のある権利」という意味なのですが、日本でそれがきちんと理解されているとはいえません。日本で「人権教育」とされている言葉は、欧米ではsovereign education（主権者教育）といって、「国民一人ひとりが主権者であることを子どもの時から自覚させる教育」という意味です。欧米社会のデモのさまざまがテレビなどで伝えられますが、2019年にスウェーデンの当時16歳のグレタ・トゥーンベリさんが地球の気候変動の危機に対して「人類は分かれ道に立っている」といって、各国政府が適切な取り組みを取るようストックホルムやロンドンなどでデモをし、国際会議などで演説したのを記憶している人も多いことでしょう。主権者である国民が政府と政策を監視し批判するのはあたりまえなのです。一人ひとりが主権者であることをよくわかっている若者だからこその行動です。

日本の政府はsovereign educationを「主権者教育」とは翻訳せずに、「人権教育」というあいまいな語に翻訳して、「国民として公正な判断力を身につけ、政治的教養を身につけ、社会への参加意識を高めることを目的とした教育」だと説明しています。学校教育でも公民という科目はありますが、肝心な「国民一人ひとりが主権者である」という文言を避けています。政府による国民一人ひとりが主権者であるという自覚をなるべくもたせないようにしたいという意図がみえかくれしているのです。

言語の問題は思考の問題であり、その奥は深いのです。本書の「民俗学で考える」というテーマで注意しておいた方がいいと思うのは、かつてドイツ中世史の研究で知られた阿部謹也さんが指摘していた「日本には世間はあるが、社会はない」という言葉です。「社会」という言葉は、幕末明治期に英語の society やフランス語の société が翻訳された言葉で、それまでの日本語にはありませんでした。society や société（社会）というのは individual（個人）が前提となっている語で、個人（individual）の意思の反映が社会（society や société）であるという意味です。つまり、社会とは private「私」と public「公」とがワンセット、つまり対《つい》の関係にある語なのです。

日本語に古くからあったのは、それとは別の「世間」という言葉です。それは人と人を結ぶ関係の環というようなあいまいな意味であり、つきあいや評判というような面の強い語です。言葉で明確に説明されるよりも、立ち居振る舞いや言い回しなどで表現されるあいまいなものです。「社会」には「個人」という対語も考えられますが、「世間」には対語や対概念がありません。実にとらえにくいものなのです。

たとえば、たいへんな不祥事を起こした役所の役人や会社の首脳が「世間を騒がせて申しわけありません」などといって、頭を下げる光景が日本ではよく報道されますが、その「世間」とは何でしょうか。定義があいまいな言葉を用いた謝罪の言葉です。「騒がせて」というのもおかしいですね。注意を喚起してしまった、それで謝罪するといっているのです。問題を隠しておけばよかったといっているような言葉です。その言葉の意味にも気づかずに、無頓着に、決まり言葉として受け入れられているのがいまの日本なのです。でも、学問をするというのは、人にだまされないため、確かな言葉とその意味を知るということからはじめるものなのです。

民俗学が、昔話や伝説という語とともに「世間話」というジャンルを設けているのであれば、その世間という語についてしっかりと説明しておく義務が、民俗学にはあるといえるでしょう。

（新谷）

おわりに

この本は、民俗学はたいへんおもしろい、そして世の中のいろいろな問題を考えていく上でも役に立つ、ということを多くの人たちにぜひ知ってもらいたい、と思ってまとめたものです。民俗学のことをよく知りたいと思っているさまざまな社会的キャリアをもつ大人のみなさん、またとくにこれから民俗学について学ぼう、そして将来の研究を背負っていこうという若い世代の人たちのために、民俗学の要点について解説したものです。民俗学というのは、親しみやすいということで、さまざまな出版物があふれています。ですからそのようないろいろの本も読んでみて、この本と比べてみて、どちらが自分にぴったりするかを確かめてみていただきたいと思います。自分の好みはとてもたいせつですから。

さて、「民俗学で考える」ということは、現在の自分たちの生活がそのまま当たり前ではない、むかしといまとではいろいろと変わってきている、ということを考えてみるということです。私たちの生活は古代から現代まで長い歴史のつながりの中に、伝承と変遷とを続けながらいまがあるのです。何が原因でいまの状態があるのか、それを知ることによってこれからどのようになっていくのだろうか、ということを考えてみます。よいことももわるいことも含めてです。民俗学の紹介ということで、本書で紹介している要点をここで箇条書きふうにまとめておくと、以下のとおりです。

第1章では、民俗学とは、私たちの生活文化の歴史を明らかにしようとする学問だということを紹介しています。いまのしきたりやならわしの中には、むかしから伝えられているものと時代の経過とともに変化しているものとがあり、それを明らかにするのが民俗学です。その方法とは、疑問に思った民俗について日本各地のよく似た事例の情報をできるだけたくさん集めて、それらを比較して共通点と相違点とを見いだすというものです。そして、共通点がその民俗の中核の部分で、相違点が変遷の過渡期の状態をあらわしている部分だと読み解いていきます。歴史的な記録も参考にして、それぞれの時代の貴重な情報として活用します。それを民俗学の比較研究法といいます。比較というと、一般には日本とアジア諸国や西欧諸国との文化の比較という意味と思われやすいのですが、民俗学の比較というのは、古い時代のしきたりやならわしと新しい時代のそれとの比較という意味です。日本と外国との文化比較ではなく、日本の生活史の中の新旧の変化の比較なのです。

第2章では、毎日の仕事と休みについて、住宅の変化について、お金の使い方に慣れていなかった生活から急にお金を使う生活の中にどっぷりとつかってしまった現代人の生活の変化、人口過密な大都市と過疎化の中にある農山漁村となったのはいつか、などの問題を考えてみています。キーワードは戦後日本の「高度経済成長期」です。1955年の神武景気から1973年の第一次オイルショックまでの十八年間、実質経済成長率が年平均で約10％の伸びを続けた日本が、それ以降に経済も社会も政治も大きく構造的に転換したことに注意します。民俗学はそれによる日本人の生活変化とその意味とを考えてみます。

第3章は、家族の変化と社会のつきあいの変化についてです。高度経済成長期を画期とする変化の中においても続いている現代人の生活の実態について考えています。大人数の家族から少人数の家族へ、共同的なつきあいの生活から単身での生活へ。恋愛や結婚のあり方や、あいさつやつながりのかたちも変化しています。生活の孤立化など、現代社会の動向について見ていきます。高度経済成長期から二十年が過ぎた1990年代は大きな変化の時期でしたが、私はそのころ研究会の場で社会学の井上治代さんと、「核家族、行きつく先は独居老人、要介護」という残念な近未来について語りあったのを思い出します。現代人の多くはそのような時代に生きているということ、長寿を授かるということは、大きな感謝であるとともに諦観と覚悟をうながされているということ。ではどうすればいいか、などの問題を民俗学は考えていこうとしています。

第4章は、神社やお寺とは何か、いわゆるお稲荷さまの信仰とは何か、日本ではなぜ狐が霊獣視されるのか、神棚や仏壇はいつからあるのか、台所の火の神さまである竈の神さまとは何なのか、関東地方の農村などでよく屋敷地に祀られている屋敷神とは何か、など民俗信仰のさまざまについて解説してあります。そして、人の一生における生と死をめぐる信仰についても民俗学の視点で考えてみています。キリスト教文化圏やイスラム教文化圏とは異なり、厳格な一神教ではない日本人の信仰について、民俗の中に伝えられているさまざまを取り上げて解説しています。

第5章は、季節の行事や祭礼についてです。日本は四季のめぐりの中で行事や祭礼がたくさんある不思議な国です。外国に行って生活してみたことのある人なら、とくにそのような実感があるのではないでしょうか。それらの行事や祭礼は日本各地で実にいろいろです。民俗芸能というのも日本各地に豊かな伝承があります。年中行事の組み立て、祭りのいろいろな種類とその意味や役割について、そして民俗芸能のいろいろについて解説してあります。

第6章は、そもそも日本語とは何か、なぜ漢字と仮名があるのか、それがどんな意味をもっているのか、そして、多くの人が親しんでいる昔話とは何か、伝説とは何か、民俗学ではそれらについてどう考えるのか、について述べています。流行とあいまって、民俗学とは妖怪や幽霊について研究する学問だと思われることもありますが、もちろんそうではありません。昔話や伝説や世間話、また妖怪は、民俗学のたいへん興味深いひとつのテーマですので、民俗学の立場からはどう考えるのかについて述べています。

ところで、私ごとで恐縮ですが、もう喜寿になります。民俗学と出会えてとてもありがたい人生を歩ませてもらえています。それを自分だけではもったいない、若い人たちにも伝えておきたい、という思いがあります。そんな中で柳田國男と折口信夫という偉大な先生がいた國學院大學に、偶然にも私は還暦の年に赴任して、たくさんの学生さんたちと出会えました。民俗学と出会えてよかったという卒業生がおおぜいいる中で、その一人の若い岸澤美希さんと一緒にこのような本を出してみましょう、と声をかけてくださったのは、これまた不思議なご縁で、國學院大學で柳田國男と折口信夫の高弟であった角川源義氏の創業した角川書店の伊集院元郁さんと安田沙絵さんでした。実にありがたいご縁でした。そして、なお重ねて私ごとながら、高齢化の進む中でパソコンやスマホやIT関係の情報処理など何とか対応できているのは、私が高校教師の時代から約五十年来の知己で歴史や民俗にも詳しい、そして金融業界などの豊富なアシスタントキャリアをもっていていま秘書のような手助けをしてくださっている岡本京子さんのおかげです。たいへんありがたい出会いに感謝しています。

民俗調査と文献調査に明け暮れる人生の中で、多くのありがたい不思議なご縁が詰まっているこの本ですので、読者のみなさんにとってもきっと縁起のよい本になると思います。ぜひ柳田や折口が創設した民俗学の現在を多くの人に知ってもらえるように、そして民俗学のこれからを担う若い人たちがたくさん育っていかれるように、この本が何かの役に立つその機縁となれば、と願っています。

新谷尚紀

２０２５年３月３日

角川選書 1206

民俗学《みんぞくがく》で考《かんが》える　角川選書《かどかわせんしょ》ビギナーズ

令和７年３月28日　初版発行

著　者／新谷尚紀《しんたにたかのり》・岸澤美希《きしざわみき》

発行者／山下直久

発　行／株式会社KADOKAWA
〒102-8177　東京都千代田区富士見2-13-3
電話 0570-002-301（ナビダイヤル）

印刷所／株式会社KADOKAWA

製本所／株式会社KADOKAWA

カバー・帯・本文デザイン／小川恵子（瀬戸内デザイン）

ISBN 978-4-04-703734-2　C0339

◆◇◇

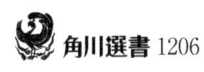

この書物を愛する人たちに

詩人科学者寺田寅彦は、銀座通りに林立する高層建築をたとえて「銀座アルプス」と呼んだ。
戦後日本の経済力は、どの都市にも「銀座アルプス」を造成した。
アルプスのなかに書店を求めて、立ち寄ると、高山植物が美しく花ひらくように、
書物が飾られている。
印刷技術の発達もあって、書物は美しく化粧され、通りすがりの人々の眼をひきつけている。
しかし、流行を追っての刊行物は、どれも類型的で、個性がない。
歴史という時間の厚みのなかで、流動する時代のすがたや、不易な生命をみつめてきた先輩たちの発言がある。
また静かに明日を語ろうとする現代人の科白がある。これらも、
銀座アルプスのお花畑のなかでは、雑草のようにまぎれ、人知れず開花するしかないのだろうか。
マス・セールの呼び声で、多量に売り出される書物群のなかにあって、
選ばれた時代の英知の書は、ささやかな「座」を占めることは不可能なのだろうか。
マス・セールの時勢に逆行する少数な刊行物であっても、この書物は耳を傾ける人々には、
飽くことなく語りつづけてくれるだろう。私はそういう書物をつぎつぎと発刊したい。
真に書物を愛する読者や、書店の人々の手で、こうした書物はどのように成育し、開花することだろうか。
私のひそかな祈りである。「一粒の麦もし死なずば」という言葉のように、
こうした書物を、銀座アルプスのお花畑のなかで、一雑草であらしめたくない。

一九六八年九月一日

角川源義